EGS-Texte

EGS-Texte

Erziehung · Gesellschaft · Schule

herausgegeben von Wilhelm H. Peterßen

Wilhelm H. Peterßen

Fächerverbindender Unterricht

Begriff – Konzept – Planung – Beispiele

Ein Lehrbuch

Oldenbourg

Die Deutsche Bibliothek – CIP-Einheitsaufnahme

Peterßen, Wilhelm H.:
Fächerverbindender Unterricht / Wilhelm H. Peterßen. –
1. Aufl. . – München : Oldenbourg, 2000
(EGS-Texte)
ISBN 3-486-02462-0

1. Auflage 2000 R E
Druck 04 03 02 01 00
Die letzte Zahl bezeichnet das Jahr des Drucks.

Umschlagkonzept: Mendell & Oberer, München
Umschlag: Gorbach GmbH, Buchendorf
Lektorat: Alexandra Geupel
Herstellung: Christa Neukirchinger
Satz und Litho: satz & repro Grieb, München
Druck: Druckerei Appl, Wemding

ISBN 3-486-**02462**-0

Inhalt

Dies ist ein Buch für fächerverbindenden Unterricht!
Dies ist kein Buch gegen den Fachunterricht!

Konfuzius zur Bedeutung von Bezeichnungen

»Der Meister sprach:
Der Herrscher muss ein Herrscher,
der Minister ein Minister,
der Vater ein Vater und
der Sohn ein Sohn sein.«

(KONFUZIUS, XII,11)

Didaktische Inanspruchnahme:

Unterricht muss Unterricht,
Fachunterricht muss Fachunterricht,
fächerübergreifender Unterricht muss fächerübergreifender Unterricht,
fächerverbindender Unterricht muss fächerverbindender Unterricht sein!

Vorwort: Gewollte Redundanz + Exkurse

Redundanz: »Überschuss (an Wörtern, Zeichen) über das zur Übermittlung einer Information notwendige Mindestmaß hinaus« (Die neue deutsche Rechtschreibung, Gütersloh 1996, S. 780).

Redundanz wird zu Recht als aufdringlich und störend empfunden, wenn sie ungewollt und unkontrolliert in Bücher hineingelangt. Sie benötigt Platz – im Buch – und Zeit – beim Lesen –.
Redundanz wird zu Recht als unzulässig empfunden, wenn sie Argumentation ersetzt. Wo Argumente angebracht sind, kann Redundanz nicht überzeugen.

Hier wird Redundanz ausdrücklich und gewollt verwendet. Dabei spielen zwei Gründe eine Rolle:

- Zum ersten der große sprachliche Wirrwarr, der hinsichtlich des Begriffs wie der Konzeption fächerverbindenden Unterrichts besteht. Wiederholungen sollen dazu dienen, den rechten und zutreffenden begrifflichen Gebrauch der Bezeichnung einzuschleifen.
- Zum zweiten die Anlage des Buches, das nicht in der Seitenfolge gelesen werden muss, sondern in das dort eingestiegen werden kann, wo der Informationsbedarf über fächerverbindenden Unterricht am größten ist. Und um dies zu ermöglichen, werden Grundvorstellungen und -begriffe in allen maßgeblichen Kapiteln wiederholt behandelt.

Redundanz taucht besonders auch in *Exkursen* auf, die vielfach in den Text über fächerverbindenden Unterricht eingestreut sind. *Exkurse* finden sich immer dort, wo in der Abhandlung ein weiteres Unterrichtskonzept, ein Unterrichtsprinzip oder ein zentraler Begriff verwendet werden, von denen anzunehmen ist, dass sie nicht unbedingt den Lesern auch bereits bekannt sind, die ihnen aber wegen ihrer Bedeutung bekannt sein sollten. Sie ersparen den Lesern, noch in zusätzliche Literatur einsteigen zu müssen. Die *Exkurse* bieten übersichtliche, aber gedrängte Informationen. Unmittelbar zugeordnete Literaturhinweise können für eigene weiterführende Studien verwendet werden. Es ist für die Einarbeitung in das Konzept fächerverbindenden Unterrichts nicht unbedingt nötig, alle *Exkurse* zu lesen; die *Exkurse* können aber auch für sich gelesen werden, um erste Informationen über die darin angesprochenen Konzeptionen zu erhalten.

Wilhelm H. Peterßen — Weingarten, im September 2000

1 Einleitung: Begriffswirrwarr und Lösungsansatz

Wer in ein Schuhgeschäft geht und dort ausdrücklich ein Paar *schwarze Stiefel* verlangt, erwartet selbstverständlich, eben diese und nichts anderes zu erhalten. Hält man ihm statt dessen schwarze Halbschuhe oder braune Stiefel hin, so wird er sie zurückweisen und auf seinen deutlich ausgedrückten Wunsch hinweisen; *Stiefel* sollen es sein, und zwar in der Farbe *Schwarz*. Sprache wird in solchem Handel zu einem scharfen Instrument, weil sie eindeutige Begriffe verwendet. Und das gilt ganz allgemein: Von Sprache muss eindeutiger Gebrauch gemacht werden! Wo dies nicht der Fall ist, kommt es nicht bloß zu keiner gegenseitigen Verständigung, sondern es können unerwünschte und nachteilige Folgen eintreten.

Und eben dies beobachte ich zumindest teilweise in jenem didaktischen Handlungsbereich, in den auch der *fächerverbindende Unterricht* fällt. Dort wird begrifflich unsauber gearbeitet; dort werden für ein- und denselben Sachverhalt verschiedene Begriffe verwendet, aber ebenso mit ein- und demselbem Begriff verschiedene Sachverhalte angesprochen. Wahlweise wird von *fächerverbindendem* und *fächerübergreifendem* Unterricht gesprochen, wobei auffällt, dass die Bezeichnung *fächerübergreifend* wesentlich häufiger Verwendung findet. Das habe ich aber nicht bloß für die Praxis festgestellt, sondern auch für die darauf bezogene didaktische Theorie. Auch sie bedient sich – meistens ohne weitere erkennbare Reflexionen – verschiedener Begriffe.

Wo Praktiker sich keine begriffliche Sauberkeit und Schärfe auferlegen, da führen ihre Praxisberichte – die in der Regel überaus anschaulich sind und auf die keinesfalls verzichtet werden kann – unversehens dazu, dass einmal vorgenommene Zuordnungen von Begriffen und bestimmter Praxis sich einschleifen und somit perpetuiert werden. Begriffliche Schludrigkeit führt letzten Endes auch zu praktischer Schludrigkeit und dazu, dass Praxis nicht mehr wird, was sie werden kann und werden soll. So verharrt, was als fächerverbindender Unterricht vorgesehen ist, oftmals in fächerübergreifendem Unterrichten oder auch dem seit einiger Zeit üblichen Projektlernen bzw. was dafür gehalten wird, weil die maßgeblichen Begriffe nicht eindeutig verwendet werden und die zugehörige Praxis nicht deutlich gesehen wird.

Wo sich die Theorie – in meinen Augen unentschuldbar – schludriger Begriffsbildung und -verwendung schuldig macht, wird sie ihrem pragmatischen Auftrag nicht hinreichend gerecht. Didaktik ist eo ipso eine pragmatische Wissenschaft; sie entwickelt ihre Theorien nicht nur aus der Wirklichkeit, sondern hat ihre Aussagen auch ausdrücklich auf die Praxis zu beziehen, wie seit den Anfängen der geisteswissenschaftlichen Didaktik in den zwanziger Jahren des 20sten Jahrhunderts unwidersprochen gilt. Aussagen didaktischer Theorien sind auf didaktisches Handeln bezogen, und zwar auf das allem operativem Handeln im Unterricht vorhergehende regulative Handeln. Dort wird durch Planungen und vorhergehende Entscheidungen das tatsächliche Unterrichtsgeschehen reguliert. Wo didaktische Theorie handlungsbezogene Aussagen mit unscharfen oder gar falsch genutzten Begriffen macht, begründet sie falsche Entscheidungen, und es ist nicht anzunehmen, dass diese zu rechter Praxis führen.

Für die unüberlegte und unzulängliche Begriffsverwendung führt REKUS ein schönes, wenngleich überzogenes Beispiel an, das allerdings nur bei großzügiger Auslegung noch als Beispiel sinnvollen Unterrichts überhaupt angesehen werden kann (1994, S. 8):

»Bei der Suche nach ›fächerübergreifenden‹ Unterrichtsinhalten ist das Kollegium beim ›Öl‹ fündig geworden, und der Unterricht kann nun wie geschmiert laufen:

- Am Montag stehen *Physik* und *Kunst* auf dem Stundenplan, und es geht zuerst um die *Verminderung der Gleitreibung durch Schmieröl* und danach um das *Malen mit Ölfarben.*

- Am Dienstag folgen der *Geographie-* und *Mathematikunterricht* mit der Suche nach *erdölfördernden Ländern* und der *Berechnung prozentualer Förderquoten.*

- Weiter geht es am Mittwoch mit *Biologie* und *Deutsch* und der *Bestimmung von Pflanzen mit hohem Ölgehalt* sowie der *unterschiedlichen Bedeutung zusammengesetzter Nomen mit ›Öl‹* (Ölfarbe – Farbenöl).

- Am Donnerstag folgen die *Ölsynthese* in *Chemie* und die vom *Olivenöl mitbestimmte griechische Kolonisation 750 v. Chr.*

- Am Freitag thematisiert der *Religionslehrer* schließlich die Bedeutung der sogenannten *Ölung.*«

Abb. 1: Fächerübergreifend? Fächerverbindend? Fächerkoordinierend?

Und bei HANSEN findet sich eine Art Karikatur dazu, wie die verschiedenen Begrifflichkeiten auf den Lehrer einstürzen und ihn ratlos machen (1992, H. 3, S. 7):

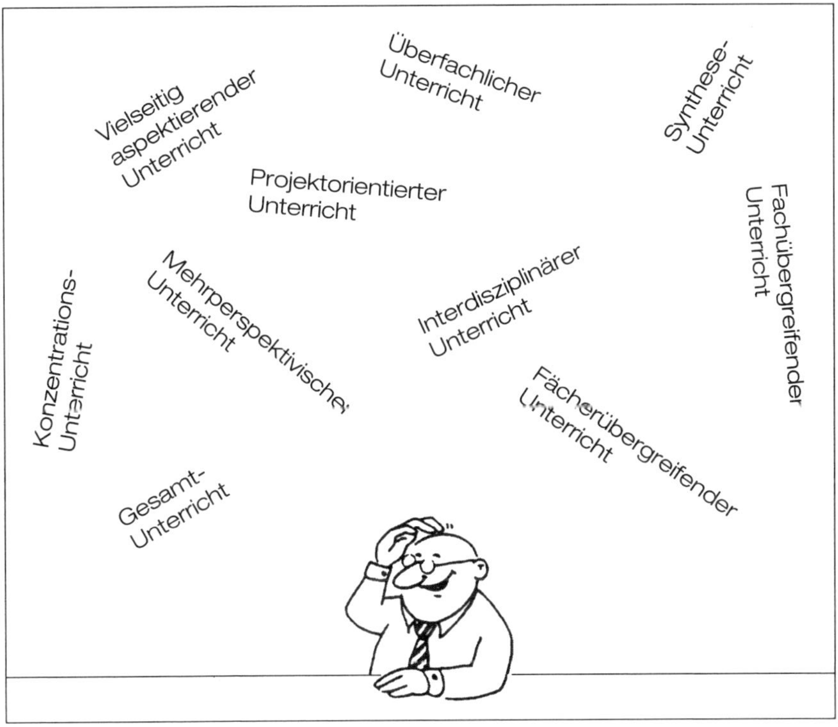

Abb. 2: Begriffswirrwarr

Halten wir fest: Derzeit besteht hinsichtlich des gemeinten Unterrichts – vorläufig: über Fachgrenzen hinausreichender Unterricht! – (noch) begrifflicher Wirrwarr, und zwar sowohl in der darauf bezogenen didaktischen Theoriebildung wie auch in der intendierten Alltagspraxis. Das kann nicht so bleiben. Für Lehrer und Unterrichtspraxis bedeuten scharfe Begriffe dasselbe wie für Fleischer scharfe Messer: Um Fleisch richtig schneiden zu können, braucht der Fleischer scharfe Messer, und er benötigt für verschiedene Schnitte – z. B. Entbeinen, Filieren, Filetieren – unterschiedliche und scharfe Messer. Um Unterricht richtig planen und halten zu können, brauchen Lehrer scharfe Begriffe und benötigen für verschiedene Entscheidungen und Maßnahmen scharf unterscheidende Begriffe. Wer fächerverbindenden

Unterricht planen und verwirklichen will, muss über einen präzisen Begriff darüber verfügen und eine exakte Vorstellung eben davon haben. Begriff und Vorstellung müssen so eindeutig beschaffen sein, dass sie sich deutlich von anderen, auch naheliegenden und ähnlichen, unterscheiden. Fächerverbindender Unterricht ist fächerverbindender Unterricht und nicht beispielsweise fächerübergreifender Unterricht, Projektunterricht, Gesamtunterricht, Epochalunterricht!

Um zu solcher Klarheit zu kommen, wird hier vorgeschlagen:

- Der **Begriff** fächerverbindenden Unterrichts wird auf die *Organisation von Unterricht* bezogen. Dabei wird auf die Fachorganisation abgehoben und fächerverbindender Unterricht als eine Organisationsform zwischen zwei Polen geordnet: Gefächerter Unterricht – Ungefächerter Unterricht. (vgl. Kap.: Der Begriff, S. 13 ff)
- Das **Konzept** fächerverbindenden Unterrichts wird als *themenzentrierter* und *integrativer Art* begriffen und besonders von bloß additiven Ansätzen unterschieden. (vgl. Kap.: Das Konzept, S. 55 ff)

Und um der pragmatischen Aufgabe von Allgemeiner Didaktik zu entsprechen, wird ein Modell für die Planung fächerverbindenden Unterrichts vorgestellt (vgl. S. 97 ff), versehen mit Beispielen für alle allgemeinbildenden Schularten (vgl. S. 137 ff).

2 Fächerverbindender Unterricht: Der Begriff

Unterricht ist immer und überall organisiert; ob das nun ausdrücklich so gewollt wird oder bloß zufällige Folge von etwas ist, spielt hier keine Rolle. Zu den bekanntesten der beabsichtigten und im Laufe der Geschichte des Unterrichts entwickelten und weit verbreiteten Organisationsformen gehören die des *Jahrgangsklassenunterrichts* und des *Fachunterrichts*. In den Problemkreis von Fachunterricht gehört zudem auch der fächerverbindende Unterricht. Fächerverbindender Unterricht bezeichnet zwar eine ziemlich neuartige Organisation, die zum traditionellen Fachunterricht hinzutritt, die sich auch gegen den alleinigen Fachunterricht richtet. Fächerverbindender Unterricht ist aber nicht auf generelle Auflösung des Fachunterrichts aus, sondern beabsichtigt nur dessen zeitweilige Überwindung. Fächerverbindender Unterricht ist als Organisationsform zur Ergänzung des Fachunterrichts aufzufassen.

2.1 Mittleres Prinzip zur Organisation von Unterricht

Es geht hier also zunächst um die *Organisation* des Unterrichts, nicht aber schon um dessen interne didaktische Gestaltung – also um sein Arrangement oder gar nur um Methoden –, wie oft fälschlicherweise angenommen wird. Organisation ist umfassender auf Unterricht bezogen als der Methodenbegriff. Organisation umgreift: die systematische (Zu-)Ordnung von Lernzielen und -inhalten und des Arrangements von Unterricht, das selbst wiederum Unterrichtsmethode, -medien und -sozialform umfasst; eine Vorstellung, die sich eng an entsprechende Strukturauffassungen in der Allgemeinen Didaktik anlehnt.

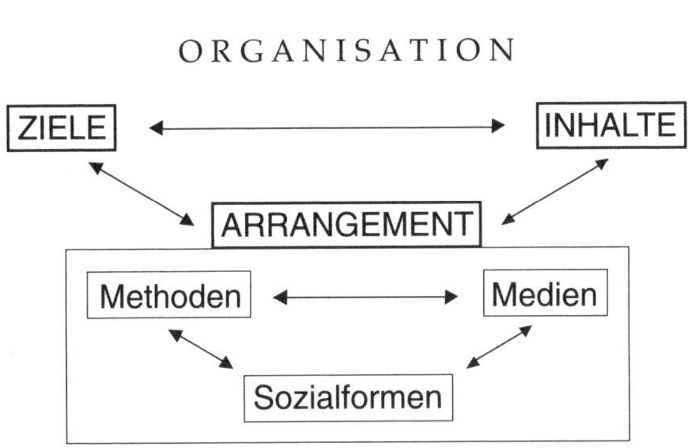

Abb. 3: Unterricht und Organisations-Begriff

Wenn von Organisation die Rede ist, dann geht es um ein Prinzip, nach dem der gesamte Unterricht – mit seinen Zielsetzungen, Themen und Inhalten, Arrangements – durchgängig gestaltet sein sollte.

Zur besseren systematischen Erfassung und weiteren Erörterung der Unterrichts*organisation* bietet sich die einfache Unterscheidung zwischen *gefächertem* und *ungefächertem Unterricht* an:

Gefächerter Unterricht	**Ungefächerter Unterricht**
Fachunterricht	Gesamtunterricht
z. B. wissenschaftsorientiert u. a. »structure of the discipline« »process as content«	z. B. freier u. gebundener Projektunterricht
Fachleistungskurs	
Facharbeit	
Epochalunterricht	

Abb. 4: Hauptformen der Organisation von Unterricht

Schaut man in die Unterrichtswirklichkeit hinein, so zeigt sich diese in der Organisation mit geringen Ausnahmen durchgängig als gefächert. Ausnahmen finden sich z. B. in der:

- Grundschule – wo der sog. Anfangsunterricht ungefächert erteilt wird. Bei näherem Hinsehen stellt man jedoch fest, dass dies nur den Anschein nach außen erweckt, im Inneren hingegen bereits Fächerorientierung erkennbar wird. Und zwar an den verräterischen Sprachformeln, wenn vom ›Anfangsunterricht in ... (Mathematik, Deutsch usw.)‹ die Rede ist.
- Hauptschule – wo statt Fächern einzelne Lernbereiche auftreten, so z. B. O.i.B. (Orientierung in Berufsfeldern zur Hilfe bei der Berufswahl) und A-W-T (Arbeit – Wirtschaft – Technik), wo allerdings zumeist auch ausdrücklich verschiedene Fächer zusammengefasst werden.
- Realschule – wo z. B. in Baden-Württemberg zeitweise BORS (Berufliche Orientierung an Realschulen) betrieben wird und das Fach MuM (Mensch und Umwelt) mehrere Fächer (u. a. Textiles Werken/Hauswerk und Technik) umgreift.

Zwischen die beiden einander entgegengesetzten Organisationsformen – gefächert vs. ungefächert – schieben sich einige Formen, die man einem *mittleren Organisationsprinzip* für Unterricht zuordnen kann. Sie intendieren grundsätzlich einen Unterricht, der sich weder ausschließlich an das Fachprinzip anlehnt noch sich dagegen wendet und ungefächert sein soll, sondern der immer beide Organisationsprinzipien aufnimmt, der Momente von beiden entgegengesetzten Organisationsformen aufweist.

Gefächerter Unterricht — **Ungefächerter Unterricht**

Mittleres Prinzip zur Organisation von Unterricht

- **fächerverbindender Unterricht**
- fächerübergreifender Unterricht
- fächerkoordinierender Unterricht
- fächerüberschreitender Unterricht

Abb. 5: Mittleres Prinzip zur Organisation von Unterricht

Fächerverbindender Unterricht gehört in die Reihe jener Organisationsformen für Unterricht, die solchem mittleren Prinzip entsprechen: Fächerverbindender Unterricht setzt gefächerten Unterricht voraus; er wird allerdings erst möglich – und als notwendig angesehen! –, wo in Fächern unterrichtet wird. Er soll seiner grundlegenden Intention nach die Fächer weder ablösen noch auflösen, sondern – wie in seiner Bezeichnung deutlich zum Ausdruck gebracht wird – bestehende Fächer über einen bestimmten Zeitraum hinweg miteinander *verbinden*!

2.2 ›Aufhebung‹ des Fachunterrichts

Um noch verständlicher zu machen, dass fächerverbindender Unterricht keine generelle Auflösung des Fachunterrichts anstrebt, sondern nur eine zeitweilige Verbindung mehrerer Fächer zu einem gemeinsam verantworteten Unterricht, der unter Beibehaltung des Fachunterrichts diesem ergänzend an die Seite tritt, bietet es sich an, eine bekannte – auf HEGEL zurückgehende – geisteswissenschaftliche Denkfigur zu bemühen: Die *Aufhebung*. *Fächerverbindender Unterricht soll den Fachunterricht aufheben*!

Aufheben meint hier ein Zweifaches:

- Aufheben kann *bewahren* bedeuten; man hebt auf, was man noch zu gebrauchen trachtet, was wert ist, aufbewahrt und nicht weggeworfen zu werden.
- Aufheben kann aber auch heißen, etwas zu *beseitigen*, was sich als nicht mehr sinnvoll oder nützlich erweist, um es u.U. durch Besseres zu ersetzen.

Wenn Fachunterricht durch fächerverbindenden Unterricht *aufgehoben* werden soll, dann bedeutet das mithin:

- Bewährte Momente des Fachunterrichts – grob gesprochen, was man als Vorteil erachtet – soll beibehalten werden, sollen in die neue Organisation übernommen werden.
- Als wenig nützlich geltende Momente des Fachunterrichts – was man mithin als seine Nachteile betrachtet – sollen wegfallen, sollen in der neuen Organisation durch andere ersetzt werden.

Noch einmal deutlich ausgesprochen: Fächerverbindender Unterricht soll auf diese Weise Fachunterricht nicht auf Dauer, sondern bloß für bestimmte Zeiten aufheben. Damit stellt sich die Frage danach, was derzeit als Vorteile und was als Nachteile des Fachunterrichts gewertet werden, die beide für einzelne Zeiträume aufgehoben werden sollen.

2.2.1 Angenommene Vorteile des Fachunterrichts

Über Vorteile von Fachunterricht gibt es keineswegs einheitliche Vorstellungen, obwohl einige durchgehende Trendannahmen festzustellen sind[1]. Ausschließlich diese sollen folgend aufgegriffen werden.

2.2.1.1 Der Fachunterricht stellt eine historisch gewachsene Unterrichtsform dar!

Dass Fachunterricht eine lange Geschichte aufzuweisen hat, kann allein noch kein Argument für seine Beibehaltung sein. Erst eine konservativ-bewahrende Grundhaltung macht dies zum nachvollziehbaren Argument: Was lange gewachsen ist und sich offensichtlich auch lange Zeit ohne große Kritik hat halten können, sich also offenbar durchaus bewährt hat, sollte man nicht so ohne weiteres über Bord werfen. In der Tat halte ich dies für ein Argument, auch gegenwärtig noch am Fachunterricht festzuhalten. Einfach ausgedrückt: So schlecht kann Fachunterricht eigentlich gar nicht sein, wenn er sich so lange halten konnte. Also: Nicht schlechthin den Fachunterricht ab-

[1] Sehr ausführlich mit Vor- und Nachteilen des Fachunterrichts befasst sich u. a. H. GLÖCKEL, Vom Unterricht, Bad Heilbrunn 1990, bes. S. 236 ff. Vgl. auch W. POPP, in: DUNCKER/POPP, 1997, S. 135 ff

schaffen, sondern nur dort verändernd eingreifen, wo sich festmachbare Nachteile zeigen.
Zweifellos wäre aber eine völlige Abschaffung des Fachunterrichts zugunsten anderer Organisationsformen ein glatter Bruch mit der besonderen Geschichte des Unterrichts in unseren Schulen. Und hier sollte die allgemeine Warnung vor dem Geschichtsverlust des Menschen wohl auch Beachtung finden.

Exkurs: Fachunterricht – historisch betrachtet

Obwohl gegenwärtig kaum noch wahrnehmbare Beziehungen zwischen den wissenschaftlichen Disziplinen und den nach ihnen benannten Unterrichtsfächern bestehen, hat die Fachgliederung des Unterrichts ihren historischen Ursprung in der universitären Wissenschaftsaufgliederung. Diese begann, als sich bereits Jahrhunderte vor Christi aus der anfangs nur einen *Liebe zur Weisheit*, der Philosophie, einzelne Disziplinen auszugliedern begannen. Und über das universitäre Mittelalter in Deutschland, wo sich aus der Theologie, der alle anderen Disziplinen bloß als Mägde galten, durch Entdeckungen und Erfindungen angestoßen, weitere sachlich faßbare Wissenschaften hinzufügten. Bis zur Gegenwart geht der Differenzierungsprozess ständig weiter. Allerdings hat der zu großer Vielfältigkeit wissenschaftlicher Disziplinen führende Prozess – glücklicherweise – nicht zu ebensolcher Fachvielfalt im Unterricht geführt. Es sind auf diese Weise in der Neuzeit und neuesten Zeit einzelne Unterrrichtsfächer hinzugekommen, wie u. a. die naturwissenschaftlichen Fächer (Biologie, Physik, Chemie), ein sozialwissenschaftliches (Gemeinschaftskunde o. ä. benannt) und ein informationstheoretisches Fach.

Das Fachgliederungsprizip hat seine unmittelbare historische Wurzel wohl in den sog. *septem artes liberales* (die sieben freien Künste bzw. historisch genauer: Die sieben Künste der Freien):

Trivium*) (formale Künste)	**Quadrivium** (materiale Künste)
Grammatik	Geometrie
Rhetorik	Astronomie
Dialektik	Arithmetik
	Musik

*) von *trivial*, d. h. hier: grundlegende Disziplinen

Abb. 6: Septem artes liberales

Diese bereits in der hellenistischen Zeit betriebenen Lehr-Lern-Disziplinen gewannen große Bedeutung, als sie für mittelalterliche Universitäten den Charakter der Zugangsberechtigung erhielten. In einer dem zentralen Universitätsstudium vorgeschalteten *Artisten*-Fakultät wurde in diesen sieben Künsten unterrichtet und wer sie erfolgreich durchlaufen hatte, durfte das Studium fortführen. Wahrscheinlich hat sich diese Regelung – dass es bestimmter Voraussetzungen für das Universitätsstudium bedarf – so ins Bewusstsein eingeschlichen und dort häuslich Platz genommen, dass nach dem Mittelalter niemand an andere als fachliche Disziplinierung von Unterricht dachte. Die Gliederung gelangte bis ins 19. Jahrhundert über das Höhere und dann das Mittlere Schulwesen, Bürgerschulen, auch in das Volksschulwesen hinein. Heute durchzieht es das gesamte Schulsystem. Art und Zahl der Fächer orientierten sich an der Entwicklung der universitären Disziplinen.

Dabei wurde allerdings deren Organisation nicht unmittelbar in die Schule übertragen, sondern mittelbar, und zwar über ihre Gegenstände und deren Systematik. Wo wissenschaftsorientierter Unterricht für besonders bedeutsam gehalten wird, da gelangen vor allem die aktuellen Erkenntnisse und die bewährten Methoden von Wissenschaften über die Lehrpläne schnell in den Schulunterricht (vgl. Exkurs: Wissenschaftsorientierters Lernen, S. 21 ff).

Dass gegliedert gelernt werden sollte und dass die Gliederung dabei am besten in Fächern mit Wissenschaftsorientierung erfolgen sollte, gehört auch heute noch zu den in der Gesellschaft weitgehend nicht hinterfragten Auffassungen über Schule und Unterricht.

Eine Lanze für die Beibehaltung des historisch überkommenen Fachunterrichts bricht SCHEUERL, wenn er anführt:

> »dass die ›Fächer‹ ihren Schrecken verlieren, sobald man sie aller pseudowissenschaftlichen Ambitionen entkleidet und nicht als lückenlos vollgepackte Schubladen versteht, sondern als grundsätzliche Fragemöglichkeiten an die Wirklichkeit, die uns bei der Sichtung und Ordnung der ›res‹ zu helfen vermögen. Sie alle haben einmal in der Geschichte entdeckt werden müssen und sollten, nachdem sie Allgemeingut unserer Kulturwirklichkeit geworden sind, nicht ohne Not und nicht ohne besseren Ersatz wieder preisgegeben werden« (1958, S. 129).

2.2.1.2 Der Fachunterricht gewährleistet systematisches Lernen!

Dass Fachunterricht systematisches Lernen gewährleistet, ist wohl selbstverständlich. Doch worin besteht der Wert systematischen Lernens? Dafür finden sich verschiedene Begründungen. Wo Menschen ausschließlich oder auch nur weitestgehend nach eigenen Gesichtspunkten, ja sogar ohne alle vorgefassten Absichten lernen, da bleibt Lernen zum einen Stückwerk und führt zum zweiten in völlige Vereinzelung. Und beidem kann systematisches Lernen entgegenwirken.

In der Tat kann ein völlig funktionales Lernen[2], das den Zufällen und Gelegenheiten des je individuellen Lebensverlaufs ausgeliefert bleibt, bloß zu einzelnen Lern-Stücken führen. Gelernt wird, was sich zufällig anbietet. So lernt beispielsweise der Bauernsohn auf dem Lande die Getreidearten unterscheiden, weil er mit dem Vater das Getreide einfährt, der Sohn des Physikprofessors hingegen das Ohmsche Gesetz, weil sein Vater es ihm vorstellt. Beide werden aber wohl kaum *alles* lernen können, auch nicht alles, was für sie und ihr gesamtes Leben von Bedeutung ist. Das stellt auch PRANGE heraus, wenn er feststellt, dass man sich dafür nicht »auf das alltägliche Erleben verlassen kann«, dass »… Kenntnisse, Fertigkeiten und Einstellungen, die nicht vor Ort und bei günstiger Gelegenheit zu lernen sind, … langes, planmäßiges und organisiertes Lernen erfordern.« (1991, S. 29) Und eben das soll der systematisch, und zwar fach-systematisch betriebene Unterricht gewährleisten: Lernen planmäßig gestalten und organisieren. So spricht auch OELKERS dem systematischen Lernen im Unterricht die Aufgabe zu, »die Verstehensqualitäten so zu verbessern, dass sie nicht einfach von den Verhältnissen bestimmt werden, in denen der Lernende zufällig lebt.« (1991, S. 23)

OELKERS fügt dem bloßen Argument, systematisches Lernen sichere zuallererst das für Menschen notwendige Mindestlernen ab, ein weiteres hinzu: Systematisches Lernen sorge auch für qualitativ bessere Ergebnisse, weil es »Verstehensqualitäten« zu formen vermöge. Angenommen wird offensichtlich, dass geordnetes Lernen nicht nur zu Informationen – Kenntnissen, Fertigkeiten und Einstellungen/Haltungen – beim Lernenden führt, sondern dass ihm das Erlernte zugleich auch verfügbar gemacht werde, um es und das, was es aus der Wirklichkeit repräsentiere, zu verstehen, d. h. ihm Sinn zu entnehmen bzw. zu verleihen. Zweifellos steht dahinter die epistemologische Auffassung, die Wirklichkeit selbst sei chaotisch und erhalte erst durch den erkennenden Menschen eine Struktur oder gar Gesetzlichkeit. Einem so

[2] Als *funktionales Lernen* wird seit E. KRIECK das im Leben sich gleichsam natürlich ereignende Lernen bezeichnet; Lernen ist dann eine Funktion des Lebens und vollzieht sich unabsichtlich und ohne bestimmte Zielsetzungen, gleichsam so nebenbei. Unterschieden davon wird das *intentionale Lernen*, das als absichtlich und zielgerichtet begriffen wird.

fundierten Argument für systematisches Lernen ist sicher zuzustimmen. Doch: Warum soll es sich um die übliche Fachsystematik handeln, die zur Systematisierung herangezogen wird?! Warum kann das nicht auch eine außerfachliche Systematik leisten?

Die Antwort auf diese Frage findet sich m.E. am erkennbarsten in der seinerzeitigen Diskussion über *wissenschaftsorientiertes Lernen*. Wissenschaftsorientiertes Lernen nämlich ist der wohl radikalste Ansatz zur Übertragung von Wissenschaften in die Schulen, und zwar nicht nur deren äußere Organisation und Abgrenzung voneinander, sondern auch deren innere Struktur (vgl. dazu Exkurs: Wissenschaftsorientiertes Lernen, S. 21 ff). Von Befürwortern des Konzepts wurde das Argument vorgetragen: Was sich für den Erkenntnisgewinn der Menschheit insgesamt als überaus fruchtbar erwiesen habe, müsste sich auch für den Erkenntnisgewinn – Lernprozess – von Einzelnen als ebenso fruchtbar erweisen! Nun lässt sich ja nicht leugnen, dass Wissenschaften den Erkennntisprozess der Menschheit bestimmt und den Erkenntnisstand bis heute auf eine große Höhe und zu großem Umfang geführt haben. Einerseits die Disziplinierung, d. h. die scharfe Abgrenzung einzelner Wissenschaften gegeneinander und die Beschränkung auf den eigenen besonderen Erkenntnisauftrag, andererseits die Bindung von Erkenntnis an überprüfte und allen maßgeblichen Standards genügende Methoden sind wohl der Grund dafür. Zusätzlich aber muss man noch bedenken: Die analoge Schlussfolgerung von der Relevanz von Wissenschaften für die Menschheit und auf deren Bedeutung für einzelne Menschen greift nur für unsere gegenwärtige Gesellschaft. Diese ist durch und durch von Wissenschaften beherrscht und bestimmt, und zwar so sehr, dass bereits vor über vierzig Jahren der Soziologe SCHELSKY von einer »wissenschaftlichen Zivilisation« sprechen konnte[3]. Er sah alle Lebensbereiche von Wissenschaften durchzogen und gestaltet von ihren Erkenntnissen und ihren Methoden. Und – so sein Schluss – wer hier und heute lebt, ist auf wissenschaftliche Erkenntnisse und Methoden angewiesen, um sein Leben handhaben zu können. Und – so der Schluss für unser Thema – was läge da näher, als die Wissenschaften zur Grundlage der systematischen Organisation von Unterricht zu machen!

In dieser Begründung von Fachunterricht liegt ein weiterer angenommener Vorteil, auf den hinzuweisen ist: Systematisches Lernen gewährleistet, wenn alle nach demselben System lernen, die Kommunikation in einer Gesellschaft. KAHLERT spricht von kommunikablen Kenntnissen, »... die sowohl für den einzelnen als auch für sein Zusammenleben mit anderen akzeptabel sind« (1998, S. 15). Überhaupt ist eine Gesellschaft nur lebens- und überle-

---

[3] SCHELSKY, HELMUT, Der Mensch in der wissenschaftlichen Zivilisation. In: Auf der Suche nach Wirklichkeit, Düsseldorf u. Köln 1965, S. 439–480

bensfähig, wenn sie eine durchgängige und für alle ihre einzelnen Mitglieder nutzbare Kompatibilität aufweist, wenn sie nicht nur eine Verständigungssprache anbietet, sondern auch ein einheitliches System von Kenntnissen, Fertigkeiten und Einstellungen/Haltungen besitzt. Und eben dies kann durch nichts so solide und allgemein akzeptiert grundgelegt werden wie durch Wissenschaften, was dann ihre Vermittlung in unseren Schulen erfordert – und das führt zwangsläufig zum Fachunterricht.

Exkurs: Wissenschaftsorientiertes Lernen

Eine große Rolle haben in den siebziger Jahren des 20sten Jahrhunderts Konzeptionen gespielt, die eine Auswahl von Lerninhalten in engster Anlehnung an die etablierten wissenschaftlichen Disziplinen vertraten. In den in diesen Jahren entstandenen Curricula und Lehrplänen ist häufig nach derartigen Konzeptionen verfahren worden, z. B. auch für die Entwicklung von Lehrplänen für die Grundschule. Und besonders das hat zu massiver Kritik an wissenschaftsorientierter Inhaltsauswahl geführt. Die beiden hauptsächlichen Konzeptionen – be- kannt geworden als: ›Struktur der Disziplin‹ und ›Prozesse als Inhalt‹ – werden hier wegen ihrer gegenwärtig überaus kritischen Erörterung und ihrer nach wie vor großen Bedeutung für die aktuelle Diskussion pädagogischer Grundprobleme nicht isoliert, sondern mit kritischen Untertönen dargestellt.

In der seinerzeitigen Curriculumdiskussion, besonders in der Diskussion über curriculare Inhaltsprobleme, kehrte als eine Forderung ständig wieder, Lernen solle im Wesentlichen wissenschaftsorientiert sein. Dieses Postulat wurde allerdings nicht im Hinblick auf alle nur denkbaren Lernprozesse erhoben, sondern nur im Hinblick auf das Lernen in der Schule, es betrifft also nur die durch Unterricht ausgelösten und gesteuerten Lernvorgänge. Im Folgenden wollen wir uns mit der Forderung nach wissenschaftsbestimmtem Lernen auseinandersetzen. Dabei soll von Lernvorgängen in einer besonderen Schulart abgesehen und das Problem generell – so wie auch die Forderung generell erhoben wird – betrachtet werden. Die Erörterung geschieht in drei Schritten von unterschiedlicher Weite: Zuerst werden die Argumente vorgestellt, mit denen die spezifische Forderung gestützt wird, dann werden relevante Konzeptionen wissenschaftsbestimmten Lernens dargestellt, schließlich werden die Konzeptionen unter curricularen Aspekten einer kritischen Betrachtung unterzogen.

• Argumente

Wenn leitende Prinzipien für die Auswahl und Konzentration von Lerninhalten aufgestellt werden, so geschieht das spätestens seit Aufkommen der ›geisteswissenschaftlichen‹ Pädagogik im Rückgriff auf die Erziehungswirklichkeit, nicht mehr aber auf bloß normativ-deduktivem Wege. Obwohl die Erziehungswirklichkeit ein äußerst komplexes und schwer einsehbares Geschehen ist, haben sich für Auswahltheorien zwei Bezugspunkte herauskristallisiert: gesellschaftliche Bedürfnisse auf der einen und individuelle Bedürfnisse auf der anderen Seite. Lerninhalte werden zumeist so ausgewählt, dass sie immer zugleich sozialen und individuellen Ansprüchen gerecht werden (WENIGER, 1965).

Auch die Argumentation für wissenschaftsorientiertes Lernen enthält soziale und individuelle Schwerpunkte. Zusammengefasst nach ihrer vorwiegenden Tendenz sind es vor allem drei Argumente, die vorgebracht werden (vgl. TÜTKEN 1970, S. 61 ff):

- das Argument der ›verwissenschaftlichten‹ Welt,
- das Argument der hervorragenden Bedeutung von Wissenschaften für die Organisation von Erfahrungen,
- das Argument der Kontinuität von Wissen.

Es wird von keiner Seite mehr in Zweifel gezogen, dass Wissenschaften gegenwärtig das Bild unserer Umwelt prägen. Es gibt kaum noch einen Bereich, zu dessen Gestaltung nicht wissenschaftliche Erkenntnisse herangezogen würden. In seinem bekannten Essay über den Menschen in der ›wissenschaftlichen Zivilisation‹ hat SCHELSKY versucht, den strukturellen Zusammenhang von Wissenschaft und Umwelt zu erhellen (SCHELSKY 1965, S. 439 ff). Er kommt dabei u.a. zu dem Ergebnis, dass die durch wissenschaftlich-technische Bedingungen geprägte Umwelt neue Gesetzlichkeiten aufweist und in neuen gesetzmäßigen Bahnen verläuft, die sich von jenen einer ursprünglichen und naturwüchsigen Welt beträchtlich unterscheiden. Folgt man der SCHELSKYschen Erklärung, mit der in dem hier beanspruchten Punkt alle anderen Erklärungsversuche weitgehend übereinstimmen, so leuchtet ein, dass in einer *verwissenschaftlichten* Welt jedermann über elementare wissenschaftliche Kenntnisse verfügen sollte. Ohne diese wäre er weder in der Lage, die Erscheinungen seiner Umwelt zu verstehen, noch gar fähig, gestaltend in die Umwelt einzugreifen.

Gewichtiger als das erste, gleichwohl mit diesem zusammenhängend, ist das zweite Argument, das übrigens derzeit auch am häufigsten vorgetragen wird. Es basiert auf der Annahme der Möglichkeit einer Parallelisierung von individuellen und gattungsmäßigen Erfahrungs- und Erkenntnisvorgängen. Es wird davon ausgegangen, dass die Funktion von Wissenschaften vor allem darin zu sehen sei, dem Menschen die Wirklichkeit geordnet und systematisch zu erschließen. Wenn man dieser Auffassung zustimmt – und das kann man ohne weiteres, weil es sich um eine äußerst weite Definition handelt –, dann muss man mit den Verfechtern dieses Arguments zweifellos auch feststellen, dass Wissenschaften sich in ihrer Funktion bewährt haben. Sie haben den Menschen zu umfassender und systematischer Erfahrung seiner selbst und der Umwelt geführt. Geschlossen wird nun weiterhin, dass anzunehmen sei, wenn Wissenschaften sich für die Menschheit insgesamt so sehr bewährt hätten, dann müssten sie auch für die Erfahrungsorganisation von Individuen besonders gut geeignet sein. Wenn man aber alle Individuen zu wissenschaftlich orientierter Erfahrung befähigen will, so lässt sich das am besten über entsprechend organisierte Erziehungsvorgänge im Kindes- und Jugendalter erreichen, also in den Schulen.

Eine Frage bleibt hier zunächst offen: Warum wird soviel Wert auf individuelle Fähigkeiten zu systematischer Erfahrung gelegt? Dass jedermann möglichst imstande sein sollte, Erfahrungen leicht, schnell und zutreffend zu machen, versteht sich von selbst. Aber das hier behandelte Argument für wissenschaftsbestimmtes Lernen geht noch von einer anderen Voraussetzung aus. Lernen wird – zurückgehend auf behavioristische Ansätze, allerdings in durchaus abmildernder Weise – als *Veränderung der Verhaltensdispositionen von Individuen aufgrund von Erfahrungen* begriffen. Wohlgemerkt: Im Mittelpunkt einer solchen Auffassung vom Lernen steht der Erfahrungsbegriff. Von der Art, dem Umfang, der Tendenz usw. der Erfahrung hängt es letzten Endes ab, in welche Richtung sich die Verhaltensdisposition ändert, was mithin ein Individuum *lernt*. Ohne an dieser Stelle weiter darauf einzugehen – im kritischen Teil müssen wir hierauf zurückkommen –, soll nur festgehalten werden: Wenn das zweite Argument die hervorragende Bedeutung von Wissenschaften für die Organisation von Erfahrungen in den Vordergrund stellt, dann bedeutet das: Man erhofft sich von einem entsprechenden Lernen, dass Individuen durch Befähigung zu ähnlichen Erfahrungen zugleich instand gesetzt werden, ihr Lernverhalten mit *wissenschaftlichen* Mitteln zu steuern.

Das dritte Argument für wissenschaftsbestimmtes Lernen trägt BRUNER vor (BRUNER, 1970). Er vertritt die Auffassung, dass dadurch eine Kontinuität des Wissens zwischen Laien und Experten geschaffen werde. Und das trägt – wie er unausgesprochen andeutet – zur Überwindung gesellschaftlicher Zersplitterung bei. BRUNER ist es auch, der am deutlichsten die Möglichkeit wissenschaftsorientierten Lernens in der Schule betont, indem er die These vertritt, es sei grundsätzlich möglich, jeden wissenschaftlichen Gegenstand auf jeder Altersstufe intellektuell redlich zu lehren bzw. zu lernen (ebd., S. 44).

In allen drei Argumenten klingen sowohl soziale als auch individuelle Aspekte an. In einer von Wissenschaften geprägten Welt braucht jedes Individuum – aus Gründen des Überlebens und besseren Lebens – elementare wissenschaftliche Kenntnisse, um seine Umwelt verstehen, seine Probleme lösen, sein Verhalten steuern und mit anderen kommunizieren zu können. Zugleich aber ist eine diversifizierte Gesellschaft wie unsere – hochspezialisiert und – differenziert – auf derartig ausgebildete Individuen angewiesen. Nach diesem verkürzten Durchgang durch die Argumentation fragen wir jetzt nach den hauptsächlich vertretenen Konzeptionen wissenschaftsbestimmten Lernens.

• **Konzeptionen**

Vorausgesetzt wurde bisher, dass ein allgemeiner Konsens darüber bestehe, was mit der Formel *wissenschaftsbestimmtes Lernen* gemeint sei. Durch die Darstellung der Argumente für ein solches Lernen dürfte deutlich geworden sein, was tatsächlich gemeint ist. Wissenschaftsorientiertes Lernen meint nicht nur eine erziehungs*wissenschaftliche* Steuerung von Lernprozessen, nicht nur die Übertragung und Anwendung von wissenschaftlich gewonnenen Einsichten in den Lernvorgang bzw. auf schulischen Unterricht. Wissenschaftsbestimmtes Lernen meint vielmehr die Ausrichtung des durch Unterricht gesteuerten Lernens an den sogenannten Fachwissenschaften.

Schulischer Unterricht ist seit langem an Fachwissenschaften ausgerichtet. Die Organisation des Unterrichts in Fächern ist letzten Endes ein (allerdings reduziertes) Abbild der Differenzierung von Wissenschaften in Disziplinen. In DOLCHs großer Untersuchung abendländischer Lehrpläne wird der Weg aufgezeigt, auf dem von den *septem artes* über den Fachunterricht an Gymnasien auch der Volksschulunterricht fachliche Gliederung annahm (DOLCH, 1965). Aber der fachlich differenzierte Unterricht allein ist mit der Forderung nach Wissenschaftsorientierung nicht gemeint. Die Forderung zielt vielmehr auf eine ganz bestimmte Dimension von Lernprozessen, und zwar auf die inhaltlich-thematische. Wenn wissenschaftsbestimmtes Lernen postuliert wird, dann wird damit verlangt, dass Lerninhalte aus Wissenschaften entnommen und nach wissenschaftlichen Maßstäben ausgewählt werden sollten. In der Geschichte der deutschsprachigen Pädagogik ist dies keine neue Forderung. So waren beispielsweise die logisch-systematischen Lehrgänge mittelalterlichen Unterrichts entsprechend aufgebaut, wie SCHWAGER feststellte (SCHWAGER,1958). Aber von diesen und anderen Ansätzen ist in der gegenwärtigen Diskussion kaum die Rede. Die Diskussion konzentriert sich fast ausschließlich auf zwei in der amerikanisch-englischen Lernforschung entworfenen Konzeptionen, die bekannt geworden sind als *Struktur der Disziplin* (structure of the discipline) und *Prozesse als Inhalt* (process as content).

Die Konzeption *Struktur der Disziplin* ist am nachhaltigsten von BRUNER vertreten und vorgetragen worden. Dieses Modell geht von der Voraussetzung aus, dass jede wissenschaftliche Disziplin eine je eigene und spezifische Struktur entwickelt hat – eine Struktur, die im Verlaufe ihrer Geschichte immer deutlicher zutage getreten ist und sich zunehmend ausdifferenziert hat. Als Struktur wird dabei der Zusammenhang von *fundamentalen Ideen* und

Grundbegriffen einer Wissenschaft verstanden (*fundamental ideas* und *basic concepts*). Obwohl auch andere Aspekte eine Rolle spielen, muss man wohl das Strukturverständnis in dieser Konzeption dahingehend interpretieren, dass darunter das besondere Gefüge von Grundbegriffen, -kategorien und -prinzipien begriffen wird, das sich eine Wissenschaft geschaffen hat, um Wirklichkeit erfassbar und erfahrbar zu machen. Im Unterschied zu andersartigen Erfahrungen werden wissenschaftliche, durch Struktursysteme gesteuerte Erfahrungen von Wirklichkeit als systematisch, reliabel und objektiv aufgefasst.

Entsprechend diesen Vorstellungen sollen Schüler im Unterricht wissenschaftliche Grundbegriffe, -kategorien und -prinzipien lernen. Am deutlichsten ist die Praxis dieser Konzeption bisher wohl im Unterricht der Primarstufe geworden, in dem schon Sechsjährige eine Zeit lang mit Kategorien der CANTORschen Mengenlehre bekannt gemacht wurden und umgehen lernten. Zu Lerninhalten werden bei dieser Konzeption also wissenschaftliche Grundbegriffe, zum Maßstab ihrer Lernfolge die Struktur von Wissenschaften unter Berücksichtigung der Entwicklung des Lernvermögens der betroffenen Adressaten.

Was mit dieser Konzeption beabsichtigt ist, liegt klar auf der Hand: Die Lernenden sollen instand gesetzt werden, ihre Erfahrungen mittels wissenschaftlicher Kategorien und Strukturen zu organisieren. Was erhofft wird, ist eine Systematisierung und Objektivierung von Erfahrungen. Worauf gezielt wird, ist vor allem der Intellekt der Lernenden. Inzwischen hat BRUNER sowohl weitere Erfordernisse eines derart wissenschaftsbestimmten Lernens als auch positive lernpsychologische Folgen dargestellt. Von den Erfordernissen, die ansonsten mit aktuellen didaktischen Forderungen übereinstimmen, ist am markantesten die Forderung nach der *Spiral*form von Lehrplänen: Strukturen wissenschaftlicher Disziplinen lernt man nur, wenn man die einzelnen Strukturmomente zu wiederholten Malen unter altersspezifischen Fragestellungen und mit zunehmender Intensität durchläuft, sodass dem Unterricht ein *Spirallehrplan* zugrunde gelegt werden muss. An vorteilhaften Lernfolgen des Strukturlernens – wobei auch diese mit Ergebnissen der neueren Lernpsychologie erklärt werden können – nennt BRUNER drei: Strukturen werden leicht begriffen; Strukturen werden gut behalten; Strukturen werden leicht übertragen (BRUNER, 1970, S. 35 ff).

Werden bei der soeben erörterten Konzeption wissenschaftliche Strukturen zu Lerninhalten umgeformt, so sind es bei der zweiten genannten Konzeption – die Bezeichnung *Prozesse als Inhalt* verrät es schon – wissenschaftliche Prozesse. Hier geht man von der Voraussetzung aus, dass Wissenschaften besonders durch ihre spezifischen Prozesse gekennzeichnet sind, durch die sie Wirklichkeit erhellen. Gemeint sind letzten Endes Methoden, die zur

Erhellung von Wirklichkeit verwendet werden. Und Methoden von Wissenschaften sollen zu Inhalten von Lernprozessen im Unterricht werden.

Wie bei der Struktur-Konzeption, so wird aber auch bei der Prozess-Konzeption nicht unmittelbar auf das mittlerweile bestehende komplexe Gefüge – hier der Methode – des wissenschaftlichen Potenzials zurückgegangen. Es wird vielmehr versucht, elementare wissenschaftliche Methoden herauszukristallisieren, aus denen sich erst im Laufe eines schulzeitdauernden Lehrgangs methodische Systeme von Disziplinen aufbauen lassen. In einsatzbereiten und zum Teil erprobten Modellen werden als in Frage kommende Methoden z. B. für den naturwissenschaftlichen Unterricht auf der Primarstufe genannt: Beobachten, Messen, Zählen, Beschreiben usw. Es handelt sich um Verfahren, die personenunabhängig einsetzbar sind und bei gleicher Handhabung zu annähernd gleichen Ergebnissen führen sollten. Keineswegs wird der in den Wissenschaften geforderte strenge Maßstab an Objektivität von Methoden eingehalten. Doch darum geht es in dieser Konzeption auch gar nicht. Die Vermittlung von Methoden geschieht – wie die von Strukturen – in der Absicht, die Lernenden zu einer besseren Organisation ihrer Erfahrungen zu befähigen. Dabei wird, wenn man in forschungslogischen Begriffen spricht, vor allem abgehoben auf die Reliabilität und Validität der Methoden. Das heißt: Die Lernenden sollen solche Methoden erwerben, mit deren Hilfe sie ihre Lebensprobleme – nicht aber wissenschaftliche Probleme – lösen und diese Methoden so handhaben können, dass sie die jeweils angemessenste und zuverlässigste auswählen und anwenden.

Hinter dieser Konzeption steht die Auffassung, dass prozesshafte den statischen Lerninhalten vorzuziehen seien. Einerseits verspricht man sich davon lernpsychologische Vorteile, vor allem in formaler Hinsicht; man erwartet, dass auf diese Weise *zugleich das Lernen erlernt wird*. Andererseits geht man von der Tatsache des raschen Wandels aller Tatbestände und mithin auch der Umwelt von Lernenden in unserer Zeit aus und erhofft, dass jemand mit allen veränderten Umständen eher fertig werden kann, sofern ihm Methoden zur Erfassung der Umstände verfügbar sind. In anderen Zusammenhängen wird statt vom Lernen von Methoden auch vom Lernen von *Problemlösungsstrategien* gesprochen.

Zusammenfassend ist festzuhalten: Beide Konzeptionen, die einer *Struktur der Disziplin* wie die der *Prozesse als Inhalt*, sind mit dem unmittelbaren Ziel aufgestellt worden, Heranwachsende zu einer besseren Organisation ihrer Erfahrungen zu befähigen, zu systematischerer und zutreffenderer Erfahrung, als sie ohne Kenntnis und Beherrschung entsprechender Kategorien möglich wäre. Während die eine Konzeption zu diesem Zweck dem Lernen von wissenschaftlichen Strukturen Priorität einräumt, setzt die andere mehr auf das Erlernen von wissenschaftlich orientierten Verfahren. Ohne hier näher darauf einzugehen, sei vermerkt, dass die vorgenommene Zielsetzung wohl nur verwirklicht werden kann, wenn beide Konzeptionen kombiniert werden und Schüler Strukturen *und* Verfahren lernen (PETERSSEN, 1972, S. 573 ff).

- **Kritik**

Aus der kurzgefassten Darstellung der wesentlichsten Konzeptionen wissenschaftsbestimmter Auswahl von Lerninhalten ging hervor, dass sie hinsichtlich der Zielsetzung übereinstimmen, diese jedoch über unterschiedliche wissenschaftsorientierte Inhalte verwirklichen wollen. Zielsetzung ist die Überwindung eines rein Informationen übermittelnden Unterrichts bzw. bloß Informationen aufnehmenden und speichernden Lernens zugunsten einer Befähigung von Heranwachsenden zu eigenständiger Aufbereitung von Informationen, wobei die besondere Befähigung darin bestehen soll, wissenschaftlich bewährte Kategorien- und Verfahrenssysteme aktualisieren zu können. Es ist nunmehr danach zu fragen (vorausgesetzt, die intendierten Ziele können auch tatsächlich verwirklicht werden), was diese Konzeptionen denn nun wirklich leisten bzw. – mit kritischem Unterton –, was sie nicht leisten und wo ihre Schwächen liegen. Zu diesem Zweck werden wir zunächst die Grenzen eines wissenschaftsbestimmten Lernens der geschilderten Art zu zeichnen haben, um daran anschließend nach angemessenen Ergänzungen sowie abschließend nach deren Auswirkungen auf weitere curriculare Bereiche zu fragen.

Was also leistet wissenschaftsorientiertes Lernen der beschriebenen Art? Es ist leicht einzusehen, dass es nicht alle Lernbereiche abdeckt. Wenn man sich der Kategorien von Lernzieltaxonomien bedient, dann wird unmittelbar einsichtig: Während die Bereiche des *kognitiven* und *psychomotorischen* Lernens von wissenschaftsbestimmtem Lernen besetzt sind, bleibt der Bereich *affektiven* Lernens offen. Wissenschaftliche Strukturen und Verfahren zu kennen und sie angemessen handhaben zu können, setzt nicht eine bestimmte Einstellung zu ihnen voraus. Ein solches Lernen bleibt, wie BRUNER selber zugesteht, vordergründig auf die Intellektualität des Lernenden bezogen; sie zu fördern und zu einem jeweils möglichen Optimum zu entwickeln, das ist es, was die beschriebenen Konzeptionen leisten können und wollen.

Wenn wir die Person des Lernenden betrachten und von ihm aus die Frage nach den Grenzen stellen, kommen wir zu denselben Ergebnissen. Angenommen, es gelingt, Lernenden eine ausreichende Kenntnis von Grundkategorien und -verfahren sowie Fertigkeiten im Umgang mit ihnen zu vermitteln, was wäre über den Status der so Gebildeten zu sagen? Ganz gewiss würde *Selbstständigkeit* den Status solcher Personen kennzeichnen, und zwar Selbstständigkeit im Hinblick auf erkennendes und gestaltendes Handeln.

Sie wären fähig, Erscheinungen ihrer Umwelt systematisch aufzuklären, statt zufälliger Erhellung ausgesetzt zu sein. Die ihnen verfügbaren Kategorien und Methoden würden mit großer Wahrscheinlichkeit gewährleisten, dass ihre Erfahrungen und Erkenntnisse zutreffend sind. Die Stimmigkeit von Erkenntnissen mit der Wirklichkeit macht sie zuallererst verwertbar. Die so Ausgebildeten könnten also ihre Erkenntnisse nutzen, um auf die Wirklichkeit verändernd einzuwirken. Dies zudem umso mehr, als sie gelernt haben, statt isolierter Bruchstücke größere Zusammenhänge zu sehen. Strukturen zu lernen, bedeutet nach BRUNER, »zu lernen, wie die Dinge aufeinander bezogen sind«. Wer Dinge in ihrem Zusammenhang erkennt, ist eher imstande, bei aktiven Eingriffen in die Wirklichkeit neuartige Zusammenhänge zu stiften, als jener, der nur über isoliertes und bruchstückhaftes Wissen und Können verfügen kann. Die Verwertbarkeit strukturellen Wissens ist sicherlich relativ groß. Weiterhin würde die Selbstständigkeit in Bezug auf die Steuerung des eigenen Verhaltens sicher größer sein. Das eigene Verhalten steuern zu können, setzt voraus (wenn wir uns auf die Vorstellung berufen, Lernen sei Veränderung der Verhaltensdispositionen aufgrund von Erfahrungen), Erfahrungen planmäßig und zweckgerichtet machen zu können. Die referierte Lernformel impliziert, dass bestimmte Erfahrungen bestimmte Verhaltensänderungen ermöglichen, dass es mithin immer auf die besondere Art von Erfahrungen ankommt, wenn das Verhalten auf ein Ziel hin verändert werden soll. (Schule beispielsweise nützt dies aus, indem sie Schülern Erfahrungen ganz bestimmter Art ermöglicht, nämlich im und durch Unterricht, durch die sich Schülerverhalten gleichsam zwangsläufig in vorentschiedener Richtung ändert.) Aber zurück zum Lernenden: Wer gelernt hat, Erfahrungen systematisch und angemessen machen zu können, müsste – zumindest in technischer Hinsicht – auch imstande sein, dies dergestalt auszunützen, dass er bei Kenntnis seiner Verhaltensabsichten diesen entsprechende Erfahrungen entgegenbringt. Nichts anderes ist übrigens mit der Formel vom *Lernen lernen* gemeint. Wo die Schule sich ausdrücklich die Aufgabe stellt, über das Lernen von etwas hinaus auch das Lernen selbst zu lehren, kann sie dies nur, indem sie dazu befähigt, verhaltensändernde Erfahrungsvorgänge selbstständig auslösen und durchführen zu können.

Aufgrund des bisher Gesagten lässt sich schon pointiert zusammenfassen, was wissenschaftsbestimmtes Lernen zu leisten vermag: Es steigert die Selbstständigkeit des Lernenden und man kann annehmen, dass es dies besser tut als Lernvorgänge nichtwissenschaftsbestimmter Art. Aber diese Selbstständigkeit darf nicht verwechselt werden mit einer möglichen Autonomie von Individuen. Wir wollen dies verdeutlichen und zur Erörterung stellen, indem wir von *zweckrationaler* Bildung sprechen, die – bestenfalls – das Ergebnis wissenschaftsbestimmten Lernens sein kann, wenn es auf den beschriebenen Konzeptionen aufbaut, ohne dass weitere Postulate erfüllt würden.

Als zweckrational gebildet wollen wir jemanden bezeichnen, der imstande ist, bei ihm bekannten Absichten und Zielen diese schnell und mit angemessenem Aufwand zu verwirklichen bzw. sich an sie anzupassen, weil er über entsprechende Mittel verfügt. In wissenschaftsbestimmten Lernprozessen erworbene Fähigkeiten und Inhalte haben nach unserer Auffassung den Charakter reiner Mittel, wie er in der Definition soeben angesprochen wurde. Sie befähigen zwar dazu, vorentschiedene Ziele auf rationelle und rationale Weise zu erreichen, nicht aber zugleich auch dazu, über diese Ziele und den Grad ihrer subjektiven Wünschbarkeit entscheiden zu können. Wer tatsächlich über wissenschaftliche Grundkategorien und -verfahren verfügen kann – und dies in einer von den Wissenschaften intendierten Weise –, sollte eigentlich in der Lage sein, den für ihn besten und schnellsten *Weg nach Rom* einzuschlagen. Wozu er aber nicht ohne weiteres auch in der Lage sein dürfte, ist die Entscheidung darüber, ob es für ihn überhaupt sinnvoll und erstrebenswert ist, *nach Rom* zu wollen. In den erörterten Konzeptionen wissenschaftsbestimmten Lernens bleibt dieser Aspekt ausgeklammert. Sie erinnern in fataler Weise an die Versuche, allgemeindidaktische Modelle bloß auf informationstheoretisch-kybernetischer Basis aufzubauen und – gemäß einer Metapher bei PLUTARCH – alle Funktionen eines Schiffes und seiner Besatzung durchzudenken bis auf eine, nämlich die wichtigste: Die Kapitänsfunktion. Aber wie im Hinblick auf die informationstheoretisch-kybernetische Didaktik wiederholt nachgewiesen wurde, dass sie für sich allein nicht bestehen kann, wohl aber Wert innerhalb umfassenderer didaktischer Theoriebildungen gewinnt, so lässt sich auch für die gemeinten Konzeptionen wissenschaftsbestimmten Lernens sagen: Für sich allein genommen entspricht ihre Reichweite nicht jenen Forderungen, die wir an Bildungskonzeptionen zu stellen haben, wohl aber können ihre positiven Effekte im Rahmen übergreifenderer Überlegungen zur Entfaltung kommen.

Bevor wir derartige Überlegungen versuchen, müssen wir aus Gründen der Klarheit noch bei den soeben verfolgten Gedankengängen verweilen. Hervorgehoben werden muss, dass unserer Auffassung nach keine Bildungskonzeption bei der Vermittlung von *Mitteln* stehen bleiben darf; nicht nur die Virtuosität im Umgang mit wissenschaftlichen Kategorien und Verfahren darf das Endziel entsprechender Modelle sein. Bildungskonzeptionen müssen in emanzipatorischer Absicht angelegt sein, d. h., sie müssen versuchen, den Educandus zur Selbstbestimmung zu führen, was bedeutet, dass er sich selbst Ziele setzt oder zumindest erst über sie reflektiert, bevor er sie zu erreichen versucht. Eine solche Intention vermisst man bei den angesprochenen wissenschaftsorientierten Lernmodellen.

Woran liegt das? Ganz sicher liegt es nicht an den Wissenschaften selbst, sondern vielmehr an der Art, wie sie didaktisch in Anspruch genommen werden. Und zwar erfolgt die Inanspruchnahme in verkürzter und verkürzender Weise. Wissenschaften werden von vornherein schon nur als Mittel betrachtet – als bewährte Mittel zur Organisation menschlicher Erfahrungen –, sodass es nicht verwunderlich ist, wenn nur dieser Mittelcharakter für Lernvorgänge beansprucht wird. Was übersehen oder übergangen wird, ist die Tatsache, dass Wissenschaften nicht ohne Absichten und ohne Interessen die Organisation von Erfahrungen über die Wirklichkeit vornehmen und dass es mit zum wissenschaftlichen Geschäft gehört, über spezifische Absichten und Interessen zu reflektieren und sich ihrer bewusst zu werden. Was mithin gleichsam abgeschnitten wird, wenn Wissenschaften auf ihre Zweck-Mittel-Relation reduziert werden, ist Wissenschaftstheorie als der zu jeder Disziplin gehörende Aspekt einer Besinnung auf sich selbst. Bedeutet diese Feststellung, dass es unserer Auffassung nach ausreichen würde, den wissenschafts- und erkenntnistheoretischen Aspekt in die Konzeptionen aufzunehmen – wie dies ja beispielsweise in dem ebenfalls wissenschaftlich orientierten Modell des exemplarischen Lernens von WAGENSCHEIN der Fall ist –, um sie unseren Forderungen entsprechen zu lassen? Die Antwort lautet: nein. Vom Standpunkt der Wissenschaften aus, deren Kategorien und Verfahren in den Unterricht transponiert werden sollen, würde es sicher ausreichen, um eine unverfälschte Selbstdarstellung der Disziplinen zu gewährleisten. Vom didaktischen Standpunkt aus kann das nicht der richtige Weg sein, und zwar vor allem aus zwei Gründen nicht. Zum ersten dürfte es unmöglich sein, den wissenschaftstheoretischen Aspekt von Einzeldisziplinen für alle Altersstufen einsichtig zu machen und in lernbare Inhalte zu übersetzen. Zum zweiten sind Absichten und Interessen der Lernenden – was ihre Gegenwart wie auch ihre Zukunft anbelangt – nicht identisch mit jenen von wissenschaftlichen Disziplinen, sodass deren Behandlung nicht die Probleme von Heranwachsenden lösen hilft. Ohne noch weiter hierauf einzugehen, wollen wir auf didaktische Notwendigkeiten zu sprechen kommen, die unseres Erachtens entstehen, wenn wissenschaftsbestimmtes Lernen nicht eine reine zweckrationale Bildung bewirken soll.

Drei Forderungen müssten unserer Meinung nach erfüllt werden:

- Im Hinblick auf den Curriculum-Ansatz dürfte keine unmittelbare Orientierung an wissenschaftlichen Disziplinen erfolgen;
- im Hinblick auf die synchrone Ordnung von Lerninhalten müsste die an Fachwissenschaften orientierte Organisation des Unterrichts aufgegeben werden;
- im Hinblick auf die diachrone Ordnung von Lerninhalten darf nicht die wissenschaftsimmanente Systematik maßgeblich sein.

Nach den bisherigen Erörterungen können wir als wahrscheinlich annehmen, dass wissenschaftsbestimmtes Lernen in Form von Strukturen und Verfahren vorzügliche Mittel zur Organisation auch von persönlichen und individuellen Erfahrungen vermittelt. Sinnvoll wird eine wissenschaftlich fundierte Fähigkeit zur Organisation von Erfahrungen aber erst, wenn sie dazu beiträgt, Lernende zur Bewältigung persönlicher Lebenssituationen zu qualifizieren. Damit eine solche Organisationsfähigkeit aber auch für die Bewältigung der persönlichen Lebenspraxis von Lernenden sinnvoll und aktualisierbar wird, reicht es nicht aus, Strukturen und Verfahren von Wissenschaften isoliert und allein nach wissenschaftlichen Ordnungsgesichtspunkten zu lehren.

Für die Entwicklung von Curricula bedeutet dies vor allem, dass Wissenschaften nicht unmittelbar zum Ansatz für die Auswahl von Grundkategorien und -verfahren werden können, sondern nur mittelbar. Welche Kategorien und Verfahren Heranwachsende zu lernen haben, kann nicht ausschließlich und auch nicht vorwiegend mit Blick auf die betroffenen Wissenschaften entschieden werden. Wissenschaften können – um es ganz scharf auszudrücken – im Hinblick auf die Erstellung von Curricula nur Dienstleistungsfunktion haben. Das bedeutet selbstverständlich keine Diskriminierung von Fachwissenschaften, sondern bezieht sich einzig auf das Problem der Auswahl von Lernzielen und -inhalten für Lernvorgänge in der Schule. Für diese kann keine Fachdisziplin beanspruchen – ohne didaktisch reflektiert zu sein –, ohne Abstriche ihre vollständige Struktur einzubringen.

Was für Lernvorgänge von Wert ist, lässt sich nur entscheiden mit Blick auf die Lernenden und ihre Lebenssituationen. Eine dieser Auffassung entsprechende Curriculumtheorie stellt die unter der Leitung von ROBINSOHN entwickelte – und von seinen Mitarbeitern punktuell variierte – Konzeption dar (ROBINSOHN, 1969). In ihr wird der erste Schritt zur Gewinnung von Curricula darin gesehen, *Lebenssituationen* festzustellen und zu identifizieren, in denen der Lernende gegenwärtig und mit großer Wahrscheinlichkeit auch in Zukunft lebt und auf deren Bewältigung ihn die Schule vorzubereiten hat. Nach Analyse der durchweg recht komplexen Situationen besteht der nächste Schritt darin, nach *Qualifikationen* zu fragen, die jemand haben muss, um diese Lebenssituationen bewältigen zu können. Ohne die Curriculumentwicklung nach dem Konzept ROBINSOHNS noch weiter zu verfolgen, ist festzuhalten: Fachwissenschaften kommen hier erst auf der dritten Entwicklungsstufe ins Spiel. Sie haben nicht mehr die Kompetenz, grundsätzlich darüber zu entscheiden, ob ihre Gegenstände und ihre Methoden zu lernen seien. Sie haben nur noch darüber zu befinden, was sie dazu beitragen können, den Lernenden die für diese für erforderlich gehaltenen Qualifikationen zu vermitteln. Mit anderen Worten: Wenn bereits grundsätzlich entschieden ist – allerdings werden alle Entscheidungen reversibel angelegt –, welche Qualifikationen Lernende erwerben sollen, werden Fachwissenschaften gefragt, was sie speziell zur Verwirklichung beitragen können. Auf die von uns erörterten Vorstellungen wissenschaftsbestimmten Lernens übertragen, würde dies heißen: Welche strukturellen Elemente und Verfahrenstechniken Schüler lernen sollen, wird nicht von Fachwissenschaften und nicht durch ausschließlichen Rückgriff auf deren System zu entscheiden sein, sondern ist daran zu bemessen, was sie zur Erreichung von Qualifikationen beizutragen vermögen, die Lernende zur Bewältigung von Lebenssituationen benötigen. Weder Theorie noch Praxis von Wissenschaften, sondern allein die Praxis von Lernenden kann Ansatzpunkt für die Entwicklung von Curricula sein. Mit dieser Einstufung werden die Konzeptionen wissenschaftsorientierten Lernens keineswegs abgewertet, sondern nur relativiert zu dem Zweck, ihre Potenziale für die Lernenden möglichst voll auszuschöpfen.

Nachdem wir uns nun bezüglich des Problems der *Auswahl* von Lerninhalten für die Priorität didaktischer vor fachwissenschaftlichen Gesichtspunkten ausgesprochen haben, stellt sich die Frage, ob dies für das Problem der *Konzentration* von Lerninhalten auch der Fall ist. Konzentration meint zunächst die synchrone Ordnung von Lerninhalten, die Art und Weise, in der sie für Lernprozesse in der Schule nebeneinander angeordnet werden; traditionell geschieht ihre Ordnung nach Fächern, wobei Schulfächer als stark reduzierte Abbilder von Fachwissenschaften erscheinen (z. B. Biologie als der Wissenschaft Biologie entsprechendes Schulfach). Es ist viel Kritik an dieser Ordnung vorgetragen worden, wovon uns im Rahmen unserer Erörterung aber nur ein Moment interessiert, das sich auch unmittelbar auf die vorhergehenden Überlegungen beziehen lässt: Die Praxis eines derartig organisierten Unterrichts weist zu große Differenzen zur Lebenspraxis von Lernenden auf, sodass eine qualifizierende Vorbereitung auf Lebensbewältigung gar nicht erwartet werden kann. Was steckt hinter dieser Behauptung? Vor allem wird darauf angespielt, dass ein in viele Fächer aufgesplitterter Unterricht den Lernenden isolierte Inhalte vermittelt – hier ein Scheibchen, dort ein Scheibchen – und den Lernenden selbst die Last überlässt, sie zu integrieren, wie dies bei der Lösung von Lebensproblemen erforderlich wird. Ein solcher – als negativ vermerkter – desintegrativer Zug ist auch einem Unterricht eigen, der auf den beschriebenen Modellen wissenschaftsorientierten Lernens aufbaut. Die Struktur-Konzeption postuliert zwar den Zusammenhang aller zu lernenden Grundbegriffe für eine Fachdisziplin, aber die Schüler sind gerade wegen der engen Anlehnung an wissenschaftliche Disziplinen gezwungen, viele spezifische Strukturen nebeneinander zu erwerben und aufzubauen. Und es ist zu vermuten, dass sie dadurch kaum instand gesetzt werden, die komplexe Praxis ihres Lebens unter allen notwendigen Aspekten aufzuschließen und zu bewältigen. Denn das erfordert eine der jeweils komplexen Wirklichkeit adäquate Integration von Strukturen und Verfahren verschiedener Fachdisziplinen.

Mit der Erörterung von Fragen der Auswahl und der synchronen Ordnung von wissenschaftsbestimmten Lerninhalten ist schon die Frage nach ihrer diachronen Ordnung mitbeantwortet, d. h. die Frage nach ihrer Aufeinanderfolge in schulischen Lehrgängen. Wenn weder für die Auswahl noch für die Nebeneinanderanordnung von Lerninhalten ein Primat fachwissenschaftlicher Prinzipien anerkannt wurde, dann kann dies ebensowenig für die Aufeinanderfolge der Fall sein. Ob eine bestimmte Folge sachlogisch zutreffend ist, kann selbstverständlich nur von den für die jeweiligen Lerninhalte zuständigen Fachwissenschaften entschieden werden. Aber dies bedeutet nicht, wie etwa in der historischen Didaktik und Unterrichtsgeschichte zeitweilig gemeint wurde, dass die Systematik von Wissenschaften mit den ihnen eigenen logisch hierarchischen Folgesystemen unverändert auch Maßstab für schulische Lehrgänge sein müsste. In der Konzeption der *Struktur der Disziplin* wird, wie schon erwähnt, aus lernpsychologischen Gründen ähnlich argumentiert, indem die Folge der Inhalte in einem spiralförmigen Lehrplan gefordert wird.

Literatur

Bruner, Jerome S.: Der Prozeß der Erziehung. Düsseldorf / Berlin 1970

Dolch, Josef: Lehrplan des Abendlandes. Ratingen ^{2}1965

Fichtner, Bernd: Lerninhalte in Bildungstheorie und Unterrichtspraxis. Köln 1980

Heimann, Paul: Didaktik als Theorie und Lehre. In: Die Deutsche Schule, 54. Jg., 1962, S. 407–427

Klafki, Wolfgang: Das pädagogische Problem des Elementaren und die Theorie der kategorialen Bildung. Weinheim, 2., erw. Aufl., 1963

Klafki, Wolfgang: Studien zur Bildungstheorie und Didaktik. Weinheim $^{3/4}$1964, besonders S. 25 ff und S. 126 ff

Klafki, Wolfgang: Die bildungstheoretische Didaktik im Rahmen kritisch- konstruktiver Erziehungswissenschaft. Zur Neufassung der Didaktischen Analyse. In: Westermanns Pädagogische Beiträge, 32. Jg., 1980, S. 32–37

Peterßen, Wilhelm H.: Zum Problem des wissenschaftsbestimmten Lernens in der Hauptschule. In: aula, 5. Jg., 1972, S. 573 ff

Robinsohn, Saul B.: Bildungsreform als Revision des Curriculum. Neuwied ^{2}1969

Schelsky, Helmut: Der Mensch in der wissenschaftlichen Zivilisation. In: ders.: Auf der Suche nach Wirklichkeit. Düsseldorf / Köln 1965, S. 439 ff

Schwager, Karl-Heinrich: Wesen und Formen des Lehrgangs im Schulunterricht. Weinheim o. J. (1958)

Tütken, Hans: Curriculum und Begabung in der Grundschule. In: Grundschulkongreß 69. Bd. 3: Inhalte grundlegender Bildung. Frankfurt / M. 1970, S. 61 ff

Wagenschein, Martin: Verstehen lehren. Weinheim / Berlin 1968

Wagenschein, Martin: Ursprüngliches Verstehen und exaktes Denken. Stuttgart 1965, besonders S. 324 ff (Was das Exemplarische Lehren nicht ist) und S. 400 ff (Das Exemplarische Lehren als fächerverbindendes Prinzip)

Weniger, Erich: Didaktik als Bildungslehre. Teil I: Theorie der Bildungsinhalte und des Lehrplans. Weinheim $^{6/8}$1965

2.2.1.3 Der Fachunterricht gewährleistet Kontinuität des Wissens!

Dass Fachunterricht Grundlage für eine kontinuierliche Wissensverteilung in unserer menschlichen Gesellschaft ist, ist eine zwar zutreffende Behauptung, doch schafft die Realität wiederum diskontinuierliche Tatbestände. So lässt sich leicht einsehen, dass EINSTEIN in der Tat in denselben Wissensstrukturen zu Hause ist wie alle Physik lernenden Schüler; aber ebenso leicht erkennt man, welche großen Unterschiede in Quantität und Qualität des physikalischen Wissens bestehen. Das Argument zielt auch nicht so sehr auf den Einzelnen und sein tatsächliches Wissen, als vielmehr auf den grundsätzlichen Anspruch und die grundsätzliche Möglichkeit zur Wissensaneignung. Nicht schon für sich spricht es für Fachunterricht, sondern erst mit Bezug auf unsere bevorzugte Gesellschaftsordnung, auf die Demokratie.

Demokratie garantiert Ansprüche und versucht diese durch entsprechende Maßnahmen auch abzusichern, überlässt aber auch weitestgehend den Einzelnen deren Einlösung. Das daraus resultierende grundsätzliche Dilemma wird wohl niemals auflösbar sein, zumal eine Nivellierung von Wissensständen nicht angestrebt wird. Jedenfalls stellt die nach Fächern systematisch erfolgende Information heranwachsender Generationen eine für alle gleiche Chance dar, sich in dieselben Wissensbereiche einzuarbeiten und auf diese Weise in Besitz des bedeutsamen bzw. für bedeutsam gehaltenen Wissens zu gelangen und auch Anschluss an dessen Entwicklung zu halten. Abgewehrt wird so das *Klostertum* längst vergangener Zeiten, wo nur dazu gehörte, wer das maßgebliche Wissen hatte und die Rituale kannte; neuen Versuchen zu kognitiven *Insider-Eliten* kann auf diese Weise entgegengewirkt werden. Mit Fachunterricht öffnet Schule das enorme Wissen der Menschheit allen Heranwachsenden in gleichem Maße und verbreitet es in alle Bereiche der Gesellschaft hinein. Die weiter vorne schon erörterte Kompatibilität und Kommunikationsfähigkeit wird so grundlegend abgesichert; gleiches Wissen begründet auch eine gleiche Sprache und gleiches Verständnis.

Hingewiesen wurde schon auf das Dilemma: Dem gesellschaftlichen Angebot und dem individuellen Anspruch stehen *Haut* und *Haus* von Lernenden – oftmals sogar völlig sperrig – im Wege. Mit der Metapher von *Haut* und *Haus* soll ausgedrückt werden, dass zum einen jeder in eine bestimmte, in seine Haut hineingeboren wird, dass zum anderen aber auch jeder in ein bestimmtes, in sein Haus hineingerät. Ohne diese Metapher ganz auszuschlachten, soll hier nur soviel davon aufgegriffen werden: Von den Anlagen des Einzelnen, besonders seinen Befähigungen zum Lernen, hängt es ab, ob und wie er das systematische Angebot auf Wissen annehmen kann. Seine Haut setzt ihm Grenzen, wenngleich ihm sicher Möglichkeiten gegeben sind, seine Haut zu ändern und an Lernerfordernisse anzupassen. Von den Umständen, unter denen Einzelne leben müssen, werden auch ihre Lernchancen und somit ihre Wahrnehmungschancen auf das Wissensangebot in Fächern bedingt. Ihre Häuser setzen ihnen Grenzen, wenngleich sie ihre Häuser tatkräftig selber mitgestalten und so ihre Lernbedingungen vorteilhaft gestalten können.

Das Argument der Kontinuität von Wissen findet sich auch für einen engeren Bezugsbereich: Zielsetzungen und Inhalte für Fachunterricht werden Schulen und Lehrern durch Lehrpläne vorgegeben. Diese sollen – wie einst ERICH WENIGER herausstellte – für ihren jeweiligen Geltungsbereich eine *Vereinheitlichung von Bildung* gewährleisten. Darunter ist nun keineswegs eine Nivellierung zu verstehen, sondern die Gewährleistung der Bildungschancengleichheit, d. h. allen Lernenden werden vergleichbare Chancen dadurch eingeräumt, dass ihnen dieselben Bildungsinhalte angeboten werden. Deren Vorgabe in fachsystematischen Lehrgängen erleichtert Schule und Lehrern ihre Aufgabe, lässt sie eher vergleichbare Angebote erstellen. Zudem bedeutet Lernen nach gleichen Fachlehrplänen, dass bei lokalen Bewegungen im Geltungsbereich der Pläne keine Nachteile für Lernende auftreten können. Wer beispielsweise in Bayern von Oberammergau nach Bamberg umzieht, trifft auf dieselben Fachlehrpläne, kann kontinuierlichen Anschluss an den anderswo begonnenen fachlichen Lernprozess nehmen.

Dass Kontinuität in Schulen wiederum eine maßgebliche Größe dafür ist, dass späterhin auch die gesamten Lebenschancen Einzelner vergleichbare Ausgangsbedingungen haben, ergibt sich aus der Mehrfachfunktion von Schulen in der Gesellschaft. Diese haben in unserer überaus diversifizierten Gesellschaft immer auch die Aufgabe der Allokation bzw. Selektion. Sie vergeben durch ihr besonderes Zertifikatssystem – Zensuren, Abschlusszeugnisse usw. – Zugangsberechtigungen für bestimmte einzelne Plätze in der Gesellschaft. Der für alle Lernenden notwendige Erwerb solcher Zugangsberechtigungen in der Schule wird durch vergleichbare fachlich geordnete Angebote erleichtert.

Von Verfechtern gefächerten Unterrichts wird in diesem Zusammenhang auch stets darauf hingewiesen, dass ein solches für alle gleiches Lern*angebot* nicht zugleich bedeutet, den Lern*prozess* ebenfalls für alle gleich anzulegen. Sich an Wissenschaften zu orientieren, so argumentiert beispielsweise REKUS, soll zwar alle zur selben Sache hinführen, doch Ausgang nehmen soll der Weg bei den Lernenden. REKUS startet, wie er sagt, einen »Versöhnungsversuch« zwischen dem Prinzip wissenschaftsorientierten Unterrichts in Fächern und dem Prinzip schülerorientierter Lernorganisation in Schulen. Und hierfür ist ihm der »Lernende … das einzig mögliche Verbindungsstück«; Unterricht – auch in Fächern – führt *von Schülern aus hin zur Sache.*

Denn dass diese erreicht werden muss, steht für ihn außer Zweifel, da von Wissenschaften geschaffenes Wissen einzige Instanz ist, »die eine analytische Klärung der Welt unter dem Anspruch von Objektivität gewährleisten könnte.« Und dass dann auch die Lernorganisation sich daran ausrichtet, in Fächern mithin, ist für ihn selbstverständlich. (Vgl. REKUS 1995, S. 4 ff, Zitate: S. 7).

2.2.1.4 Der Fachunterricht ist bildungswirksam!

Dass Fachunterricht von besonderer Lernwirksamkeit sei, diese Annahme wurde in den obigen Erörterungen schon aufgegriffen. Wenn von besonderer Bildungswirksamkeit die Rede ist, dann soll – der Verwendung des Bildungsbegriffs in unserer Sprache entsprechend – noch mehr ausgedrückt werden, soll dem Fachunterricht noch eine über reine Lernwirksamkeit hinausgehende Wirkung zugesprochen werden. Wenn wir unter Lernen alle nur denkbaren Veränderungen menschlicher Verhaltensdispositionen verstehen, dann meint Bildung bestimmte einzelne dieser Veränderungen, und zwar solche, die einem besonderen Anspruch gerecht werden.

Lernen heißt:

Veränderungen im Bereich von	**Beispiel**
• Kenntnissen	Lernen, dass Berlin die deutsche Hauptstadt ist (Wissen)
• Fertigkeiten	Lernen, wie ein Pullover gestrickt wird (Können)
• Einstellungen/Haltungen	Lernen, sich pünktlich zu verhalten (Wollen)

Um Bildung von Lernen abzuheben, muss man sich der Anstrengung des Begriffs unterziehen. Bildung bezeichnet nun einmal kein Naturphänomen, das zu beschreiben man sich bemühen könnte. Bildung ist ein *Konstrukt,* d. h. ein Kunstbegriff, der fast beliebig ausgefüllt werden kann. Von Konstrukt spricht man, weil seine Bedeutung konstruiert ist; Bildung beschreibt nicht, was vorfindbar ist, sondern Vorstellung und Beschreibung entstehen im Kopf. Mit derartigen Konstrukten arbeitet die Wissenschaft immer dort, wo sie sich mit nicht-wahrnehmbaren Gegenständen befasst, über die sie zu Erkenntnissen und zu Aussagen kommen möchte. Konstrukte werden verfasst, um überhaupt über die Sache sprechen zu können. Und so wird auch Bildung als Konstrukt verfasst.

Als Bildung wird zugleich ein *Produkt* und ein darauf hinführender *Prozess* bezeichnet. Das Produkt wird als *sozial-historisch* bedingt begriffen, d.h. jede Gesellschaft hat ihre eigene Vorstellung von Bildung, die sich zudem noch geschichtlich wandelt, sodass Bildung in ständiger Veränderung begriffen ist. Den Prozess begreift man als grundsätzlich *selbstintentional*, d. h. Bildung ist nicht machbar, sondern kann von außen bloß gefördert werden, bilden muss sich der Einzelne selbst; zudem wird dieser Prozess als *endlos* aufgefasst, d. h. Bildung – da sie sich ständig ändert – muss man sein Leben lang betreiben, wenn man gebildet sein und bleiben will.

Konstrukt Bildung

	Bildung	
Produkt	←→	**Prozess**
• sozial-historisch bestimmt		• selbstintentional vollziehbar • endlos

Bei der Argumentation, Fachunterricht sei bildungswirksam, wird angenommen, er könne ein Produkt fördern, das aktueller Bildungsvorstellung entspricht. Nun ist es aber so, dass zwar aktuelle Bildungsvorstellungen bestehen, dass es aber nicht eine vereinbarte einheitliche Vorstellung gibt. Mithin eröffnet sich für jeden Lehrer die Möglichkeit, von seiner favorisierten Bildungsvorstellung aus Fachunterricht als bildungsförderlich zu beanspruchen, sofern sich dafür logische Argumente finden lassen. Von den maßgeblichen Argumentationsversuchen sollen deshalb hier auch nur zwei aufgegriffen und näher dargestellt werden.

Zunächst soll wiederum Rekus angeführt werden, der zwar behauptet, den Bildungsbegriff könne man heute nicht mehr verwenden, weil es keine einheitliche Vorstellung gäbe, der aber durchaus mit einem argumentiert. Er spricht zwar nicht ausdrücklich von Bildung, aber wohl nur aus selbst auferlegter Beschränkung, denn seine Sprache ist die der Bildungsargumentation; um mit Klafki zu reden: Er nutzt so etwas wie ein Äquivalent für den Bildungsbegriff. Er sieht in der Gegenwart – eben wegen fehlender einheitlicher Vorstellungen über Bildung – für jeden Lernenden die Notwendigkeit gegeben, sich die für sein Leben aktuellen Informationen zu beschaffen und selbstständig zu einem Netz zu verstricken, mit dessen Hilfe er sein Leben konstruktiv gestalten kann (1995, bes. S. 7ff). Nicht so sehr Erkenntnisse, sondern methodische Kenntnisse sollen dazu vermittelt werden. Dabei sind ihm Fachwissenschaften die einzig möglichen Lieferanten für entsprechend bedeutsame Informationen; sie haben je besondere Zugriffsarten auf die Wirklichkeit. Und eben diese in ihrer Anwendung auf spezifische Themen soll Unterricht vermitteln. Das aber geht seiner Auffassung nach ausschließlich in gefächertem Unterricht (vgl. 1994, bes. S. 8 ff). Jede andere Organisationsform würde Verflachungen, ja unter Umständen auch Verfälschungen mit sich bringen.

Eine mittlerweile geradezu klassisch gewertete – dazu noch mit Rückgriff auf einen ebenfalls klassisch zu nennenden Bildungsbegriff – Argumentation für den Fachunterricht als bildungswirksame Organisationsform hat WAGENSCHEIN mit dem Konzept des *Exemplarischen Lehrens und Lernens* in die Diskussion eingeführt. Bildung – so führte CHARLOTTE LÜTGENS den Nachweis[4] – war einst das Ziel des Bürgertums, um ein Äquivalent gegen die erzwungene politische Ohnmacht in Deutschland zu haben. Zwangsläufig entwickelte sich eine Bildungsvorstellung, die nur gering an politischer Wirklichkeit und Pragmatik orientiert, stattdessen aber überaus esoterisch geprägt war. Bildung war nicht so sehr Besitz an Informationen, auch nicht unbedingt ein gefügiger Umgang damit, sondern vielmehr eine Art Überhöhung: Seine Informationen auf sich zu beziehen, sich daran zu spiegeln, um die Begrenztheit der eigenen Existenz, des menschlichen Vermögens in der Welt einzusehen, das sollte Bildung sein. Als gebildet erwies sich, wer die eigene Existenz begriff und sie relativieren konnte.

Und – bei aller Bindung an die Naturwissenschaften – auf einem solchen Bildungsbegriff baut auch WAGENSCHEIN letzten Endes seine Argumentation auf[5]. Solche letztlich nur durch Transzendierung von Fachgrenzen erreichbare relativierende Einsicht in die eigene Existenz setzt fachorientierten Unterricht voraus. Nur wo zunächst Fachgrenzen sind, können sie auch überschritten werden. Deshalb fordert er konsequent einen Fachunterricht. Allerdings unterscheidet sich dieser ganz radikal vom üblichen Verständnis: Wo Fachunterricht in der Regel das System der zugehörigen Wissenschaft widerspiegelt, ja deren Systematik zur eigenen – für Ordnung und Behandlung der Inhalte – macht, da verlangt WAGENSCHEIN, solche wissenschaftliche Systematik nicht an den Anfang, sondern an das Ende von Lernen zu stellen. In einem Bild spricht er davon, wissenschaftliche Gleise nicht vorzugeben und Lernende darauf fahren zu lassen, sondern sie von einzelnen Erscheinungen der Wirklichkeit ausgehen zu lassen, diese durch einen als *genetisch* bezeichneten Verlauf klären zu lassen, um abschließend ebenfalls Gleise legen zu können.

---

[4] Vgl. LÜTGENS, CHARLOTTE, Die Schule als Mittelklassen-Institution. In: Soziologie der Schule, hrsg. v. P. HEINTZ, Sonderheft 4, Kölner Zeitschrift für Soziologie und Sozialpsychologie, Köln u. Opladen 1965, S. 22–39

[5] Eine sehr aktuell-moderne Version des exemplarischen Lehrens und Lernens – mit Bezug auf natürliche Lernweisen von Kindern – stellt – in überaus streitbar-kritischer Art – HORST RUMPF vor: Die künstliche Schule und das wirkliche Lernen, München 1986.

Ein solcher Grundforderung folgender Unterricht soll seiner Auffassung nach Schüler stufenweise zu immer exemplarischerer Erkenntnis gelangen lassen (vgl. ausführliche Darstellung im Exkurs: Fachinhalte – exemplarisch bestimmt, S. 40 ff):

- Auseinandersetzung mit dem einen wahrnehmbaren Phänomen der besonderen Wirklichkeit

↓

- Erkennen der Exemplarität der besonderen Wirklichkeit und Gewinn übertragbarer Erkenntnisse

↓

- Erkenntnis der besonderen Zugriffsart der besonderen Fachwissenschaft

↓

- Erkenntnis der bloß begrenzten Zugriffswirksamkeit der besonderen Fachwissenschaft

↓

- Erkenntnis der begrenzten Erkenntnismöglichkeit von Menschen überhaupt

Dass solche fortschreitende Einsichtnahme in jedem Fachunterricht und auf jeder Altersstufe möglich ist, wird u. a. auch von BAUMERT behauptet (1998, S. 213 ff): »Das Fach weist, wenn es reflexiv unterrichtet wird, immer schon über sich selbst hinaus. Denn in der Selbstbezüglichkeit werden Besonderheiten und Begrenzungen der jeweiligen Erkenntnisperspektive thematisch. Dies ist keine Eigenschaft, die der Unterricht erst auf der Oberstufe annehmen kann; sie kann prinzipiell von Anbeginn des gefächerten Unterrichts an realisiert werden.« (S. 220). Ähnlich argumentiert auch ROMMEL, der – unter Rückgriff auf aktuelle Bildungsvorstellungen von KLAFKI – den Bildungszweck von Unterricht erst verwirklicht sieht, wenn bei allem Fachunterricht gelegentlich auch die Grenzen von Fächern überschritten werden. Dabei zielt er besonders darauf ab, das dem Fach jeweils unterliegende Paradigma für die Lernenden erkennbar und einsichtig werden zu lassen. Im Grunde genommen bleibt er dabei aber enger in seiner Vorstellung als WAGENSCHEIN, da er nur auf die beiden grundsätzlich unterschiedlichen Paradigmen von Geistes- und Naturwissenschaften abhebt. Sie als jeweils begründet, zugleich aber auch als bloß eine von zwei möglichen – die als einander ergänzend aber beide notwendig sind – Perspektiven menschlichen Zugriffs auf die Wirklichkeit begreiflich zu machen, leistet nach ROMMELS Auffassung ›interdisziplinärer Unterricht‹ besonders gut (1999, S. 217ff). Erinnern wir uns (vgl. Exkurs weiter unten), dass nach WAGENSCHEIN schon der zunächst singuläre Fachunterricht dies leisten kann und soll.

Wo demnach unter Bildung eine derartige Selbsterkenntis verstanden wird und wo diese als besonders durch fachspezifisches Lernen möglich erachtet wird, da muss geradezu zwangsweise Fachunterricht angeboten werden.

Exkurs: Fachinhalte – exemplarisch bestimmt

Inhalte des Unterrichts, die nach WAGENSCHEIN die Bezeichnung exemplarisch verdienen, sollen wesentlich mehr leisten als bloß sachlich-exemplarische Einsichten. Zunächst einmal sind exemplarische Inhalte immer fachorientierte Inhalte, und zwar an den hinter den Schulfächern stehenden Fachwissenschaften orientierte Inhalte. Was sie exemplarisch, d. h. über sich hinaus weisend, im Lernprozess leisten sollen, lässt sich stufenförmig darstellen:

- *Auf einer ersten, unteren Ebene sollen Exempla einen größeren Sach- bzw. Wissensbereich erschließen:*
  Im Erdkundeunterricht wird z B. die Sahara behandelt. Selbstverständlich ist sie, wie Geografen nicht müde werden zu betonen, eine einmalige, eine individuelle Erscheinung, so wie dies auch die Kalahari, die Negev, die Gobi usw. sind. Aber von ihren je besonderen Erscheinungsmerkmalen abgesehen, weisen die Wüsten doch dieselbe Struktur auf, und zwar jene, die es erlaubt, sie alle als Wüste zu bezeichnen. Mithin könnten Schüler am Beispiel der Sahara erfahren, was eine Wüste ausmacht. Sie gewännen eine Schlüsselkategorie, die sie auf verwandte Erscheinungen anwenden können, um sich diese zu erschließen. Sie wären imstande, die Gobi, die Kalahari, die Negev usw. als Wüste zu klassifizieren.

- *Auf einer zweiten Ebene sollen Exempla Einsicht in den besonderen Erkenntnisprozess der zugehörigen Wissenschaft vermitteln:*
  Der Erdkundeunterricht z.B. dürfte nicht bei der Vermittlung der Kategorie *Wüste* stehenbleiben. Er müsste dazu fortschreiten, den Schülern zu zeigen, wie die erdkundliche Wissenschaft zu solcher Kategorie gefunden hat und welches ihre spezifische Art der Erkenntnisfindung ist. Möglicherweise über die große Trockenheit, deren Ursachen, das Nomadenleben der Wüstenbewohner, die Oasenkulturen usw. können Schüler miterleben, dass die erdkundliche Fragestellung darin besteht, immer nach der Abhängigkeit menschlicher Lebensformen vom Lebensraum sowie umgekehrt der Abhängigkeit der heutigen Erscheinungsform von Lebensräumen von menschlicher Einwirkung zu fragen und dementsprechend ihre Antwort zu formulieren.

- *Auf einer dritten Ebene wird die Relativität wissenschaftlicher Erkenntnisbildung einsehbar:*
  Die erdkundliche Fragestellung z. B. kann als ganz spezifische und als bewusst begrenzte Fragestellung deutlich werden. Dies zu erfahren, führt zugleich dazu, die Relativität letztlich auch aller anderen Wissenschaften zu erfahren oder mindestens zu erahnen. Lernende erfahren so, dass zur Erfassung der Wirklichkeit eine einzige Wissenschaft nicht ausreicht, dass vielmehr erst die gemeinsame Schau aller maßgeblichen Wissenschaften ein einigermaßen zutreffendes Erkenntnisbild von Wirklichkeit liefern kann. Auf diese Weise wird auch die Bedeutung von Wissenschaften für Lernende deutlich; möglicherweise sehen sie diese als Werke kollektiver menschlicher Bemühungen um Erkenntnisgewinn und deren zunehmend erfolgte Durchgliederung ein- für allemal ein. Einer unkritischen Wissenschaftshörigkeit kann so entgegengewirkt werden.

- *Auf einer vierten Ebene schließlich kann die Relativität menschlichen Erkennens überhaupt eingesehen werden:*
  Mit der Erfahrung der Begrenztheit wissenschaftlicher Erkenntnisse einher geht die Ahnung von der eingeschränkten Erkenntnismöglichkeit des Menschen überhaupt. Damit würde ein Schüler in ein entscheidendes Moment menschlicher (und somit seiner eigenen) Existenz Einblick nehmen. Hierauf kommt es letzten Endes WAGENSCHEIN an.

In der Diskussion, vor allem der fachdidaktischen, ist WAGENSCHEINS Vorstellung häufig auf die erste exemplarische Ebene eingeengt begriffen worden. Das hat dann u.a. dazu geführt, dass etliche Fächer behaupten, bei ihnen sei das Prinzip ohne Bedeutung, weil ihre Gegenstände ausschließlich individuellen Charakter hätten und keinen Ansatz zur Übertragbarkeit böten. Ob es tatsächlich Gegenstände von Wissenschaften gibt, die ausschließlich Individualität haben, sei dahingestellt. Auf jeden Fall aber kann letztlich an jeder wissenschaftlichen Erkenntnis die besondere Art und Weise von deren Gewinnung und darüber hinaus der Charakter *fach*wissenschaftlicher Erkenntnis und des Verhältnisses von Mensch und Wirklichkeit eingesehen werden. Das exemplarische Prinzip lässt sich m. E. in jedem Fach aktualisieren.

Für Lehrer stellt sich die Frage, wie denn solche Exempla auszuwählen sind; bisher ist nur erörtert worden, was sie leisten sollen. Und hierfür hat WAGENSCHEIN keine Antwort gegeben. WAGENSCHEIN bescheidet sich vielmehr mit dem Rat, abzuwarten, bis und ob sich aus dem Unterrichtsgeschehen heraus einmal eine entsprechende Gelegenheit bietet, gemeinsam mit den Schülern die Stufenfolge exemplarischer Einsichten zu gehen. Das bedeutet für den Lehrer: Die exemplarische Konzeption kann ihm weniger eine Hilfe für die dem Unterricht vorausgehende Auswahl von Inhalten sein als vielmehr eine Hilfe dazu, sich bietende Gelegenheiten auszunutzen und sich dann für die notwendige intensive und ausführliche Befassung mit dem gegebenen Inhalt zu entscheiden, statt sich um enzyklopädische Vollständigkeit und Abdeckung aller vom Fach her möglichen Themen zu bemühen. Allenfalls die Fachwissenschaft oder Fachdidaktik kann vorausschauend *Verdichtungsstellen* im fachlichen Gegenstandsbereich ausmachen und zur Auswahl vorschlagen. WAGENSCHEIN selbst weist den Lehrer darauf hin, dass die Erschließung solcher verdichteter Inhalte bis hin zur obersten exemplarischen Ebene nur über das *genetische* Verfahren möglich ist, also nicht in einem darbietenden Unterricht, sondern nur in einem Unterricht geleistet werden kann, in dem die Schüler Fragehaltungen haben und Fragen stellen, denen entdeckend und nach-entdeckend gefolgt wird. Es ist abzuwarten, bis Schüler sich an einzelnen Phänomenen engagieren, um dann von hier aus die Bildungsstufen zu gehen. Der Unterricht führt zur im jeweiligen Fach üblichen Systematik. Doch steht diese Systematik weder am Anfang noch wird sie zur Grundlage des Fortschreitens; am Anfang steht die Wirklichkeit – um mit WAGENSCHEIN zu reden: Man geht durch einen Steinbruch, ein einzelner Stein blitzt auf, er ergreift einen und man ergreift ihn, befasst sich mit ihm und tut dies solange, bis man systematische Kenntnis über ihn und seine Beziehungen zur Wirklichkeit hat.

Literatur

WAGENSCHEIN, MARTIN, Verstehen lehren, Weinheim u. Berlin 1968
WAGENSCHEIN, MARTIN, Ursprüngliches Verstehen und exaktes Denken, Stuttgart 1965

2.2.2 Angenommene Nachteile des Fachunterrichts

Wie bei Vorteilen, so bestehen auch hinsichtlich der Nachteile von Fachunterricht keineswegs einheitliche Vorstellungen. In der Argumentation gegen Fachunterricht finden sich allerdings auch einige immer wiederkehrende Annahmen. Die für den Fachunterricht angenommenen Nachteile werden in der Regel zugleich als Vorteile eines ungefächerten Unterrichts gewertet.

2.2.2.1 Der Fachunterricht versperrt den Blick auf die Ganzheit der Wirklichkeit!

Vorangestellt ein metaphorisches Wort von OTTO WILLMANN (1888, hier: 1957, S. 432):

»Für den Schüler ist allermeist der Bücherriemen das einzige Band, welches für ihn die Lehrfächer zusammenhält. Es zeigt sich darin der Atomismus, der im Lehrbetrieb Platz gegriffen hat, welcher vermeint, durch bloßes Nebeneinander ein lebendiges Ganzes herstellen zu können.«

Übertrieben und in einem bekannten Bild ausgedrückt, leitet Fachunterricht Schüler mit Scheuklappen versehen an die Wirklichkeit heran. Was wohl auf seinen Ursprung in den Wissenschaften zurückzuführen ist. Kernmerkmal von Wissenschaften ist ihre hohe Spezialisierung. Sie gehen mit höchstem Organisationsgrad an die Wirklichkeit heran, um diese durchschauen und Erkenntnisse über sie gewinnen zu können. Sie haben eine je spezifische Zugriffsart auf die Wirklichkeit und – im Grunde genommen – konstituieren sie eben dadurch auch ihre je besondere Wirklichkeit. So schafft beispielsweise erst die besondere biologische Zugriffsart die biologische Wirklichkeit und grenzt sie aus der in sich chaotischen und ungeordneten Wirklichkeit aus. Wo Wissenschaftler vor einem großen See stehen, da wird der Geograf die sog. geografischen Fakten wahrnehmen, wobei es aber seine Bezugswissenschaft ist, die zuallererst definiert, was als geografisch verstanden werden soll. Ebenso wird der Biologe die biologischen Fakten wahrnehmen, diejenigen Erscheinungen, Vorgänge usw. nämlich, die mit Leben zu tun haben, so wie seine Biologie sie vordefiniert hat.

Spätestens seit KANT den Zusammenhang von *Anschauung und Begriff* als für alle menschliche Erkenntnis nötig ausgewiesen hat, dürfte dies Allgemeingut geworden sein:

Erkenntnis, Wissen kann der Mensch nur von solchen Dingen haben, von denen er immer zugleich eine *Anschauung* **und** einen *Begriff* hat. Nur solche können als *wirklich* begriffen werden. Anschauungen ohne Begriffe sind blind: Wo man nur wahrnimmt, da kann man kein verwertbares, kommunikables Wissen haben; da kann man allenfalls von *dem da* und *jenem dort,* aber nicht von dem … sprechen. Begriffe ohne Anschauungen sind leer: Begriffe für sich sind bloße Hülsen, ohne Inhalt und für Wissen wertlos.

Es ist der Mensch, der die Begriffe einbringt; es sind im organisierten Erkenntnisbetrieb die Wissenschaften, die sich mit ihrer je spezifischen Art, mit ihrer besonderen Zugriffsart auf die Wirklichkeit einbringen. Und da seit Beginn wissenschaftlicher Erkenntnisbildung eine ungeheuer große Diversifizierung vorgenommen wurde, gibt es zahlreiche nebeneinander und in der Regel völlig getrennt voneinander verlaufende Erkenntnisansätze. Und eben diese Trennung hat sich bis in die Schulfächer hinein fortgesetzt. Was sich jedoch im allgemeinen Erkenntnis- und Wissenschaftsbetrieb als überaus fruchtbar erwiesen hat – man denke an die unübersehbare Zahl von Erkenntnissen, die so gewonnen wurden! – ist für den subjektiven Erkenntnisgewinn, das Lernen von Individuen also, nicht unbedingt auch ebenso fruchtbar – so jedenfalls lautet hier das Argument gegen Fachunterricht. Ein Blick in den Schulalltag vermittelt in der Tat oftmals den Eindruck, als wenn Fächer, besser: Fachlehrer!, nach dem Prinzip verfahren würden: *Schuster bleib' bei deinen Leisten*! – und sich im eigenen Fach einigeln, ohne je darüber hinauszuschauen.

Zweifellos führen Schulfächer immer nur an einen Ausschnitt der Wirklichkeit heran bzw. lassen Schüler den ausgewählten Teil der Wirklichkeit bloß unter einer bestimmten, nämlich der fachlich eingenommenen, Perspektive erfahren. Kinder und Heranwachsende erleben beispielsweise den nahegelegenen Wald in ihrem Leben, bei ihren Spielen als eine Ganzheit. Sie verstecken sich hinter einem Baum, unter einem Strauch und legen sich bäuchlings auf den feuchten Fels- oder Humusboden, ohne den Fels von Baum und Strauch, von Humusboden zu unterscheiden, bloß weil diese zum biologischen, er aber zum geologischen Interessenbereich gezählt wird. Sie leben in einer Welt, die sie zwar auf einmal nicht völlig wahrnehmen können – und so kann es auch keine völlige Ganzheitlichkeit der Wirklichkeit für sie geben! –, in die sie sich aber Stück für Stück hineinleben, wobei sich zumindest diese Stücke in ihrer je besonderen Ganzheitlichkeit darbieten, sofern nicht jemand in den Erlebensprozess eingreift. Und eben das tun Schulfächer: Sie greifen – nach dem Vorbild ihrer zugehörigen Fachwissenschaften – vor-ordnend in den Erfahrungsprozess Heranwachsender ein. Machen wir uns das noch einmal recht deutlich.

Lernen in seiner weitesten und allseits anerkannten Bedeutung meint: die Veränderung menschlicher Dispositionen auf Grund von Erfahrungen. Dispositionen – dabei handelt es sich um *Kenntnisse,* um *Fertigkeiten* und um *Einstellungen/Haltungen*. So lernt man beispielsweise, dass *Paris die Hauptstadt von Frankreich* ist, lernt den *Felgaufschwung*, lernt *pünktlich sein zu wollen* usw. Lernen ist Veränderung – von Dispositionen – und Veränderungen dieser Art gehen auf Erfahrungen zurück. Erfahrungen macht jeder Mensch für sich allein und er macht sie aktiv. Zwar lernt man nicht alles durch sog. Primärerfahrungen, am eigenen Leibe, sondern vieles durch Sekundärerfahrungen aber Erfahrungen sind Voraussetzung von Lernen. Und aktiv muss man dabei auch sein, denn man muss sich schließlich mit dem, was oder worüber man lernt, auseinandersetzen. Ein Kind geht durch den Wald und nimmt einen Kiefernzapfen auf, dreht ihn in den Händen und stellt fest, dass er kleben bleibt. Es tut etwas, ist aktiv und erfährt dabei etwas, nämlich dass der Zapfen klebrig ist.

Wenn dem Fachunterricht vorgeworfen wird, er versperre den Blick der Lernenden auf die Ganzheitlichkeit der Wirklichkeit, dann wird zugleich auch angenommen, dass alle natürlichen Erfahrungen, alle im Lebensvollzug von Kindern und Heranwachsenden gemachten Erfahrungen solch ganzheitlicher Art seien und dass eben dies die erstrebenswerteste Art des Lernens sei. Diese Argumentation enthält darüber hinaus auch einen sehr deutlichen

Vorwurf: Fachunterricht führe zum Verlust an Natürlichkeit von Lernvorgängen bei Kindern. KAHLERT bemüht HABERMAS mit seiner Formulierung der »curricularen Überreglementierung« und wiederholt dessen empörte Feststellung, so komme es zur »Kolonialisierung der Lebenswelt«, die ihrerseits gefolgt werde von Entpersönlichung, Innovationshemmung, Verantwortungsabbau und einer bloßen Quasi-Objektivität aufseiten der Lernenden (vgl. HABERMAS, 1988, bes. S. 553 ff, Zitat: S. 545, KAHLERT, 1998, S. 12 ff). Was davon hat bei näherem Hinsehen Bestand?

Erfahrungen im Leben erfolgen auf natürliche Weise, vorausgesetzt, sie sind nicht ebenfalls schon einem zuvor erworbenen Erfahrungsschema unterworfen. Denn die völlig natürliche Erfahrung ist Menschen bloß am Anfang ihres Lebens möglich. Sehr bald fallen sie den in ihrer gesellschaftlichen Umgebung gängigen Erfahrungsmustern anheim, ohne das allerdings an sich selbst auch zu merken. Dennoch verbleibt die Möglichkeit, die Wirklichkeit umfassender, ja oftmals sicher auch als Ganzheit zu erfahren. Die Schule führt mit dem Fachunterricht die bereits funktional in der Gesellschaft – im Elternhaus vor allem – begonnene Ausprägung von bereitgestellten Erfahrungsmustern intentional weiter. Zweifellos bedeutet Schule – und das nicht nur wegen des Fachunterrichts – »künstliches Lernen«, wie RUMPF feststellt (1986). Ohne hier weiter darauf einzugehen, was denn nun eigentlich als natürliches Lernen gilt – auf jeden Fall meint es, die Ganzheit der dem menschlichen Erleben jeweils zugänglichen Wirklichkeit auch tatsächlich zu erleben –, bleibt festzustellen, dass Fachunterricht solche Ganzheit tatsächlich versperrt. Und es scheint angebracht, solche Sperre wenigstens zeitweise aufzuheben, sie zugunsten einer ungeteilten Wirklichkeit zu überwinden. Allein das Argument Natürlichkeit – und Unverstelltheit – begründet m. E. die Forderung nach zeitweiligem fächerverbindenden Unterricht, wobei allerdings Natürlichkeit in einem begrenzten Verständnis zu nehmen ist (vgl. unten). Vielleicht wäre es besser, statt von Natürlichkeit des Lernens von einem Lernen zu sprechen, das Kindern bereits vor dem Schuleintritt zueigen ist. Damit sind dann jene Lernmuster gemeint, die Kinder durch Umgang mit anderen Menschen und erste ungesteuerte Erfahrungen nolens volens erwerben.

Die HABERMASsche Wertung ›curricularer Überreglementierung‹ durch Fachunterricht muss wohl als überzogen zurückgewiesen werden. Keineswegs auch bedeutet Fachunterricht eine ›Kolonialisierung der Lebenswelt‹ von Kindern mit den aufgezählten negativen Folgen. Solche Argumentation scheint mir vor allem zu übersehen, dass Menschen keinesfalls bereits mit Lernmustern auf die Welt kommen, sondern dass sie vielmehr auch das Lernen erst erlernen müssen. Angeborene, also tatsächlich natürliche Lernmuster, gibt es nicht. Sie müssen zuallererst erworben werden, sodass – blickt man auf die Schule – bestenfalls funktional in früher Kindheit erworbene gegen intentional vermittelte Lernmuster stehen. Kindern lässt man die Möglichkeit, sofern dem nicht Gefährdungen im Wege stehen, sich aus ihrer Umgebung jenen Wirklichkeitsbereichen zuzuwenden, die ihr Interesse erwecken. Im Vergleich dazu stellt Fachunterricht eine zwangvolle Einengung und zugleich Ausblendung interessanter Wirklichkeitsaspekte dar. Und dies scheint mehrheitlich als nachteilig für Lernende empfunden zu werden. Also bietet es sich an, Einengungen und Ausblendungen zumindest für gewisse Zeiten zu vermeiden; und das soll Fächerverbindung leisten.

2.2.2.2 Der Fachunterricht verkürzt das Potenzial der Lernenden!

Um Ganzheitlichkeit geht es auch bei diesem Argument gegen Fachunterricht. War oben von der Ganzheitlichkeit des Lernobjekts die Rede, von den Inhalten des Lernens, so wird sie hier von der Ganzheitlichkeit des lernenden Subjekts, von den Lernenden sein. Seit PESTALOZZI forderte, es müsse *mit Kopf, Herz und Hand* gelernt werden, findet diese Formel Verwendung für die Einforderung ganzheitlichen Lernens, wobei diese Forderung besonders an den Unterricht in Schulen gerichtet wird. Dabei wird wiederum vor allem der Fächerung des Unterrichts zugeschrieben, sie verhindere solch ganzheitliches Lernen. Zweifellos findet sich im Unterricht ein übermäßig ver*kopft*es Lernen statt, wird Lernen mit Herz und Hand, wird emotional orientiertes gegenüber rationalem Lernen an den Rand gedrängt, wenn es denn überhaupt stattfindet.

Worum geht es hier? Lernen, so wurde bereits weiter oben dargestellt, ist an Erfahrungen gebunden. Ohne eigene Erfahrungen gibt es kein Lernen. Erfahrung meint, dass Lernende sich mit Inhalten auseinandersetzen, die sie bzw. über die sie etwas lernen sollen. So beißt beispielsweise ein Kind in eine Zitrone – setzt sich also mit der Zitrone auseinander – und erfährt deren Säure, lernt mithin, dass Zitronen sauer schmecken. Nun können Erfahrungen auf unterschiedliche Art gemacht werden. Dies Kind biss in die Zitrone und erfuhr so am eigenen Leibe, dass sie sauer schmeckt; hier spricht man von *Primär*erfahrung. Ein anderes Kind erhält möglicherweise von seiner Mutter, die merkt, dass es in eine Zitrone beißen will, den vorsorglichen Hinweis: »Pass' auf, die ist sauer!« Da es weiß, was sauer meint, nimmt es Abstand vom eigenen Biss. Auch dies Kind hat eine eigene Erfahrung gemacht, aber eine aus zweiter Hand, eine *Sekundär*erfahrung.

Worin besteht nun der grundsätzliche Unterschied? Erfahrungen macht man mit den Sinnen. Sie können nach allgemeinen Vorstellungen demnach:

- visueller Art sein, mit den Augen gemacht,
- auditiver Art sein, mit den Ohren gemacht,

- haptischer bzw. taktiler Art sein, mit der Haut gemacht,
- olfaktorischer Art sein, mit der Nase gemacht,
- gustatorischer Art sein, mit der Zunge gemacht.

So hat auf den ersten Blick das erste Kind seine Erfahrung mit Auge, Haut und Zunge, das zweite mit Auge, Haut und Ohr gemacht. Auf den zweiten Blick hingegen wird deutlich, dass das erste Kind seine Erfahrung mit allen seinen Sinnen hätte machen können. Es war ja als ganze Person vorhanden und hätte als solche mit allen Sinnen Kontakt zur Zitrone aufnehmen können, es hätte auch noch an der Zitrone riechen und auch sein Ohr noch nach Geräuschen lauschen lassen können. Dem zweiten jedoch wurde das durch den Zuruf der Mutter verwehrt, es konnte nicht zusätzlich noch Zunge und Nase einsetzen. Primärerfahrungen sind mithin solche, wo die ganze Person in den Erfahrungsprozess eingeht, wo sie die Auseinandersetzung als ganze Person vornehmen kann, wo sie alle ihre Sinne einsetzen könnte. Sekundärerfahrungen hingegen sind auf einen Teil der Person eingeschränkt, gestatten bloß einen oder mehrere, aber niemals alle Sinne einzusetzen. Sekundärerfahrungen sind stets medial vermittelte Erfahrungen, d. h. die Auseinandersetzung des Lernsubjekts mit den Lernobjekten erfolgt immer über zwischengeschaltete Medien.[6]

Seit langem schon wird angenommen, dass ein mit allen Sinnen vollziehbares Lernen wirkungsvoller sei. Dahinter steckt u. a. die Vorstellung, was durch mehrere oder alle Sinne aufgenommen werde, würde stärker beeindrucken, würde die Eindrücke besser im Gedächtnis speichern, weil damit auch eine vielfache Vernetzung des Erlernten einherginge. *Allsinnesunterricht* war eine seinerzeitige Forderung, die sich allerdings auch selber ad absurdum führte; sie erwies sich schlicht als unmöglich. Wie soll z. B. die Salzsäure derartig gelernt werden? Auf einen tatsächlichen Nachteil des sinnesmäßig eingeschränkten Lernens hat seinerzeit VESTER hingewiesen, als er *vielkanaliges Lernen* forderte (1989). Er wies nach, dass sich in früher Kindheit bei jedem Einzelnen ganz besondere *Grundmuster der Informationsverarbeitung* ausprägen. Obgleich alle Menschen mit einer physischen Ausstattung an Hirn zur Welt kommen, wird der auf Informationen gerichtete Umgang damit dadurch geprägt, wie mit dem Kind in seiner ersten Lebenszeit umgegangen wird. So macht es beispielsweise einen großen Unterschied, ob jemand – wie in unserem Kulturkreis – weitestgehend mit differenzierter Sprache und über das Ohr angesprochen wird oder ob ein auf dem Rücken getragenes Kind die stete Nähe und Wärme seiner Bezugsperson spürt und insgesamt angesprochen wird. So kommt es durch unterschiedliche Kontaktweisen zur

[6] Vgl. zum Problem von Medien bzw. Veranschaulichung: PETERßEN, WILHELM H., Anschaulich unterrichten, München 1994

unmittelbaren Umwelt unversehens zu unterschiedlichen *Grundmustern der Informationsverarbeitung*, also auch Lernmustern. In der Schule wirkt sich das vor allem in der Kommunikation zwischen Lernenden und Lehrenden aus. Wer bei der Kommunikation in Schule und Unterricht auf seine eigene Art trifft, Informationen aufzunehmen und zu verarbeiten, also Resonanz erlebt, der ist gut dran; wer hingegen einem von seinem völlig verschiedenen Grundmuster begegnet, der versteht nicht auf Anhieb, der wird oftmals leichtfertig als dumm abgestempelt. Die Schlussfolgerung bei VESTER: Wenn man hinsichtlich der Sinne von unterschiedlichen *Eingangskanälen* für Lernen spricht, dann sollte Unterricht grundsätzlich *vielkanalig* angelegt sein, um die besonderen Lernkanäle aller Schüler einer Gruppe mit den Informationen zu erreichen. Einer solchen Forderung entspricht der Fachunterricht gegenwärtig in der Regel nicht, weil er sich vornehmlich, wenn nicht oft sogar ausschließlich, an den Kopf der Lernenden wendet, dabei besonders über das Ohr, also vorwiegend auditiv lernen lässt.

Fachunterricht ist – wohl wegen seiner Orientierung an wissenschaftlichen Disziplinen und deren rationaler Ausrichtung – im Wesentlichen intellektueller Art. Dass in den Unterricht aber nicht bloß Köpfe kommen, dort nicht bloß Intellekte tätig werden, sondern dass Personen teilnehmen, mit ihren jeweiligen Gedanken und Gefühlen, mit ihrem ganzen Körper anwesend sind, das wird im überkommenen Fachunterricht zu oft übersehen. Wer einen der üblichen Klassenräume betritt, kann sich oftmals des Eindrucks nicht erwehren, als wenn bloß die Schicht der Köpfe in den Unterricht einbezogen sei und alles, was sich darunter nach unten auf den Boden erstreckt – Brust, Bauch, Füße –, zeitweise ausdrücklich ausgeschaltet worden sei. Und das – obwohl es seit einiger Zeit schon gerade dagegen gerichtete Lernkonzepte gibt. So war die gesamte Reformpädagogik zwischen 1890 bis 1930 voll von Entwürfen, Natur und Persönlichkeit von Kindern und Heranwachsenden zum Maßstab von Lehren und Lernen in Schule und Unterricht zu machen. Und letzten Endes ist das in der Reformpädagogik geschaffene Reservoir von didaktischen und methodischen Arrangements auch heute noch der Steinbruch, aus dem ständig gebrochen und in Schulen übertragen wird. Und auch in den Fachunterricht können solche eingeführt werden, die dessen Kopflastigkeit zugunsten ganzheitlichen Lernens überwinden.

Doch auch in neuerer Lernpsychologie, besonders der von PIAGET begründeten Kognitionspsychologie, finden sich entsprechende Hinweise. Ich denke dabei vor allem an die Kategorial-Vorgabe von BRUNER: Er sieht sowohl für die individuelle Entwicklung von Lernfähigkeit wie für die Grundstruktur von Lernvorgängen drei mögliche Muster (übrigens: als **e – i – s** leicht zu behalten):

• enaktives Lernen
Am Anfang menschlicher Entwicklung kann bloß auf diese Art gelernt werden. Dabei ist der ganze Mensch jeweils in den Erfahrungsprozess, in den Auseinandersetzungprozess mit einer Sache u. Ä. verwoben. Wenn Kinder sich im Schnee wälzen und dabei lernen, dass dieser weiß und kalt ist und leicht schmilzt, dann lernen sie enaktiv über Schnee.

• ikonisches Lernen
Die Lernfähigkeit schreitet hierzu fort. Nicht mehr die unmittelbare und ganzheitliche Auseinandersetzung mit der Sache ist erforderlich; diese kann durch bildhafte Darstellungen repräsentiert sein. Wenn Kinder durch einen Film über die Insel Bali lernen, dann lernen sie durch Auseinandersetzung mit dem im Film präsentierten Bali; dabei sind sie nicht als ganze Personen, sondern bloß mit einigen Sinnen – Auge und Ohr – involviert.

• symbolisches Lernen
Dies meint die höchste Abstraktionsstufe von Lernfähigkeit. Die Sache, mit der sich die Lernenden auseinandersetzen, wird bloß noch durch abstrakte Symbole vertreten. Das ist der Fall, wenn Kinder den Phytagoräischen Lehrsatz durch den Informationsvortrag des Lehrers erlernen, allenfalls noch durch ebenfalls abstrakte Symbole an der Wandtafel ergänzt.

Es wird leicht ersichtlich, dass Fachunterricht in der Regel nur noch das letztgenannte, das symbolische Lernmuster bemüht. Nach BRUNER ist aber ein über alle drei Muster verlaufender Lernprozess am wirkungsvollsten. Alles in allem lässt sich also feststellen: Fachunterricht üblicher Art verkürzt in der Tat das auf Seiten der Lernenden vorhandene Lernpotenzial, und zwar auf das rationale und intellektuelle Potential; ein am gesamt verfügbaren Potenzial der Schüler gemessen ganzheitliches Lernen findet – abgesehen vom Anfangsunterricht in der Grundschule – in unseren Schulen kaum noch statt.

2.2.2.3 Der Fachunterricht vernachlässigt Interessen und Bedürfnisse der Lernenden!

War soeben nur vom vorhandenen Potenzial auf Seiten der Lernenden für unmittelbare Lernvorgänge die Rede, das keine Verwendung findet, so muss nunmehr die Vernachlässigung der weiteren Persönlichkeitsmerkmale von Lernenden angeprangert werden. Lernende sind eben nicht nur Lernende, sondern kommen als vollständige Menschen in den Unterricht. In Schule und Unterricht werden sie aber sehr oft auf ein Maß reduziert, das mit dem Rollenbegriff[7] wohlwollend als Schüler umschrieben werden kann. Im Unterricht die Schülerrolle wahrzunehmen, meint zwar, dass von Heranwachsenden vor allem Lernen verlangt wird, aber keineswegs, dass alle ihre anderen Erwartungen radikal draußen vor Schul- und Klassenzimmertüren bleiben müssten.

Wenn man sich vor Augen führt, dass Schülern selbst ihre Rolle als Schüler noch gar nicht klar sein kann, dass sie ihnen vielmehr rigoros übergestülpt und abverlangt wird, zeigt sich das mögliche Ausmaß an negativen Folgen. Viele Stunden am Tag, das fünf Tage die Woche und noch viele Wochen und Monate in jedem Jahr müssen sie ausschließlich – zumindest jedoch überwiegend – Schüler sein, müssen in dieser einen Rolle leben, wenn sie sich nicht – sogar allerseits anerkannten – Sanktionen aussetzen wollen. Wo bleiben da ihre anderen Rollen – Kind, Sohn oder Tochter, Freund oder Freundin, Nachbar usw. – und die damit an sie gerichteten Erwartungen? Es ist ja nicht nur so, dass sie eigene Interessen und Bedürfnisse unterdrücken müssen, sie geraten doch tatsächlich schon als Kinder in Rollenkonflikte. Und die können sie nicht nur selber noch gar nicht als solche durchschauen, sondern – und das halte ich für verheerender – Lehrende nehmen solche Schüler-Rollen-Konflikte auch gar nicht als solche wahr. Hand auf's Herz: Welcher Lehrer macht sich schon deutlich, dass seine Schüler in eine Rolle hineingezwungen worden sind und dass es diese Rolle ist, die mit anderen, in denen sie leben, konfligieren kann!? Unterricht und eben auch Fachunterricht hat zur Verhärtung von Auffassungen geführt. Eine davon hat dazubeigetragen, Kinder ausschließlich oder vorwiegend in ihrer Schülerrolle zu sehen.

Solche hypostasierende Betrachtungsweise ist wohl die Ursache dafür, dass man sich berechtigt fühlt, alle Interessen und Bedürfnisse von Kindern und Heranwachsenden, die nichts mit deren Schülerrolle und Lernauftrag zu tun haben, rigoros aus dem Unterricht auszuschließen. Wir haben es hier im Unterricht mit einer besonderen Erscheinungsweise des sog. *pädagogischen*

---

[7] Als Rolle wird in der Soziologie das Bündel von Erwartungen bezeichnet, die an den Inhaber der jeweiligen Rolle gestellt werden. Rolle meint keinesfalls das tatsächliche Verhalten von Menschen.

Dilemmas zu tun. Dieses besteht in der Unauflöslichkeit des Widerspruchs zwischen dem Anspruch von Menschen – auch von Kindern – auf Freiheit und dem Anspruch von Erziehenden, den angeblich noch nicht zur Freiheit fähigen Kindern diese vorzuenthalten, um sie – durch Erziehung, Unterricht usw. – zunächst mit allem auszustatten, was sie dafür benötigen: *Es tut mir leid, aber ich muss dich zwanzig Jahre lang abhängig sein lassen, damit du später auch tatsächlich frei sein kannst*!

Unterricht ist eine Zwangsveranstaltung, in die Kinder mit solcher Argumentation hineingezwungen werden und in der sie alle persönlichen Interessen und Bedürfnisse hintanstellen müssen. Was für Unterricht schlechthin gilt, gilt in besonderem Maße für Fachunterricht. Wo in Fächern unterrichtet wird, wird die Rolle von Schülern, wird der für berechtigt gehaltene Lernauftrag an sie noch enger eingegrenzt. Nicht nur, dass kindliche Interessen und Bedürfnisse unterdrückt werden müssen, solche, die sich auf unmittelbares Leben, auf möglichst gleichzeitige Befriedigung richten, darüber hinaus muss auch intellektuelles Interesse stets von der Art sein, die ein Fach mit seinen spezifischen Strukturen verlangt und zulässt. Wehe dem, der während strenger Mathematik sein Interesse an befreiender Lyrik äußert, oder dem, den während der Kategorisierung von Korbblütlern das Bedürfnis überkommt, sich sportlich ein bisschen auszuarbeiten. Zum Ersten verlangt Fachunterricht mit seiner je besonderen Zugriffsart auf die Wirklichkeit bei Schülern ein ebensolch verengtes Interesse; zum Zweiten knebelt er mit der ihm eigenen besonderen Fachsystematik den Umgang der Lernenden mit den Sachen.

Von Vernachlässigung der Interessen und Bedürfnissen von Lernenden zu reden, scheint mir sprachlich eher zu niedrig gegriffen. GLÖCKEL nimmt hier sogar das Argument auf, Fachunterricht beinhalte für Kinder keine Lebensbedeutsamkeit. So allerdings kann ich das nicht akzeptieren. Nach den obigen Ausführungen muss man diese Aussage wohl relativieren: Fachunterricht ist durchaus lebensbedeutsam für Kinder, aber wohl eher für ihre angenommene Zukunft als für ihre Gegenwart. Was sie dort lernen, wird für ihre Zukunft und die dann zu leistende Lebensbewältigung für bedeutsam gehalten. Jedenfalls gehe ich davon aus, dass dies in der Regel der Fall ist, d. h., dass auch im Fachunterricht eine pädagogische Rechtfertigung dessen erfolgt, was Kindern zum Lernen angeboten wird, und dass nicht bloß Fachliches ohne alle Überlegungen weitergereicht wird. Was hier als erörtertes Problem wieder auftaucht, ist das des kindlichen Eigenrechts, des Rechts auf ein eigenes und kindbestimmtes Leben. Das hat seinerzeit SCHLEIERMACHER zu der Mahnung veranlasst, stets sorgfältig zu prüfen, ob das *Recht von Kindern auf erfüllte Gegenwart* zugunsten einer unsicheren Zukunft aufgegeben werden dürfe. Mir scheint, Fachunterricht wird zu häufig ohne solche pädagogischen Überlegungen erteilt, und zwar weil er für viele Lehrer, vor allem die ausgesprochenen Fachlehrer in den Sekundarstufen unserer Schulen, seine Legitimation in sich selbst hat.

2.2.2.4 Der Fachunterricht fördert die Handlungsfähigkeit der Lernenden nur unzulänglich!

Non scholae, sed vitae discimus, so will uns der Spruch immer wieder glauben machen. Aber ist es nicht tatsächlich so, wie der Spruch ursprünglich lautete: *Non vitae, sed scholae discimus*?! Wofür lernen Schüler in Schule und Unterricht; für ihr Leben oder bloß für die Schule? Wir könnten uns die Auflösung einfach machen und antworten: für beide! Kurzfristig für die Schule und langfristig für das Leben! Wir könnten auch organisationssoziologisch vorgehen und die Schule als Leben in das gesamte Leben hineinstellen; dann wäre die Antwort: immer für das Leben! Doch kommen wir so nicht an den Vorwurf heran, der dem Fachunterricht mit unzulänglicher Förderung von Handlungsfähigkeit gemacht wird. Selbstverständlich legitimiert Fachunterricht seine Lehre aus dem künftigen Leben der Schüler und reiht sich in den Auftrag der Schule ein, Kinder auf ihr Leben vorzubereiten. Im Näheren meint der Vorwurf, dass zwar das Ziel verfolgt, aber nicht erreicht wird, dass dafür nicht das Richtige getan wird. Es wird zwar gelernt, was gelernt werden soll, aber nicht so, dass es – wie üblicherweise gesagt wird – auch *angewendet* werden kann.

KERSCHENSTEINER hat treffend auf diesen Sachverhalt hingewiesen: *Es kommt nicht nur darauf an, Kenntnisse zu haben, sondern Gebrauch von ihnen machen zu können*! Selbstverständlich sind Kenntnisse nötig, doch wenn sie bloß wie in einem Sack gesammelt werden, der lebenslang verschlossen bleibt und in den man nicht hineingreifen kann, um sie herauszuholen und anzuwenden, dann bleiben sie tot. Parallel dazu wird in der aktuellen konstruktivistischen Lernpsychologie von *trägem* vs. *intelligentem* oder *produktivem Wissen* gesprochen. Träges Wissen ist zwar latent vorhanden, also durchaus gespeichert, kann aber nicht ohne weiteres abgerufen, reproduziert werden. Intelligentes / produktives Wissen ist so gespeichert, dass es jederzeit Verwendung finden kann. Flexibler Umgang mit dem eigenen Wissen begründet die Handlungsfähigkeit von Menschen. Als handlungsfähig wird bezeichnet, wer imstande ist, sein Leben selbstständig zu steuern, wer alle Situationen, in die er hineingerät, selbstständig bewältigt, mit allen Problemen seines Lebens selbstständig fertig wird. Vorsicht: Selbstständig heißt nicht, alles alleine oder selbst zu tun! (Vgl. Exkurs – Handlungsfähigkeit als Unterrichtsziel, S. 63 ff). Doch steht außer Zweifel, dass Handlungsfähigkeit Informationen aller Art voraussetzt. Voraussetzung dafür, selbstständig handeln zu können, sind solide Kenntnisse, perfekt beherrschte Fertigkeiten und tief verwurzelte Einstellungen/Haltungen – und eben die Fähigkeit, von ihnen dann Gebrauch machen zu können, wenn dies für die Lebensführung nötig wird.

Man kann Fachunterricht nicht vorwerfen, er vermittle keine maßgeblichen Informationen. Was im Fachunterricht erlernt wird, gehört mit Sicherheit – wenn es pädagogisch legitimiert wurde – zu dem, was man im Leben benötigt, womit man sein Leben eigenständig gestalten kann, sofern ---. Und hier liegt der Hase im Pfeffer: Sofern es auf eine Weise erworben wurde, die selbstständigen Gebrauch damit zulässt oder sogar ausdrücklich fördert. Denn für produktives Wissen ist nicht nur bedeutsam, *was* gelernt wird, sondern auch *wie* es gelernt wird!

Seinerzeit hat der Deutsche Bildungsrat diese Problematik erkannt und dazu aufgerufen, allen Unterricht so anzulegen, dass nicht bloß träges, sondern produktives Wissen bei den Lernenden erzeugt werden kann. Er hat ein Stufenmodell vorgestellt, das die Problematik strukturell erhellt. Dies baut auf der Vorstellung auf, dass – wer Kenntnisse und Fertigkeiten und Einstellungen/Haltungen besitzt – unterschiedlichen Gebrauch von ihnen machen kann, dass er sein Ausdrucksverhalten unterschiedlich damit gestalten kann[8]:

- **Reproduktion**
  Seine Informationen wiedergeben zu können
  Man hat gelernt, dass Paris die Hauptstadt von Frankreich ist und trägt dies in die Kästchen eines Kreuzworträtsels ein.
- **Reorganisation**
  Seine Informationen flexibel nutzen und in veränderte Zusammenhänge einbringen zu können
  Man hat Obiges gelernt und in einem Gespräch über europäische Hauptstädte lässt man einfließen, dass Paris …
- **Transfer**
  Seine Informationen auf neue Situationen übertragen und dort produktiv einsetzen zu können
  Man erhält den Auftrag, ein Flugticket in die Hauptstadt von Frankreich zu beschaffen, und man beschafft eines nach Paris, weil man weiß, dass dies die Hauptstadt ist.
- **Problemlösung**
  Seine Informationen für das Erkennen und die Identifikation neuer Probleme und zu deren Lösung einsetzen zu können
  Man erkennt, dass wegen des Zentralismus in Frankreich anstehende Verhandlungen in der Hauptstadt geführt werden müssen und beauftragt den Mitarbeiter, ein Ticket in die Hauptstadt zu besorgen und …

[8] Deutscher Bildungsrat, Empfehlungen der Bildungskommission, Stuttgart 1970, bes. S. 78 ff

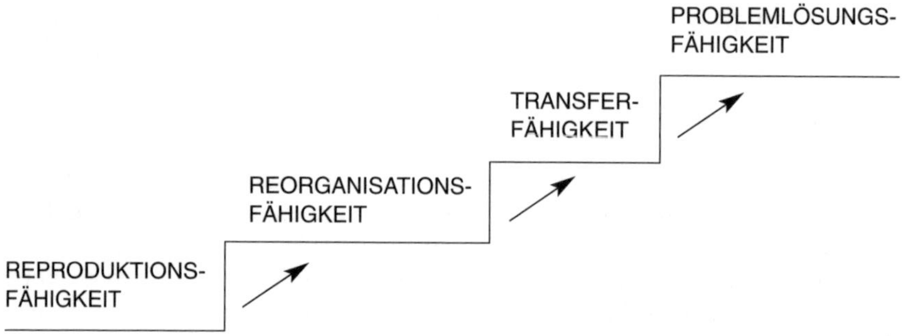

Abb. 7: Stufenmodell des Verhaltens auf Grund von Informationen (Deutscher Bildungsrat)

Noch einmal: An der Vermittlung lebensrelevanter Informationen mangelt es bei und im Fachunterricht sicherlich nicht. Woran es mangelt: An einer Vermittlungsart, die Informationen so erwerben und speichern lässt, dass davon lebenslang selbstständiger Gebrauch gemacht werden kann. Fachunterricht ist sich seiner selbst und seiner Inhalte m.E. zu oft zu sicher, als dass noch viele Gedanken auf die Art des Lernens bezogen werden. Hinzu kommt, dass Fachunterricht wegen seiner – von Lehrplänen besorgten – Überfrachtung an Inhalten zu häufig nur das Quantitätsproblem des Fachlernens in den Blick nehmen kann, das Qualitätsproblem hingegen in den Hintergrund rücken muss. *Wie kriege ich alles rüber, was ich rüberbringen muss* ? – so o. ä. werden die didaktischen Gedanken von Fachlehrern nur allzu häufig eingeengt, wenn sie die Fülle der jährlich anstehenden Lerninhalte vor sich sehen.

Und was Fachunterricht im Hinblick auf die Förderung von Handlungsfähigkeit strukturell nachteilig anhängt, ist die inhaltliche Begrenztheit von Fächern; in ihnen kann eben nur erlernt werden, was Fachbezug hat. Ein vernetzendes Lernen, das von vornherein die Fachgrenzen überschreitet und in andere Fachgebiete eingreift, muss unterbleiben, wenn nicht die Solidität und Dignität des Faches aufs Spiel gesetzt werden soll. Lebensprobleme aber stellen sich nicht nach Fächern unterteilt, sondern sind komplex-ganzheitlicher Art. Wer sie mit in Fächern erworbenen Informationen lösen will, muss zuallererst eine Auswahl aus ihnen treffen und sie dann zusammenführen und auf die Problemsituation beziehen. Auf derartiges Denken und Handeln kann Fachunterricht nicht vorbereiten. Das bleibt ein dauerhafter Mangel vor allem von Fachunterricht, weil seine in langer Zeit entstandene Eigendynamik andere Schwerpunkte setzt.

3 Fächerverbindender Unterricht: Das Konzept

Das Konzept fächerverbindenden Unterrichts muss alle Forderungen aufnehmen, die bei der begrifflichen Bestimmung als notwendig erkannt wurden, und sie in Merkmale des Lehrens und Lernens umformen. Das bedeutet vor allem: Fächerverbindender Unterricht darf weder einseitig an fachlicher noch einseitig an überfachlicher Organisation orientiert sein, sondern als mittleres Prinzip muss es – wie gesagt – den Fachunterricht *aufheben*. Das Konzept muss in sich jene Momente des Fachunterrichts enthalten – sie bewahren –, die als vorteilhaft für Lernen im Unterricht betrachtet werden; zugleich muss es Momente ungefächerten Unterrichts enthalten, die an die Stelle jener Momente des Fachunterrichts treten, die überwunden werden sollen, weil sie als wenig oder gar nicht förderlich für Lernen im Unterricht angesehen werden. Die aufhebende Konzeption gilt – das muss hier ausdrücklich wiederholt werden – als zeitlich begrenzt; Aufhebung des Fachunterrichts durch fächerverbindenden Unterricht geschieht immer nur für einen bestimmten Zeitraum. Fächerverbindender Unterricht soll Fachunterricht nicht ablösen, sondern ergänzen.

3.1 Themenzentrierter integrativer Unterricht

Die Vorteile des Fachunterrichts können nur bewahrt werden, wenn der Unterricht weiterhin Fächer aufweist, zugleich aber die Fächer – der Forderung nach Fächerverbindung folgend – miteinander in Verbindung bringt. Wie aber ist solche Verbindung zu begreifen? Es dürfte evident sein, dass solche Verbindung über Themen herzustellen ist. An die Stelle von je einzelnen von Fächern verfolgten Themen tritt zeitweilig ein einziges Thema, das von allen beteiligten Fächern behandelt wird. Alle beteiligten Fächer nehmen auf das eine Thema Bezug und konzentrieren alle ihre Bemühungen um Lernen inhaltlich auf eben dies eine Thema. Es handelt sich mithin um einen *themenzentrierten Unterricht*.

Beispiel themenzentrierten Unterrichts

Statt:

Fach: Deutsch	Thema: Fabeln
Fach: Biologie	Thema: Weinreben
Fach: Erdkunde	Thema: Bodensee-Region
Fach: Mathematik	Thema: Prozentrechnung

↓

Nunmehr:	**Thema: Weinlese in Meersburg**
Fach: Deutsch	Fabel »Der Fuchs und die sauren Trauben«
Fach: Biologie	Weinreben und Beerenobst
Fach: Erdkunde	Weinanbau am Bodensee-Ufer
Fach: Mathematik	Zucker- (Oechsle) und Alkoholgehalt des Meersburger Weines

Das – ausschließlich zur groben Veranschaulichung gedachte – Beispiel lässt bereits erkennen, dass die zeitweilige Themenzentrierung nicht zwangsweise zu einer einzigen Form von Fächer*verbindung* führen muss. Auch wenn auf ein Thema Bezug genommen wird, kann die Verbindung zwischen den Fächern entweder sehr locker oder sehr eng sein. Wie eng die Verbindung gestaltet wird, hängt von der Vereinbarung der Fächer darüber ab. Eine sehr lockere Verbindung – wie im obigen Beispiel – ist bloß *additiver* Art. Die Fächer nehmen dabei zwar in der Tat vereinbarungsgemäß das eine Thema auf und behandeln es im Fach und dort auf fachspezifische Art, doch addiert sich ein inhaltlicher Beitrag zum anderen, ohne dass eine weitergehende Verschränkung sichtbar würde. Dabei bleiben die Vorteile fachlichen Lernens bestehen, aber ein weiterführendes – auf Ganzheitlichkeit, Handlungsfähigkeit usw. gerichtetes – Lernen wird auf diese Weise noch nicht erreicht. Additiver kann noch nicht als fächerverbindender Unterricht in Frage kommen.

Ich kann mir dafür nur eine *integrative Verbindung* vorstellen; fächerverbindender muss als *integrativer Unterricht* begriffen werden. Nur ein integratives Unterrichtskonzept hebt Fachunterricht zeitweise auf und kann ihn mit seinen vorteilhaften Auswirkungen auf Lernen bewahren und zugleich dazu beitragen, seine Nachteile für einige Zeit auszuschalten.

Das integrative Konzept darf auf keinen Fall als bloßer Kompromiss missverstanden werden, bei dem es – wie REKUS meint – um ›Versöhnung‹ von gegensätzlichen Ansprüchen und Strukturmerkmalen geht. Es handelt sich hierbei vielmehr um eine eigenständige und ganz besondere Konzeption, die zu radikalen Änderungen im Unterrichtsbetrieb des Alltags führt. Wer von den Beteiligten meint, *er könne sich waschen, ohne dabei nass zu werden*, täuscht sich gewaltig. Befürworter des Fachkonzepts müssen ebenso auf liebgewordene Vorstellungen verzichten wie Befürworter eines ungefächerten Unterrichts. Das gilt für Lehrer in der Alltagspraxis in gleicher Weise. Die Rede von zeitweiser Aufhebung mag zunächst den Eindruck nahelegen, man träfe sich irgendwo in der Mitte zwischen gefächertem und ungefächertem Unterricht. Machen wir uns noch einmal klar: Die hier geführte Argumentation geht von vorfindbaren Unterrichtsformen aus und gelangt so zu dem Begriff eines mittleren Organisationsprinzips. Das aber ist bloße begriffliche Systematik, die allerdings zugleich dazu dient, bewährte vorhandene Unterrichtsstrukturen aufzufangen und konstruktiv für das neuartige Konzept zu nutzen.

Was nun ist ein Konzept integrativen Unterrichts? Wie oft, so lässt sich auch hier das Gemeinte am leichtesten dadurch darstellen, dass man es von Gegenvorstellungen abhebt. Krasses Gegenteil zum integrativen ist das erwähnte additive Unterrichtskonzept. Statt Fach für Fach für sich und mit isolierten Themen – am Schulvormittag: Fach nach Fach – zu unterrichten, tun sich bei additivem Vorgehen mehrere Fächer zusammen. Sie einigen sich auf ein einziges übergeordnetes Thema, über das Schüler einige Zeit unterrichtet werden. Und zwar wird ein- und dasselbe Thema während dieser Zeit von allen beteiligten Fächern aufgegriffen und auf die ihnen je besondere Art behandelt.

Beispiel
Thema ›Deichbau an der Nordsee‹ (8. Schuljahr)

Geographie:	Notwendigkeit des Deichbaus (niedrigliegendes Hinterland, Gezeiten usw.)
Geschichte:	Entwicklung des Deichbaus (von der Warf zum Deich)
Physik:	Deichformen (äußerer Flachhang, innerer Steilhang)
Biologie:	Deichbewuchs und Schafzucht
Deutsch:	›Der Schimmelreiter‹ (Th. Storm)
Kunst:	Grüner Deich und graues Wasser (Aquarell)
Mathematik:	Kubikmeter und kg + Tonne (Erdaufhäufungen)

Wie am Beispiel leicht erkennbar, weist ein solcher Unterricht Vorteile auf, und zwar vor allem für die Lernenden. Statt sich in thematisch und inhaltlich streng voneinander abschottenden einzelnen Fächern Tag für Tag alle fünfundvierzig Minuten einem anderen Thema zuwenden zu müssen, steht hier für längere Zeit ein- und dasselbe Thema zur Bearbeitung für sie an. Statt ihr Wissen stückchenweise und durch lange Zeiträume getrennt zu erwerben, können sie sich konzentriert dem einen Thema ›Deichbau‹ zuwenden, weil alle beteiligten Fächer darüber Informationen anbieten. Es ist anzunehmen, dass solche Konzentration auch die Lernmotivation zu steigern vermag, sodass wahrscheinlich besser gelernt werden kann; und auch, dass wegen der assoziativ leichten Analogiebildungen eine schnelle und vernetzendere Speicherung der erworbenen Informationen erfolgt. Wenn man dann noch in Betracht zieht, dass sich wahrscheinlich im Klassenraum Anschauungsmittel u.Ä. ansammeln, hier aber alle zu einem Thema, die themenbezogene Lernprozesse unterstützen, zeigen sich tatsächlich einige Vorteile. Den Lehrenden dürften aus solcher Konzeption keine besonderen Schwierigkeiten erwachsen, sofern sie die lehrplanmäßig vorgeschriebenen Themen und Inhalte unterbringen können.

Ein Nachteil gefächerten Unterrichts aber wird hier nicht überwunden. Die Fächer stehen letzten Ende – wenn auch eng – bloß nebeneinander. Jedes Fach bringt seinen Beitrag zum Thema ohne weitere nötige Absprachen mit den übrigen Fächern. So addiert sich bei den Lernenden ein Beitrag zum anderen; auch wenn dies ohne Stundenplanänderungen geschieht, so doch wieder nach einer verhältnismäßig stückchenweisen Art: z. B.

- Der Marschengürtel in Ostfriesland liegt in vielen Teilen unter NN ... (Geographie)
- ›Well neit will dieken, mut wieken!‹ (Geschichte)
- Die flach ansteigende Außenseite fängt Wellen auf und lässt sie auslaufen (Physik)
- Schaftritte verscheuchen Maulwürfe (Biologie)
- Hauke Heyen hat den genialen Einfall der flach ansteigenden Außendeichseite (Deutsch)
- Grau ergibt sich aus der Mischung von Weiß und Schwarz (Kunst)
- 1000 kg entsprechen 1 Tonne (Mathematik)

Und so geht es über den vorgesehenen Zeitraum weiter. Wer aber fasst die fachspezifischen Informationen zusammen? Das wird – wie üblich – nach wie vor den Lernenden überlassen. Hier fehlt solchem Konzept noch die bei den Schülern ansetzende, vor ihnen verantwortete Zusammenfassung. Die Beiträge werden in der Regel ausschließlich nach fachspezifischen Gesichtspunkten ausgewählt und angeboten. Den didaktischen Primat haben hier nach wie vor die Fächer, ihre inhärente Systematik und Programmatik. Es bietet sich aber an, wenn sich schon Fächer für einen Zeitraum zusammenraufen, den Blick nicht ausschließlich auf die eigene Seite, die Fächer, ihre Inhalte und deren Systematik, sondern auch und vor allem auf die Schüler zu richten und zu fragen, worin denn wohl ihre besonderen Interessen und – aktuellen wie voraussichtlich künftigen – Bedürfnisse im Hinblick auf das anstehende Thema liegen könnten. In krasser Form gestaltet, kann ein bloß additiver Unterricht durchaus über die Köpfe der Schüler hinweg verlaufen. Hier wird nur aus verschiedenen Fächern addiert, was sie im Einzelnen und in üblicher Weise anzubieten haben. Sieht man sich das ›Öl‹-Beispiel von Rekus noch einmal an, so werden mögliche Fehlentwicklungen sehr deutlich (vgl. S. 10). Das additive Konzept ist, gemessen an den weiter vorne angestellten Erörterungen, didaktisch noch nicht ausreichend genug.

Es wird auch sehr leicht deutlich, was hier noch fehlt. Es fehlt die pädagogisch-verbindende Grundlegung eines konzentrierten und durch mehrere Fächer vertretenen Unterrichts. Zwar tritt an die Stelle des üblichen themenzersplitterten nunmehr ein *mehrfachlicher themenzentrierter Unterricht*, aber das ist auch alles. Zugegeben, Grundlage eines Unterrichts, der dem mittleren Organisationsprinzip folgt und zwischen gefächertem und ungefächertem Unterricht angesiedelt ist, ist auf jeden Fall der auf ein Thema ausgerichtete Unterricht mehrerer Fächer. Er bleibt aber – um ein Bild zu bringen – ein Strang aneinandergelegter und nebeneinanderliegender Einzelfäden, allenfalls durch ein Band – die Absprache, ein Thema einzuhalten – zusammengehalten. Von *Verbindung* der Einzelfäden kann noch nicht gesprochen werden. Eine Verbindung fordert, die einzelnen Fäden miteinander zu verweben, sie zu einem einzigen Seil zu drehen. Auch so bleiben die Einzelfäden durchaus bestehen, werden aber durch den Drall zu einer einheitlichen und völlig neuen Sache – Seil statt bloß Fäden! Aufdrehen kann man das Seil jederzeit wieder, wenn es seine Schuldigkeit getan hat und nicht mehr benötigt wird; dann lassen sich aus den zurückgewonnnen Einzelfäden u.U. sogar späterhin völlig andersgeartete Seile drehen. Um dies auf den Unterricht zu übertragen: Für eine Zeit werden mehrere Fächer zusammengedreht, – zutreffender ausgedrückt – geben Zuständige für die einzelnen Fäden, die Fachlehrer, diese für ein Seil hin. Noch genauer: Drehen Lehrer selbst aus ihren Fächern für kurze Zeit ein einheitliches Seil. Das Verbindungsschaffende, nach dem wir suchen, ist hier der Drall. Was aber schafft den Drall und damit die Verbindung der Fächer? Wo wird der Grundstein für die Verbindung gelegt?

Zuvor aber noch ein Wort zur Relevanz der einzelnen Fächer: Bei einem integrativ angelegten Unterricht gibt es keine Führungs- oder Leitfächer. Alle Fächer sind grundsätzlich gleichberechtigt und haben für die Unterrichtseinheit dieselbe Bedeutung.

3.2 Primat des Pädagogischen

Angedeutet wurde oben schon, dass fächerverbindender Unterricht des Pädagogischen bedarf. Er darf nicht länger nur Fachunterricht nach fachinterner Systematik und Begründung sein. Fächer bleiben bestehen, stellen ihre Beiträge aber ausdrücklich in den Dienst pädagogischer Intentionen, ordnen ihre Informationen der Erreichung pädagogischer Zielsetzungen unter. *Pädagogische Zielsetzungen sind das Verbindende für die beteiligten Fächer, sie binden die einzelnen Fächer für einen bestimmten Zeitraum in ein umfassenderes als das übliche Fachkonzept ein.* Dabei wird es darauf ankommen, für eine fächerverbindende Unterrichtseinheit ein übergeordnetes pädagogisches Ziel zu vereinbaren, an das alle beteiligten Fächer sich binden und halten.

Pädagogische Ziele zu setzen, bedeutet grundsätzlich die Orientierung an den Zöglingen, an den Lernenden. Das verlangt, Ziele von Unterricht nicht kurzer Hand an vorhandene Fachmuster anzuhängen, sondern durchgängig von Schülern her anzugehen. Was im Unterricht gelernt und gelehrt werden soll, ist gegenüber den betroffenen Schülern zu rechtfertigen, darüber hinaus aber auch im Hinblick auf sie näher zu bestimmen und vorzuformulieren. Es muss für den Zeitraum fächerverbindenden Lernens ein *grundsätzlicher Primat des Pädagogischen vor dem Fachlichen* herrschen.

Die pädagogische Ausrichtung von Unterricht ist traditionellerweise von der Bildungstheorie bzw. der bildungstheoretischen Didaktik vorgenommen worden. Es wäre also legitim, hier an dieser Stelle auf maßgebliche Vorstellungen der Bildungstheorie zurückzugreifen und deren Bildungskonzepte zur Zielsetzung auch fächerverbindenden Unterrichts zu machen. Ausdrücklich gesagt sei: Das bleibt jedermann unbenommen. Lehrer können, wenn sie das auf Grund ihrer didaktisch-theoretischen Gebundenheit an ein entsprechendes Modell gewohnt sind, durchaus dessen Bildungsziele zum Ziel ihres fächerverbindenden Unterrichts machen.

So könnte beispielsweise die überaus verbreitete Vorstellung von WOLFGANG KLAFKI übernommen werden (Neue Studien zur Bildungstheorie und Didaktik, 2., erw. Aufl., Weinheim u. Basel 1991; Allgemeinbildung heute – Grundzüge internationaler Erziehung. In: Pädagogisches Forum, 1993, Nr. 1, S. 21–28).

Exkurs: Bildungskonzept KLAFKI

Mit Blick auf den Einzelnen nimmt KLAFKI für das Bildungsziel zunächst den überkommenen Begriff *Emanzipation* auf, umschreibt ihn aber dann weiterhin mit qualifikatorischen Kategorien, weil er von diesen für den Unterrichtsalltag mehr Orientierungshilfe erwartet. Emanzipation hält er für einen – sprachlogisch – negativ besetzten Begriff, der zwar andeutet, was zu vermeiden sei, aber nicht zugleich aussagt, was erreicht und getan werden kann. An dessen Stelle spricht er von drei grundsätzlichen Kompetenzen, die den gebildeten Menschen auszeichnen und die es im Unterricht zu fördern gilt:

- Selbstbestimmungsfähigkeit,
  als die Fähigkeit und Bereitschaft jedes Menschen, sein Leben selbst in die Hand zu nehmen und zu steuern;
- Mitbestimmungsfähigkeit,
  als die Fähigkeit und Bereitschaft jedes Menschen, mit anderen zusammenzugehen, seine Rechte in der Gesellschaft wahrzunehmen und seine Pflichten in sie einzubringen;
- Solidaritätsfähigkeit,
  als die Fähigkeit und Bereitschaft jedes Menschen, für jene einzutreten, die – aus welchen Gründen auch immer – zur (vollen) Selbst- und Mitbestimmungsfähigkeit nicht imstande sind.

Zusätzlich versucht KLAFKI eine Art neuen Kanon für die sog. *Allgemein*bildung aufzustellen. Allerdings nimmt er hier einen Paradigmenwechsel vor: Statt von bestimmten und festen Inhalten zu sprechen, verlangt er die Kenntnis von *Schlüsselproblemen*. Das sind nach KLAFKIS Auffassung *epochaltypische* Probleme, d.h. in einer zeitlichen Epoche jeweils besondere Probleme. Weiterhin zeichnet sie aus, dass sie solche Probleme sind, die in der jeweiligen Epoche *alle und jeden* angehen. Ein Schlüsselproblem ist mithin eines, das alle Menschen auf der gesamten Erde angeht, das aber jeden Einzelnen in einer besonderen Weise betrifft, abhängig davon, wie es ihm unter seinen besonderen Lebensbedingungen begegnet. Beispielsweise geht nach KLAFKI alle Menschen das Problem von *Krieg und Frieden* an. Niemand auf der Erde kann sich heute der Tatsache von Krieg und Frieden entziehen. Aber Menschen im Kosovo und Menschen in Erithrea müssen damit anders fertig werden als Menschen in Mitteleuropa.

Sieben solcher Schlüsselprobleme zählt KLAFKI auf:
- Krieg und Frieden;
- Sinn und Problematik des Nationalitätenprinzips und Kulturspezifik und Interkulturalität;
- ökologische Frage;
- Wachstum der Weltbevölkerung;
- gesellschaftlich produzierte Ungleichheit innerhalb und zwischen Gesellschaften;
- Gefahren und Möglichkeiten der neuen Steuerungs-, Informations- und Kommunikationsmedien;
- Subjektivität des Einzelnen.

Schule hat junge Menschen an diese Probleme heranzuführen, sie ihnen als Probleme zunächst bewusst und sie für Lösungen bereit zu machen. Aber Schule hat keine Lösungswege zu oktroyieren; das würde dem Grundgedanken der Bildung – dem Gedanken der Selbst- und Mitbestimmung – entschieden widersprechen.

Exkurs: Bildungskonzept 2000

Neben diesem Bildungskonzept hat vor allem auch ein weiteres Akzeptanz gefunden, das sog. Konzept *Bildung 2000* von KLEMM/ROLFF/TILLMANN (KLEMM, KLAUS/ROLFF, HANS-GÜNTER/TILLMANN, KLAUS-JÜRGEN, Bildung für das Jahr 2000, Reinbek 1985).

Es zeichnet fünf Strukturmerkmale eines gebildeten Menschen:

- Gestaltbarkeit
  Einsichtsfähigkeit in die Tatsache, dass gesellschaftlich-politische Umstände nicht naturgegeben sind, sondern von Menschen gestaltet und dementsprechend auch umgestaltbar sind.

- Durchschaubarkeit
  Einsichtsfähigkeit in die Tatsache, dass alles Wissen von Menschen gewonnen wurde und wie es zustande gekommen ist und dementsprechend nicht kritiklos hingenommen werden muss.

- Sinnlichkeit
  Subjektive Erfahrungen sollten nicht nur aus dritter Hand, gar bloß virtuell, erworben werden, sondern – wo immer möglich – am eigenen Leibe durch unmittelbaren Umgang mit der Wirklichkeit zustande kommen.

- Ganzheitlichkeit
  Aufgabe der Beschränkung auf die Vermittlung intellektueller zugunsten auch emotionaler und affektiver sowie psycho-motorischer Informationen.

- Solidarität
  Als Haltung Einzelner zu allen wie als Grundprinzip, allen Zugang zur Bildung zu gewährleisten, zu verstehen.

Statt auf diese oder andere Bildungskonzepte zurückzugreifen, wird hier von mir vorgeschlagen – ich zähle mich zu den lerntheoretischen Didaktikern –, auf ein verhältnismäßig einfaches Lernverständnis, zugleich aber auch pragmatisch überaus handhabbares Modell Bezug zu nehmen. Als übergeordnetes Ziel allen Lernens in Schule und Unterricht soll uns *Handlungsfähigkeit* des Einzelnen gelten.

Gelernt wird in Schule und Unterricht zweifellos. Beklagt wird gegenwärtig aber vor allem, dass Lernen zu oft nur zu *trägem Wissen* führt. Träges Wissen, so die neuere konstruktivistische Lernpsychologie, meint zwar gespeicherte Informationen, die auch reproduziert werden können, auf die der Lernende aber keinen eigenständig-flexiblen Zugriff hat. Erreicht werden sollte ein Zustand, bei dem die Verfügbarkeit über das Erlernte, über alle erworbenen und gespeicherten Informationen gewährleistet ist. Solches Wissen wird heute als *intelligentes* oder *produktives* Wissen bezeichnet. Mit anderen Worten: Lernen soll dazu instandsetzen, handlungsfähig in dem Sinne zu sein, dass man nicht bloß alle für eigenes Handeln in Frage kommenden Informationen besitzt, sondern darüber hinaus auch eigenständig davon Gebrauch machen kann! Gelernt werden muss nach dieser Vorstellung nach wie vor, aber das grundsätzliche Lernen – begriffen als Erwerb von Informationen kognitiver, psycho-motorischer und affektiver Art – muss überhöht werden. Lernen darf nicht nur zu Wissen, sondern es muss zum Handeln führen. Als pädagogische Zielsetzung für Unterricht kann durchgängig die Förderung der Lernenden in Richtung auf ihre *Handlungsfähigkeit* gelten.

Exkurs: Handlungsfähigkeit als Unterrichtsziel

Als handlungsfähig gilt, wer imstande ist, selbstständig mit möglichst vielen Situationen fertig zu werden, in die sein Leben ihn hineinführt, weil er die darin vorfindbaren Probleme eigenständig zu lösen fähig ist.

Zur Veranschaulichung der einzelnen Bestimmungsstücke dieser Beschreibung:
- mit Situationen fertig werden,
- Probleme lösen,
- selbstständig, eigenständig,

soll ein kleines Beispiel dienen, das phänomenologisch interpretiert wird:

Stellen wir uns jemanden vor, der ein Haus baut und der auch seinen Garten anlegen muss.

›Garten anlegen‹ wird für ihn eine *Situation,* in die er in seinem Leben hineingerät. Wenn er nun mit dieser Situation fertig wird, wenn er sie bewältigt, und zwar wenn er das selbstständig tut, dann gilt er uns als handlungsfähig.

Fragen wir uns: Was bedeutet es eigentlich, diese Situation so selbstständig bewältigen zu können? Nun, in der Situation trifft er auf eine Anzahl einzelner *Probleme,* wie u. a. das Problem der Grobplanie, das Problem der Grünfläche, das Problem der Bäume und Sträucher, die gepflanzt werden sollen. Wenn er diese Probleme löst, wenn er jedes einzelne und alle zusammen löst, dann wird er mit der Situation insgesamt fertig, erweist sich somit als handlungsfähig.

Aber: Er muss sie selbstständig lösen! Hier halten wir einen Moment inne: Die einzelnen und alle Probleme selbstständig zu lösen, meint nun keinesfalls, dass er sie alle selbst oder gar alleine lösen müsste! Selbstständig löst er beispielsweise das Problem der Grobplanie auch, wenn er sich dazu an einen Landschaftsgärtner wendet und diesen beauftragt, die Planie durchzuführen. Dann ist immer noch er derjenige, der das Problem angeht und die Steuerung der Gesamtlösung im Griff hat.

Doch fragen wir uns weiter: Was setzt ihn nun eigentlich instand, die Probleme selbstständig lösen zu können? Nehmen wir dazu das Problem der Bepflanzung mit Bäumen und Sträuchern. Um dieses zu lösen, braucht er solide Kenntnisse, über die Pflanzvoraussetzungen, Bodenbeschaffenheit, Pflanzabstand nach geltendem Nachbarrecht usw. Er braucht auch gewisse Fertigkeiten, wie u.a. mit dem Pflanzspaten umzugehen, den einrädrigen Karren zu schieben. Braucht er auch noch klare Einstellungen und Haltungen, z.B. für heimische oder für exotische Pflanzen, für blühende oder immergrüne Gewächse u.Ä. Ohne ein umfassendes und solides Fundament kognitiver (Kenntnisse), psycho-motorischer (Fertigkeiten) und affektiver Informationen (Einstellungen/Haltungen) ist er zu Problemlösungen nicht imstande.

Selbstständig bleibt er auch dann, wenn er zunächst gar nicht weiß, wie er das besondere Problem angehen und an wen er sich wenden kann, sofern er sich nur selbstständig weiterhelfen kann. D.h. wenn er weiß, wie er zu den nötigen – noch nicht vorhandenen – Informationen gelangen kann, z.B. dadurch, dass er die *Gelben Seiten* des Telefonbuchs benutzt oder andere Informationsquellen eigenständig zu nutzen weiß.

Doch muss noch etwas dazukommen. Der Besitz alleine von derartigen Informationen reicht nicht aus, er muss auch – um mit KERSCHENSTEINER zu sprechen – selbstständig Gebrauch von ihnen machen können. Er muss seinen Bestand an Informationen auf die spezifische Situation und darin vorfindbare Probleme anwenden können. In der aktuellen Sprache konstruktivistischer Lernpsychologie: Er darf nicht nur über träges Wissen verfügen, sondern über intelligentes Wissen, mit dem er produktiv umgehen kann.

Lesen wir unser Beispiel nunmehr von hinten nach vorne, so ergibt das:
- Handlungsfähigkeit setzt solide Informationen aller Art voraus,
- zusätzlich aber auch die Fähigkeit zu eigenständigem flexiblen Umgang mit ihnen.
- Dadurch sollte dann die Fähigkeit zu selbstständiger Problemlösung grundgelegt sein,
- sodass man problemhaltige Lebenssituationen meistern, bewältigen kann.

Was trägt dieses Beispiel für ein differenziertes Verständnis unseres Lernziels *Handlungsfähigkeit* bei? Nehmen wir es noch einmal in Augenschein:

- Ohne solide Informationen über die Sachverhalte, auf die ein Mensch in Problemen stößt, kann er die Probleme nicht selbstständig lösen. Handlungsfähigkeit setzt also auf jeden Fall Sachinformationen i. w. S. voraus. Wenn wir die gesamten maßgeblichen Informationen als **Sachkompetenz** bezeichnen, dann wäre eben solche Sachkompetenz ein essenzieller Bestandteil von Handlungsfähigkeit.

- Da kaum jemand imstande ist, alle auf ihn zukommenden Probleme selbst zu lösen, sondern dabei auf andere Menschen angewiesen ist, braucht er die Fähigkeit, mit anderen zusammengehen, zusammenarbeiten, kommunizieren usw. zu können. Das Gesamt der dazu benötigten Informationen bezeichnen wir als **Sozialkompetenz**, die sich ebenfalls als essenzieller Bestandteil von Handlungsfähigkeit erweist.

- Kein Mensch ist so vollkommen auf alle Lebenssituationen vorbereitet, dass er die zur Problemlösung benötigten Informationen bereits in sich abrufbar bereithält. Dann aber sollte er über die Fähigkeit verfügen, sich die noch nötigen Informationen selbstständig beschaffen zu können. Das Gesamt einer solchen Fähigkeit wird als **Methodenkompetenz** bezeichnet. Diese ist ein ebenfalls unverzichtbarer Bestandteil von Handlungsfähigkeit. Dieser Teil erhält heute sogar ganz besonders große Bedeutung, wenn man daran denkt, dass die Halbwertzeit menschlichen Wissens (i. w. S. *Kenntnisse* und *Fertigkeiten* und *Einstellungen/Haltungen* umfassend!) immer geringer wird und dass deshalb jeder Mensch gezwungen ist, sich ständig und immer um die aktuelle Vervollständigung seines persönlichen Wissens zu bemühen. Bereits der Reformpädagoge HUGO GAUDIG verlangte, *Schüler müssten Methode haben.*

- Keine Handlung kann heute ohne vorherige und begleitende Reflexion auf ihre Verantwortbarkeit hin durchgeführt werden. Problemlösungen sind von denen, die sie vorhaben oder ausführen, auf ihre moralische Vertretbarkeit hin zu überprüfen. Ob das in unmittelbarem Bezug zu Menschen oder mittelbarem Bezug – wenn es um Umweltprobleme o. Ä. geht – geschieht, spielt keine Rolle. Das Gesamt der Bereitschaft und Fähigkeit zu solchem Rechtfertigungsdenken wird als **Moralkompetenz** bezeichnet. Auch sie gilt uns als unabdingbarer Bestandteil von Handlungsfähigkeit.

Handlungsfähigkeit ist solchem Verständnis nach eine ganzheitlich-integrative Fähigkeit mit den Komponenten Sach-, Sozial-, Methoden- und Moralkompetenz. Diese Komponenten werden als integrierende Bestandteile der ganzheitlichen Handlungsfähigkeit begriffen. Lernen im und durch Unterricht ist auf Handlungsfähigkeit gerichtet und fördert – wo immer möglich – deren integrierende Bestandteile. Das bedeutet nicht, dass – wie mit einer Waage auszumessen – alle vier Komponenten gleichmäßig verteilt im Unterricht behandelt werden. Je nach besonderer Thematik, nach besonderen Lerninhalten ist danach zu fragen, welche der Komponenten sich beim Unterricht darüber besonders fördern lassen. Und hierfür kommt den Methoden größte Bedeutung zu. Methoden als Werkzeuge für Lernen und Lehren sind von unterschiedlicher Beschaffenheit; sie haben – um ein Wort HEIMANNS über Medien hierauf anzuwenden – eine je besondere *Formqualität.* Und von ihrer Formqualität hängt es ab, welche der Komponenten von Handlungsfähigkeit sie besonders zu fördern vermögen und ob sie bloß eine oder mehrere oder gar alle Komponenten zu fördern imstande sind. Der Vortrag beispielsweise wird sicherlich die Sachkompetenz fördern, aber auch die Sozialkompetenz? *Gruppenarbeit* hingegen vermag vielleicht die Sachkompetenz nur mit höherem zeitlichem Aufwand zu fördern, trägt aber sicher zur Steigerung der Sozialkompetenz, in Form von Kooperationsfähigkeit, bei (vgl. dazu bes. Arrangement, S. 72 ff).

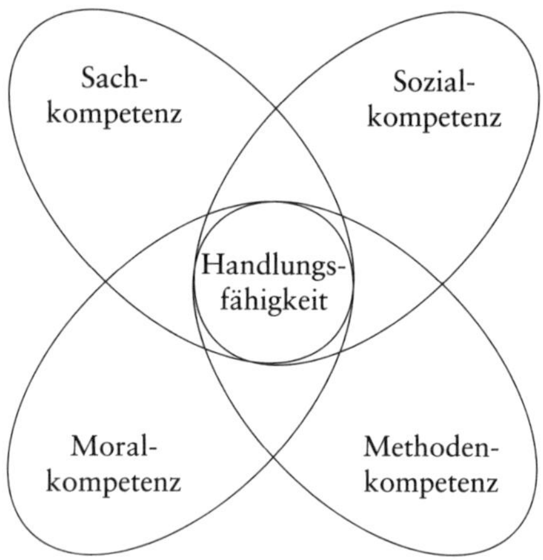

Abb. 8: Ganzheitlich – integrative Handlungsfähigkeit

Dem hier vertretenen Konzept von Handlungsfähigkeit liegt die Vorstellung von Handeln zugrunde, wie sie in der östlichen Tätigkeitspsychologie nach LEONTJEW u. a. enthalten ist und die über die Ingenieurpsychologie von HACKER auf die berufliche Erstausbildung übertragen wurde. Diese Vorstellung kann m. E. für didaktisch-pragmatische Konzeptionen herangezogen werden, so wie dies vom Bundesinstitut für Berufsbildung (BIBB) bereits vor über zehn Jahren für die strukturelle Neufassung der Ausbildung in zahlreichen anerkannten Ausbildungsberufen getan wurde. Und meinen Beobachtungen nach hat das dort eingeführte Denken – Zielsetzung: *selbstständiges Handeln* im Beruf – zusammen mit eigens entwickelten Ausbildungsmethoden (*Projekt*- und *Leittext*-Ausbildung) zu überaus guter Praxis geführt.

In der begrifflichen Auffassung über Handeln stimmt dieses Konzept weitgehend mit anderen Ansätzen überein, u. a. dem der westlichen Kognitionspsychologie. *Handeln* wird zumeist definiert als ein *bewusstes und zielgerichtetes Tun*, das sich von reiner Tätigkeit unterscheidet. M. E. geht aber das hier aufgegriffene Verständnis von Handeln differenzierter damit um, weil es zwar das Handeln *zielgerichtet* als essentielles Merkmal begreift, das Merkmal *bewusst* aber in sich aufgliedert: Obwohl anfangs alle Handlungen wegen ihrer Ausrichtung auf das Ziel bewusst vorgenommen werden, führen Wiederholungen dazu, dass manches Handeln sich geradezu einschleift und die Ebene des Bewußtseins nicht immer erreicht bzw. erreichen muss. HACKER fasst dies in seiner *Handlungsregulationstheorie* kategorial zusammen.

Handlungsfähigkeit wird dort als die Fähigkeit zur Regulation eigenen Handelns verstanden; und für die Art der Regulation werden drei verschiedene Bewusstseinsebenen unterschieden. Um dies deutlich vor Augen zu führen, wird zwischen dem *Anlass* und dem *Vollzug* einer Handlung unterschieden. Beide – Anlass wie Vollzug – können dem Handelnden unterschiedlich bewusst sein.

Intellektuelle Regulation des Handelns

Handlungsanlass: bewusstseinsfähig
Handlungsvollzug: bewusstseinspflichtig

Dem Handelnden ist stets bewusst, dass, wo … usw. er handeln muss, und er handelt auch stets bewusst und zielgerichtet, indem er zunächst in Gedanken ein Modell des beabsichtigten Handelns (ein zielgerichtetes Handlungsschema) entwirft und überprüft, bevor er tatsächlich handelt. Dabei kann er dann auf genügend Handlungsschemata zurückgreifen.

Beispiel: *Im Fußballspiel wird einem Schüler der Ball zugeflankt. Er will ihn ins Tor befördern. Dazu sucht er mit den Augen nach Raumlücken, findet sie nicht, sieht aber seinen Mitspieler in einer freien Position nahe dem Tor und spielt diesem den Ball zu, wozu er sich darauf besinnt, dass eine hochgeschlagene Flanke am ehesten in Frage kommt.*

Perzeptiv-begriffliche Regulation des Handelns

Handlungsanlass: bewusstseinsfähig
Handlungsvollzug: nicht unbedingt bewusstseinspflichtig

Dem Handelnden ist stets bewusst, dass, wo ... usw. er handeln muss, doch handelt er zumeist routiniert, d. h. er handelt ohne große Überlegungen aus seinem Erfahrungsschatz heraus, weil er über genügend maßgebliche und eingeschliffene Handlungsschemata verfügt.

Beispiel: *Im Handballspiel erwartet ein Schüler die Ballabgabe, sieht den Ball hoch heranfliegen und weiß, dass er sich bewegen muss, um ihn zu bekommen. Er springt ohne weiteres hoch.*

Sensumotorische Regulation des Handelns

Handlungsanlass: zumeist nicht bewusstseinsfähig
Handlungsvollzug: nicht bewusstseinspflichtig

Dem Handelnden wird zumeist gar nicht mehr bewusst, dass, wo ... usw. er handeln muss, und er handelt ohne zu überlegen, er reagiert gleichsam automatisch in einer Situation und aktiviert dabei, ohne Gedanken daran zu verschwenden, sein Repertoire an Handlungsschemata.

Beispiel: *Auf einen Schüler kommt ein Ball zugeflogen; er greift ihn mit einer Hand und lässt ihn fallen.*

Die hier verbreitete Zielvorstellung für Lernen im Unterricht *Handlungsfähigkeit* meint vor allem die *intellektuelle Regulationsfähigkeit*. Sie gilt als das oberste Ziel allen Lernens – von Überhöhungen in Richtung Erziehung, Bildung abgesehen! –, aber nicht als das Einzige, was die Steuerung eigenen Handelns betrifft. Selbststverständlich muss Lernen im Unterricht Schüler dahin führen, ihr Handeln auch auf den beiden anderen Ebenen regulieren zu können, also sensumotorisch (automatisch) und perzeptiv-begrifflich (routiniert). Es wäre verhängnisvoll, wenn Heranwachsende in der Schule nur darauf vorbereitet würden, alle Situationen, in die das Leben sie hineinstellt, stets und immer intellektuell zu bewältigen; sie wären zeitlich wie auch gedanklich überfordert. Manche Handlungsanlässe werden ihnen im Verlaufe ihres Lebens vertraut, sodass sie sich ihnen gar nicht mehr ausdrücklich und bewusst zuwenden müssen, um sie aufzugreifen und angemessen zu handeln; viele Handlungsvollzüge werden durch oftmalige Wiederholung so internalisiert und verfügbar, dass sie ohne weitere Überlegung verwendet werden. Wo dies nicht von selbst geschieht, ist es eben Aufgabe der Schule, darauf hinzuwirken: In Schule und Unterricht ist ein umfangreiches Reservoir an Handlungsschemata, an einzelnen Handlungsvollzügen und -möglichkeiten aufzubauen und durch Übung an variationsreichen Anlässen flexibel und anstrengungslos verfügbar zu machen.

Um fächerverbindendem Unterricht pädagogischen Primat vor dem bloß Fachlichem zu verleihen, sollte das gesamte Lernen unter die Zielsetzung *Handlungsfähigkeit* gestellt werden. In der Regel geht didaktisches Denken in der täglichen Praxis von Themen aus, die in Schule und Unterricht behandelt werden sollen. So wird es auch bei fächerverbindendem Unterricht sein; ein Thema wird von irgendjemandem aufgegriffen und ins Gespräch gebracht. Das Thema alleine leistet keine integrative Verbindung; dazu muss es gleichsam *pädagogisch aufgeladen* werden. Unserem Vorschlag entsprechend: Das Thema sollte daraufhin abgeklopft werden, wie daran die Handlungsfähigkeit der Betroffenen gefördert werden kann, um dann ein übergeordnetes pädagogisches Ziel formulieren zu können, das auch erreichbar ist. Die Formulierung und (Selbst-) Vorgabe eines solchen pädagogischen Ziels hat Konsequenzen vor allem erstens für die Auswahl der Inhalte, die in den Fächern gelernt werden sollen, und zweitens für das Arrangement, d.h. die Gestaltung des Lern-Lehr-Prozesses, mit überkommenen Ausdrücken: für das WAS und das WIE des Unterrichts.

3.3 Auswahl von Lerninhalten

Für die Dauer fächerverbindenden Unterrichts geben die beteiligten Fächer ihre übliche Art der Inhaltsauswahl auf, die sich an der internen Systematik orientiert. Sie unterstellen sich dem Pädagogischen, das durch die Zielsetzung *Handlungsfähigkeit* hergestellt wird. Fachinhalte werden nicht nach primär fachlichen, sondern nach primär handlungsfähigkeitsfördernden Gesichtspunkten ausgewählt. Wie das gedanklich vor sich gehen kann, lässt sich verhältnismäßig einfach am Modell der Handlungsfähigkeit mit dessen vier Komponenten darstellen.

Dabei kommt den Fächern nach wie vor besonders die Förderung der *Sachkompetenz* zu. Nicht alle ihre möglichen Informationen kommen dafür bei einem vereinbarten Thema in Frage, sondern nur einzelne. Stets ist zu fragen: Was kann das Fach … unter dieser Themenstellung dazu beitragen, die Handlungsfähigkeit der Lernenden zu fördern? Und die Antwort wird in einer Anzahl besonders für geeignet gehaltener themenaffiner Inhalte bestehen. Dass der Auswahlvorgang immer überaus subjektiver Art ist, muss wohl nicht noch betont werden. Fachlehrer sind es, die alle nach ihrer Auffassung bedeutsamen, hier: handlungsfähigkeitsfördernden, Lerninhalte vorgeben. Für sie wird es sicher nicht leicht, die Auswahl statt an Fachvorstellungen nunmehr an der pädagogischen Auffassung von Handlungsfähigkeit legitimieren zu müssen. Der bei der Auswahl tatsächlich wirksame Grundsatz wird wohl bestenfalls jener der Plausibilität sein.

Eine gebräuchliche Unterscheidung für Inhalte hilft hier wahrscheinlich weiter. In die Sprache unseres Konzepts übersetzt, kann unterschieden werden: Es gibt solche Inhalte, von denen man annehmen kann, dass sie eine fast *unmittelbare Förderung* von Handlungsfähigkeit ermöglichen. So fördert etwa die Fahrfertigkeit (Auto) – selbst zusammengesetzt aus einer größeren Anzahl einzelner Kenntnisse: bei Rot halten, Kupplung bedienen usw.; Fertigkeiten: Auskuppeln und Bremsen zugleich usw.; Einstellungen/Haltungen: defensiv fahren wollen usw. – die Handlungsfähigkeit im Straßenverkehr ganz unmittelbar. Die Kenntnis hingegen, bei Überfahren von Rot gibt es Flensburger Strafpunkte, hat dafür bloß mittelbare Bedeutung. Von solcher wird dann als von *instrumenteller* Art gesprochen. Sie sind notwendig, sie sind letzten Endes auch essentielle Bestandteile von Qualifikationen, die die Handlungsfähigkeit eines Menschen ausmachen. Sie sind für die endgültige Handlungsfähigkeit nicht weniger wichtig als die unmittelbarer Art. Der überwiegende Teil von Lerninhalten alltäglichen Unterrichts wird instrumenteller Art sein. Das Auswahlproblem wird darin bestehen, bei fächerverbindendem Unterricht die Bedeutung von einzelnen Lerninhalten nicht mehr mit Bezug auf ihre fachinterne Relevanz, gar nur pauschal, sondern mit Bezug auf die jeweils vom Unterricht betroffenen Schüler zu rechtfertigen. Für jede fächerverbindende Unterrichtseinheit sind die Beiträge der Fächer neu im Hinblick auf das übergeordnete Ziel zu bestimmen:

- Was kann das Fach … bei diesem Thema zur Erreichung dieser vereinbarten Zielsetzung – und damit der Handlungsfähigkeit gerade dieser Schüler zu diesem Zeitpunkt – beitragen?
- Welche Inhalte muss es einbringen?
- Welche Informationen kognitiver (Kenntnisse), psycho-motorischer (Fertigkeiten) und affektiver Art (Einstellungen/Haltungen) müssen den Lernenden angeboten werden?

Wie oben gesagt, werden Fachbeiträge vor allem die *Sach*kompetenz fördern können. Daneben aber werden sie auch die drei übrigen Komponenten von Handlungsfähigkeit stützen können. Dabei wird aber nach dem Modell-Bild (vgl. S. 66) besonders der zentrale Bereich berührt, in dem sich wie bei einem Venn-Diagramm, die Inhalte aus den vier Komponenten überschneiden. So zählt beispielsweise *Lesen* als ein kognitiver Inhalt des Faches Deutsch selbstverständlich zu den fachlichen Inhalten, die eben die fachspezifische Kompetenz fördern helfen. Lesen fördert aber wohl ganz eindeutig zugleich die *Methoden*kompetenz, ermöglicht Lesen doch die eigenständige Beschaffung neuer Informationen. Was hier deutlich werden sollte: Mit der Frage der Lerninhalte und der Auswahl aus dem Fachbestand ist das Konzept fächerverbindenden Unterrichts noch nicht hinreichend abgedeckt. Die Frage danach, wie die drei weiteren Komponenten von Handlungsfähigkeit – über die Sachkompetenz hinaus – gefördert werden können, ist noch unbeantwortet. Gleichwohl dürfte klar sein: Die Antwort hat vor allem auch mit dem WIE des Lernens zu tun.

Bevor zu der WIE-Frage übergegangen wird, soll noch ein wenig über das Fach gesagt sein. Schließlich sind fast alle Lehrer, besonders aber die im Sekundarbereich tätigen, als Fachlehrer ausgebildet. Sie haben als solche nicht nur überaus stark ausgeprägte Fachmuster für didaktisches Denken und Handeln entwickelt, aus dem sie – auch bloß zeitweise – nur schwer heraus können. Sie sind ausdrücklich gehalten, ihr didaktisches Denken und Handeln möglichst durchgängig aus ihrem fachlichen Expertentum heraus zu steuern. Was fächerverbindender Unterricht ihnen nun abverlangt, ist nicht mehr und nicht weniger, als dass sie für bestimmte Zeiten ihre angestammten fachlichen Leitvorstellungen zugunsten eines pädagogischen Primats aufgeben. Für bestimmte Zeiten haben Fächer ihre übliche Autonomie aufzugeben und sich dem Pädagogischen unterzuordnen und bloß Beiträge für pädagogisch legitimierte und zustande gekommene Zielsetzungen zu leisten.

Wie oben gesagt, bringen Fächer aus ihrem je spezifischen Reservoir an Informationen jene ein, die für die Förderung von Handlungsfähigkeit bedeutsam werden können. Die Auswahl erfolgt am Maßstab des Ziels, nicht mehr nach fachlichen Gesichtspunkten. Das wird für Fachlehrer schwer. Doch sollten sie bedenken, dass ihre fachliche Kompetenz nicht weniger gefordert ist als im üblichen Fachunterricht. Denn die aus einzelnen Fächern möglichen inhaltlichen Beiträge müssen im Einzelnen denselben Anforderungen an Solidität und Dignität genügen wie im Fachunterricht. Sie müssen zuallererst als *integrierende Beiträge* aufgefasst und dementsprechend ausgewählt werden. Nicht wegen irgendwelcher oder gar bloß fachlicher Vorstellungen über Bedeutsamkeiten von einzelnen Inhalten sollen diese im Unterricht behandelt werden, sondern weil sie fachbezogene Beiträge zur Förderung von Handlungsfähigkeit leisten können. Sie sind als integrierende Beiträge zu einer integrativ – aus vier Komponenten – verstandenen Handlungsfähigkeit auszufassen (vgl. S. 63 ff). Fachinhalten instrumentelle Bedeutung für Lernen im Unterricht zuzusprechen, mindert ihren Wert keineswegs.

Und vor allem wird überhaupt nicht an der Bedeutung von Fachlehrern gekratzt. Ganz im Gegenteil: Ausschließlich von Fachlehrern kann man die zuständige Kompetenz dafür erwarten, die Inhaltsauswahl solide zu betreiben. Nur wer in einem Fach zu Hause ist, kann entscheiden, ob es Beiträge zur Verwirklichung eines pädagogischen Ziels leisten kann und dann die maßgebliche Auswahl treffen. Die Rolle von Lehrern ändert sich allerdings in diesem Punkt: Über die üblichen fachlichen Erwartungen hinaus werden nunmehr auch pädagogische Erwartungen an Lehrer gestellt; ja zeitweise sollen Lehrer diese sogar voranstellen. Das mag sich für Lehrer dadurch relativieren, dass sie wissen: Alle beteiligten Fächer sind gleichrangig; es gibt kein Leitfach, das die Ziele und Leitlinien vorgäbe. In der Zielbestimmung wie im Design des Unterrichts wirken alle Fächer und Fachlehrer gleichberechtigt mit.

3.4 Das Arrangement

Das *Arrangement* fächerverbindenden Unterrichts ist integraler Teil seines Konzepts. Dennoch sollte das Arrangieren von fächerverbindendem Unterricht als eine besondere Aufgabe für Lehrende deutlich werden, als eine Aufgabe, die nicht bloß nachgeordneten Charakter hat, sondern die gleiche Aufmerksamkeit erfordert wie alle anderen.

Es fällt sicher auf, dass hier statt wie üblich von *Methode* ausdrücklich von *Arrangement* die Rede ist. Zum einen bringt Arrangement m. E. die Gestaltungsaufgabe von Lehrern stärker zum Ausdruck, d. h. macht klar, dass hier in der Tat eine aktive Aufgabe auf Lehrer zukommt. Es gilt, Unterricht zu arrangieren. Zum anderen umfasst Arrangement mehr als bloß die Dimension *Unterrichtsmethode*, und zwar daneben immer noch die beiden Dimensionen *Medien* und *Sozialformen*.

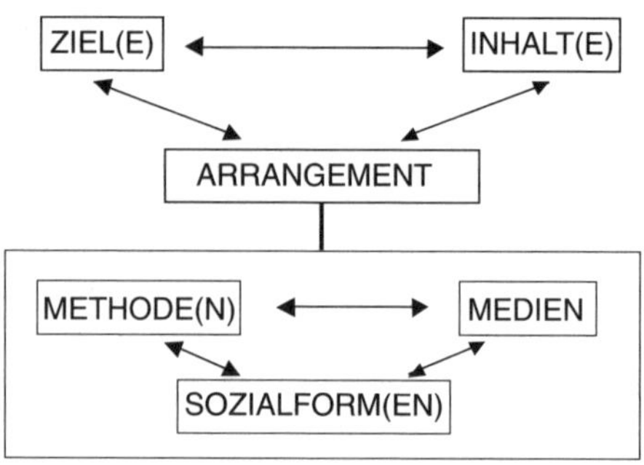

Abb. 9: Arrangement-Strukturbild

Im Anschluss an die lerntheoretische Didaktik, wie sie sich besonders im *Berliner Modell* niederschlug, macht das Strukturbild vor allem deutlich: Lehrer haben für die Konstruktion von Unterricht drei Entscheidungen über das unterrichtliche Arrangement zu treffen, über Methoden, über Medien und über Sozialformen, wobei alle drei Entscheidungen aufeinander abzustimmen sind, da durchgängige Interdependenz zwischen ihnen angenommen wird. Dabei geht es besonders um:

- **Methode(n)** die Art von Lern-Lehr-Aktivitäten
- **Medien** die Mittel des Lernens und Lehrens
- **Sozialform(en)** die Art und Weise, in der Schüler untereinander und mit dem Lehrer zusammenarbeiten

Und selbstverständlich hängen diese drei Entscheidungen ihrerseits wiederum mit denen für *Zielsetzungen* und *Inhalte* des Unterrichts zusammen und darüber hinaus von jenen *situativen Bedingungen* ab, innerhalb deren der jeweilige Unterricht stattfindet, da auch für den gesamten Unterricht Interdependenz angenommen wird.

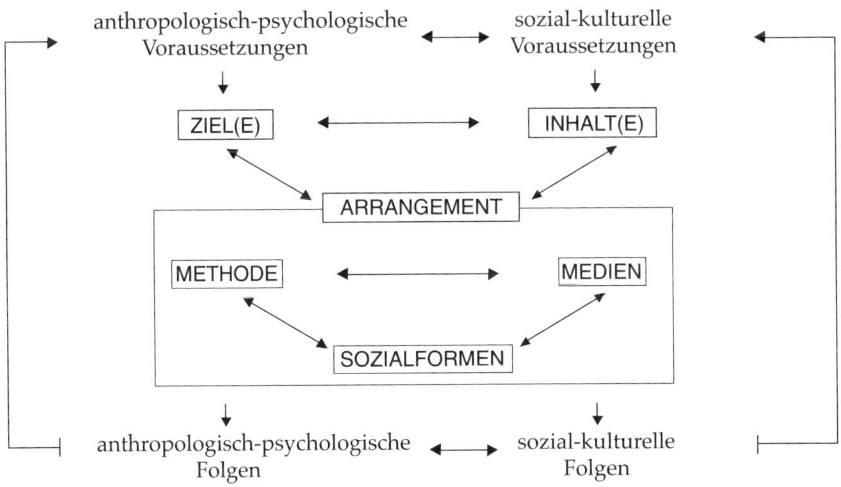

Abb. 10: Didaktisches Strukturbild von Unterricht

Das Strukturbild zeigt auch noch einmal, dass und wie das Arrangement von Unterricht – und mithin auch von fächerverbindendem Unterricht – in die gesamte didaktische Aufgabe von Lehrern eingebettet ist: Es ist von allen anderen Entscheidungen und Bedingungen abhängig zu machen, es wirkt

seinerseits auf alle anderen Entscheidungen und Bedingungen ein und diese sind von ihm mit abhängig zu machen.[9]
Das Arrangement hat demnach die strukturellen Merkmale von fächerverbindendem Unterricht mitzukonstituieren. Ob ein Unterricht zu fächerverbindendem wird, hängt ganz entscheidend mit von seinem Arrangement ab. Die Entscheidung über das Arrangement ist keinesfalls zweitrangig, sondern steht gleichrangig neben den anderen Entscheidungen im Konzept. Fächerverbindenden Unterricht als ein mittleres Prinzip zur Organisation von Unterricht zu begreifen, das den üblichen Fachunterricht zeitweise aufheben soll, um für diese Zeit seine Vorteile zu bewahren und seine Nachteile zu überwinden, ist ein programmatischer Anspruch. Er muss eingelöst werden zum einen durch das integrative anstelle des bloß additiven Zusammengehens von Fächern, was dadurch erreicht werden soll, dass eine übergeordnete pädagogische Zielsetzung zur Klammer für alle Fachbeiträge wird. Doch das allein reicht für die zeitweise Aufhebung von Fachunterricht und dessen Nachteilen nicht aus. Zum anderen muss ein gegenüber üblichem Unterricht verändertes Arrangement den Anspruch miteinlösen, das den Lernenden den für erforderlich gehaltenen Zugang zu den Inhalten ermöglicht. Einfach gesagt: Neben dem WAS erhält hier das WIE des Lernens gleiche Bedeutung.

Wenn wir auf die für Vorteile und Nachteile von Fachunterricht gehaltenen Momente zurückblicken, dann wird schnell einsichtig, woraufhin das maßgebliche Arrangement anzulegen ist:

- Die Bewahrung des *traditionellen Fachprinzips*, das damit verbundene *systematische* und *Kontinuität schaffende Lernen* sowie die grundsätzliche Möglichkeit zu *bildungswirksamem Unterricht* können erreicht werden, wenn Fächer tatsächlich integrierende solide Beiträge zur Erreichung eines übergeordneten Ziels leisten. Und durch sie wird ebenfalls annäherungsweise möglich, die anstehende *Sache in ihrer Ganzheit* zu bieten, was allerdings vom inhaltlichen Vermögen der jeweils beteiligten Fächer abhängt.
- Die Berücksichtigung der *Interessen* und *Bedürfnisse der Lernenden* und die Möglichkeit zu *ganzheitlichem Lernen* hingegen muss ein entsprechendes Arrangement leisten. Und ein Lernen, das die *Handlungsfähigkeit* der Lernenden bestmöglich fördert, ist ebenfalls immer auch – was die Förderung der Komponenten Sozial-, Methoden- und Moralkompetenz betrifft – vom Arrangement abhängig.

Wie weiter vorne erörtert wurde, bedeutet das grundsätzlich, Informationen solcher Art erwerben zu lassen, die zur Förderung von Sach-, Sozial-, Metho-

[9] Vgl. dazu bes. auch: PETERßEN, WILHELM H., Kleines Methoden-Lexikon, München 1999

den- und Moralkompetenz von Heranwachsenden beitragen können. Das ist, wie gesagt, zunächst ein *Auswahlproblem*, denn aus dem ungeheuer großen Vorrat an möglichen Informationen, die heute verfügbar sind, sind jene auszuwählen, von denen man sich eine besonders große Förderkraft der einzelnen Komponenten von Handlungsfähigkeit verspricht. Doch bedeutet allein der Erwerb maßgeblicher Informationen noch keine Handlungsfähigkeit; die verlangt außer dem Besitz immer auch die Fähigkeit zum eigenständigen Umgang damit. Und es ist nicht anzunehmen, dass solch eigenständiger Umgang durch die übliche Art zu lernen erreichbar ist: Zu instruieren und instruiert zu werden, zu belehren und aufzunehmen, reichen hierfür nicht aus. Man darf getrost annehmen, dass selbstständiger Umgang mit Informationen den ebenfalls weitgehend selbstständigen Erwerb voraussetzt. Das didaktische Prinzip für Lehrer lautet hier: *Wer Selbstständigkeit will, muss Selbstständigkeit gewähren!* Ob erworbene Informationen beim Einzelnen so verfügbar sind, dass er selbst sie jederzeit abrufen und verwenden kann, wenn dies nötig ist, um bestimmte Probleme zu lösen und somit mit bestimmten Situationen fertig zu werden, hängt auch davon ab, ob er sie entsprechend, d.h. selbsttätig, erwerben konnte. Das Lern-Lehr-Arrangement ist in der Tat für die Förderung individueller Handlungsfähigkeit ebenso bedeutsam wie die Lern-Lehr-Inhalte.

Nach dem soeben Gesagten kämen also alle Lern-Lehr-Konzeptionen in Frage, die dem Lernenden ein Höchstmaß an selbstständigem Lernen gestatten und abverlangen, nur ein Höchstmaß, da ein vollständig selbstgesteuertes Lernen nach heutiger Einsicht wohl nicht möglich ist. Es gibt nicht das eine Arrangement für fächerverbindenden Unterricht. Er ist in jeder Hinsicht so komplex – und wegen der Beteiligung mehrerer Fächer komplexer als der Regelunterricht –, dass er in jedem besonderen Fall auch ein besonderes Arrangement benötigt.

Für Lehrer stellt das zwar eine Erschwernis dar, eröffnet ihnen aber zugleich auch Chancen: Das jeweilige Arrangement – Ergebnis der Zusammenschau vieler einzelner Einfälle zu den drei verschränkten Dimensionen Methode, Medien, Sozialformen – kann frei gestaltet werden, kann einen *Mix* aus allen zueinander passenden Versatzstücken, Techniken u.Ä. sein, sofern sie in ihrem Zusammenwirken dem Postulat nach weitestgehend selbstgesteuertem Lernen entsprechen. Aus Unsicherheit und oft sicherlich auch Unwissenheit wird fächerverbindender Unterricht oftmals unversehens zu *Projektunterricht*, da man sich kurzerhand an dessen Gestaltungsprinzipien hält. Bloß: Dann hat man es nicht mehr mit fächerverbindendem Unterricht zu tun, sondern mit Projektunterricht, was nicht dasselbe ist (vgl. dazu bes. S. 81 ff).

Arrangements für fächerverbindenden Unterricht zu bewerten, heißt mithin unter dem Gesichtspunkt des Ziels von Lernen:

Es sind solche Arrangements vorzuziehen und nach Möglichkeit der Unterrichtssituation zu praktizieren, die alle oder wenigstens mehr als bloß eine der vier integrierenden Komponenten von Handlungsfähigkeit zu fördern imstande sind.

Das lässt durchaus eine abgestufte Bewertung von Arrangements zu. Dass dabei viel Subjektivität im Spiele ist, versteht sich von selbst. Geeichte Verfahren zur Wertung von Unterrichtsarrangements gibt es noch nicht.

Doch kommt es weiterhin darauf an, dass Arrangements das erwartete integrative Lernen ermöglichen, d.h. Informationen zu den vier Komponenten nicht bloß additiv erwerben lassen, sondern in einem schon ganzheitlich-integrativ verlaufenden Prozess (vgl. dazu weiter unten!). Dafür wird es:

- zum Ersten darauf ankommen, die entsprechende *integrative Potenz* einzelner Methoden, Medien, Sozialformen so gut zu nutzen, wie das möglich ist;
- wird aber zum Zweiten auch ein in sich differenziertes und abwechslungsreiches Arrangement erfordern;
- und wird drittens notwendig machen, in die einzelnen Arrangements *spezielle Techniken aktiven Lernens* inhalts- und zielgerecht einzubauen.

Um Hilfen für das Arrangement zu gewähren, ohne damit zugleich auch eine unangemessene Zuspitzung auf feste Formen vorzunehmen, und um der methodischen Phantasie von Lehrern freien Raum zu geben, werden hier nur grundsätzliche Prinzipien aufgeführt. Diese sind so gut zu erfüllen, wie das in der jeweiligen Situation eben möglich ist; es geht nicht um lückenlose Umsetzung, sondern um annäherungsweise Umsetzung von Leitlinien. Bezug wird hier auf die aktuellen Aussagen der sich als konstruktivistisch begreifenden Lernpsychologie genommen. Diese geht von der Grundannahme aus, dass Lernen nicht völlig machbar ist, sondern bloß angeregt werden kann, dass jedes Lernsubjekt seinen eigenen Lernprozess auch selber gehen muss. Aber es wird auch angenommen, dass dies nur dadurch möglich wird, dass Vorgaben und Steuerungsmaßnahmen von außen vorgenommen werden. Hier liegt also dieselbe Problematik wie beim Arrangement fächerverbindenden Unterrichts vor: Eigenständig lernen lassen, ohne auf maßgebliche Hilfen verzichten zu wollen. Welche Postulate nun sind an ein dafür geeignetes Arrangement zu stellen?[10]

Für unsere Zwecke und mit unseren Worten zusammengefasst – wird für das Arrangement von fächerverbindendem Unterricht empfohlen:

- Lernen sollte *situiert* angelegt sein, d. h. zum Ausgang des Lernens sollten nach Möglichkeit ureigene Probleme, Erfahrungen, Umweltkonstellationen u. Ä. der Lernenden werden, sodass der Lernvorgang in realen Kontexten steht.
- Es sollten sog. *narrative Anker* ausgelegt werden. Die Lebensgeschichte von Lernenden sollte – wo immer das möglich ist – im/durch Unterricht zur Aufklärung gelangen.
- Lernen sollte – wo immer möglich – durch eigene Erfahrungen, solche am eigenen Leibe, durch *Primärerfahrungen* statt durch Sekundärerfahrungen, durch solche aus zweiter Hand, erfolgen.
- Lernen sollte möglichst *enaktiv* – dem Verständnis BRUNERS nach – ein allseitiges Handeln der Lernenden einholen.
- Lernen sollte soweit möglich *ganzheitlich* die ganze Person von Lernenden fordern, sie mit Kopf, Herz und Hand und auch Bauch und Füßen einfordern.
- Lernen sollte möglichst *interaktiv* und *kooperativ* vor sich gehen.

Für die beteiligten Fächer bzw. Fachlehrer stellt sich danach immer auch die Frage nach dem Arrangement: Nicht nur, *was* die Fächer beitragen können und sollten, sondern auch, *wie* es eingebracht werden kann und sollte, vom Tenor her besser: wie es die Lernenden sich holen, sich aneignen, erwerben … können! Mit der Auswahl von Inhalten ist die Frage nach den für die Handlungsfähigkeit bedeutsamen Informationen bloß teilweise gelöst, d.h. wie die Sachkompetenz gefördert werden soll. Die Fragen nach der Förderung von Sozial- und Methodenkompetenz sind hingegen noch überwiegend mit der arrangementmäßigen Gestaltung zu beantworten. Ob beispielsweise alleine oder im Team gelernt werden soll, ist davon abhängig zu machen, welche Art von Sozialkompetenz gefördert werden soll bzw. bei diesen thematischen Informationen am ehesten förderbar ist. Geht es vorderhand um die Fähigkeit zu eigener konzentrierter Arbeit oder um die Fähigkeit zu kooperativer Zusammenarbeit? Und die Methodenkompetenz: Welche Informationen sind vorzugeben, damit Lernen erfolgreich wird? Müssen überhaupt welche vorgegeben werden oder können die Lernenden sie sich nicht selbst beschaffen? Moralkompetenz ist einerseits mit den Inhalten der jeweiligen Informationen gekoppelt, wenn es z. B. um tatsächliche ethische Fragen geht, oder inhärentes Problem des Arbeitens, wenn beispielsweise Konkurrenz ansteht o. Ä. Auf jeden Fall sind die vier integrierenden Komponenten

---

[10] Vgl. dazu PETERßEN, WILHELM H., Kleines Methoden-Lexikon, S. 263 ff, u. MANDL, H. / REINMANN-ROTHMEIER, G., Unterrichten und Lernumgebungen gestalten, Forschungsbericht Nr. 60, Ludwig-Maximilian-Universität München, Institut für Pädagogische Psychologie und Empirische Pädagogik, Nov. 1995; REINMANN-ROTHMEIER, G. / MANDL, H., Wissen und Handeln. Eine theoretische Standortbestimmung, Forschungsbericht Nr. 70, Ludwig-Maximilian-Universität München, Institut für Pädagogische Psychologie und Empirische Pädagogik, 1996

der Handlungsfähigkeit außer für die inhaltliche Auswahl der Fachbeiträge immer auch ein Modell, mit dessen Hilfe das Arrangement entschieden werden kann:

- **Fachkompetenz**
  Wie kann/muss/sollte der Aneignungsprozess gestaltet sein, damit die Fachinformationen den fachspezifischen Ansprüchen und unverfälscht entsprechend erworben werden?

- **Sozialkompetenz**
  Wie kann/muss/sollte der Aneignungsprozess in interaktiver und sozialer Hinsicht gestaltet sein, damit bestimmte soziale Kompetenzen gefördert werden?

- **Methodenkompetenz**
  Wie kann/muss/sollte der Aneignungsprozess gestaltet sein, damit die Fähigkeit zu eigenständigem Lernen gefördert wird?

- **Moralkompetenz**
  Wie kann/muss/sollte der Aneignungsprozess gestaltet sein, damit eigenständige moralische Gedanken angestellt und Entscheidungen getroffen werden können?

Dem Arrangement ist bei fächerverbindendem Unterricht dieselbe Sorgfalt zu widmen wie der Themenbestimmung, der Zielvereinbarung und der Inhaltsauswahl!

4 Fächerverbindender Unterricht: Abgrenzungen

Definition: Fächerverbindender Unterricht

Fächerverbindender Unterricht meint ein mittleres Prinzip zur Organisation von Unterricht in der Schule, das – systematisch gesprochen – zwischen den durchgehend gefächerten und einen völlig ungefächerten Unterricht geschoben wird. Fächerverbindender Unterricht hebt den Fachunterricht zeitweise in der Art auf, dass er dessen Vorteile zu bewahren, dessen Nachteile zu überwinden trachtet. Er ist als themenzentrierter integrativer Unterricht angelegt, an dem mehrere Fächer gleichwertig beteiligt sind. Zum Ausgangspunkt wird ein zentrales Thema; die Verbindung wird durch eine übergeordnete pädagogische Zielsetzung erreicht. Die beteiligten Fächer erbringen ihre Beiträge – als integrierende – zum übergeordneten Ziel und zum zentralen Thema auf ihre je fachspezifische Weise und in der gewohnten Solidität. Das Arrangement ist auf die Fächerverbindung und deren besondere Zielsetzung abzustimmen. Fächerverbindender Unterricht kann nur das Resultat von Absprachen und Vereinbarungen der beteiligten Fächer – bzw. deren Lehrern – sein.

4.1 Fächerübergreifender Unterricht

Fächerverbindender Unterricht ist kein fächerübergreifender Unterricht und darf mit diesem keinesfalls verwechselt werden, obwohl während des Verlaufs von fächerverbindendem Unterricht zeitweise auch Phasen eher fächerübergreifenden Unterrichts in Erscheinung treten werden. Dies liegt daran, dass die reine Form fächerverbindenden Unterrichts wegen der sehr hohen didaktischen Anforderungen daran nicht immer einzuhalten ist.

Fächerübergreifender Unterricht ist aus denselben Gründen in die Schule eingeführt worden wie fächerverbindender Unterricht und ebenfalls dazu ausersehen, die Nachteile des gefächerten Unterrichts wenigstens zeitweise zu überwinden. Dabei wird allerdings vor allem an jene Nachteile gedacht, die für das bloße Lernen dadurch auftreten. Als nachteilig wird besonders angesehen, dass in zeitlicher Zerstückelung und voneinander abgeschotteten Fächern isolierte Bruchstücke gelernt werden müssen. Auf diese Weise können bloß vereinzelte Informationen erworben werden, die in der Regel ohne jede Verbindung zueinander bleiben. Im realen Leben jedoch stehen die Schüler – bereits während ihrer Schulzeit, vor allem aber ihr ganzes Leben lang – Erscheinungen und Vorgängen in der Wirklichkeit gegenüber, die an sich komplex und ohne jede – gar an fachlicher Systematik orientierter – Differenziertheit sind und auch so verstanden und bewältigt werden müssen. Mit einem Wort: Die erforderliche Zusammenschau der einzeln erworbenen Informationen wird den Lernenden selbst überlassen. Fächerübergreifendes Lernen nun will wenigstens für bestimmte Zeiten die im Unterricht zu erlernenden Informationen aus verschiedenen Fächern auf ein Thema bezogen erwerben lassen. Das soll zumindest eine Nähe von fachverschiedenen Informationen – gleichsam unter dem einen Hut: Thema – schaffen. Davon verspricht man sich offensichtlich, dass assoziationsfördernde Wirkungen erfolgen, die die je erforderlichen Assoziationen bei Bewältigung realer Erscheinungen und Vorgänge erleichtern.

Typisch für fächerübergreifenden Unterricht ist, dass auch er letzten Endes die in der Realität nötige Zusammenschau von Informationen den Lernenden überlässt. Fächerübergreifender Unterricht folgt ausschließlich einem *additiven* Organisations- und Lernprinzip. Alle beteiligten Fächer liefern ihre je besonderen Informationen zu einem ausgewählten Thema in einem begrenzten, überschaubaren Zeitraum. Zusammenbindung der Informationen unter ein pädagogisches Ziel: Nein! Fächerübergreifender Unterricht soll demnach bloß über kurze Zeiten ein thematisch zentriertes Lernen gewährleisten. Als Prinzip zur Unterrichtsorganisation nutzte es schon P. PETERßEN in seiner in den zwanziger Jahren des letzten Jahrhunderts konzipierten *Jena-Plan-Schule*: Neben streng fachgebundenen *Kursen* und der *freien Arbeit* wurden durchgehend Themen fächerübergreifend aufgegriffen und behandelt.[11]

Bei fächerübergreifendem Unterricht gibt es jeweils ein ausgesuchtes *Leitfach*, das in der Regel das Thema vorgibt und es auch – im Konzert der Fächer – bevorzugt abhandelt. So hat es sich beispielsweise in der Grundschule eingebürgert, bei länger- und mittelfristiger Planung des Unterrichts den sog. *Heimat- und Sachunterricht* zum Leitfach zu machen.

[11] PETERSEN, P., Der Kleine Jena-Plan, 42./46. Aufl., Weinheim 1965; DERS., Führungslehre des Unterrichts, 7. Aufl., Braunschweig u. a. 1963

Zeit	H u S	Deutsch	Kunst	Musik
08. März – 19. März 1999	Der Marschengürtel – Deichbau – tiefliegender Polder – Entwässerungs-system	Lektüre: Th. Storm, Pole Poppenspöler Rechtschreibung: ..as (Gras); ..ass (dass)	grüne Töne, grüne Farben	Wo de Nord-seewellen...

Abb. 11: Kurzbeispiel für fächerübergreifende Unterrichtsplanung

Fächerübergreifender kann und sollte neben fächerverbindendem Unterricht regelmäßig den üblichen Fachunterricht *aufbrechen*. Wo Klassenlehrer unterrichten, sollte dies auch keine besondere Mühe bereiten, da sie ihren Unterricht über die Fachgrenzen hinaus planen und halten können. Wo allerdings Fachlehrer unterrichten, dort kommt es zu denselben Schwierigkeiten wie bei fächerverbindendem Unterricht (vgl. Erfahrungen, S. 133 ff).

4.2 Projektunterricht

Fächerverbindender Unterricht ist kein Projektunterricht, obwohl er in seiner methodischen Organisation projektähnliche Form annehmen kann.

Die meisten mir bekannt gewordenen Berichte aus der Praxis über Beispiele fächerverbindenden Unterrichts schildern im Grunde genommen gar keinen solchen, sondern vielmehr einen von vorneherein als Projektunterricht vorgesehenen Unterricht. Zur Verwechslung von Projekt- und fächerverbindendem Unterricht kommt es offensichtlich überaus häufig. Dabei gibt es schon unübersehbare grundsätzliche Unterschiede im Begriff und Konzept und nicht erst in der Verlaufsausführung: Fächerverbindender Unterricht hält die Fachgliederung ausdrücklich aufrecht; Projektunterricht schert sich nicht um Fächer. Projektunterricht ist grundsätzlich auf ganzheitliche Erfahrungen ausgerichtet – die Lernenden als ganze Personen sollen in Projekten die ganze Wirklichkeit bzw. ganze überschaubare Ausschnitte davon erfahren. In der Schule gibt es aber nun einmal durchgängig Fachunterricht; und so muss Projektlernen die Fächer auflösen, muss sie zeitweilig geradezu zerstören, wenn es die ihm eigene Wirksamkeit auch tatsächlich entfalten soll.

Projektähnliche Form nimmt fächerverbindender Unterricht oftmals scheinbar an, weil – auch wenn die Fachgrenzen und die Abschottung der Fächer gegeneinander aufgehoben sind – die Fachlehrer immer noch beteiligt sind. Und als Fachlehrer bringen sie – mehr oder weniger bewußt – ihr Fachwissen, vor allem aber ihre tief internalisierte fachspezifische Art, mit der Wirklichkeit und dem Wissen über die Wirklichkeit umzugehen, ein. Das lässt sich bei den real gegebenen Umständen in Schule und Unterricht nicht vermeiden. Doch zielt Projektlernen darauf, ein Thema bzw. ein Problem durch selbstständige und gemeinsame Arbeit der Schüler bis *zu Ende* zu behandeln.

Exkurs: Projektunterricht

MICHAEL KNOLL haben wir es zu verdanken, dass wir heute über das hohe Alter eines Lernkonzepts Bescheid wissen, das auch heute noch seinen Platz in Schule und Unterricht beansprucht, ja geradezu als aktuelles Konzept gepriesen wird: das *Projektlernen*. Seinen Anfang nahm es im 16. Jahrhundert, als es in die Ausbildung von Architekten – an der Accademia di San Luca in Rom – eingeführt wurde. Dort sollte es die Ausbildung praxisnäher gestalten, und zwar dadurch, dass den angehenden Architekten Wettbewerbsaufgaben gestellt wurden, bei deren Lösung erworbenes Theoriewissen auf reale Probleme angewendet werden musste. Aber: Es ging nicht um die Realität selbst, sondern um die Lösung von akademischen Aufgaben, sog. *progretti*, in denen Theorie und Realität aufeinander bezogen werden mussten. Fortgesetzt wurde diese Ausbildungspraxis in Paris, wo um 1763 an der Académie Royale d'Architecture das Lernen an Projekten zusätzlich zum Studium eingeführt wurde. Und es dauerte nicht lange, bis das seinerzeit schon als überaus wirksam erkannte Lernkonzept für die Ingenieurausbildung ebenfalls zunächst in Frankreich, später in anderen europäischen Ländern übernommen wurde[12].

Heute beziehen wir uns unmittelbarer auf Ansätze um die Jahrhundertwende: einerseits auf die in den USA von DEWEY, KILPATRICK u. a. vorangetriebene Entwicklung von *ganzheitlich-praktischem Lernen* in Projekten im Unterricht; andererseits auf einzelne als natürlich aufgefasste Lernkonzepte in der europäischen Reformpädagogik, wobei vor allem das *Arbeitsschulkonzept* von KERSCHENSTEINER, der *natürliche Unterricht* mit *Vorhaben* von HAASE und KRETSCHMANN und die *Schülervorhaben* von A. REICHWEIN zu nennen sind[13].

In allen historischen Ansätzen ging es letztlich bei allen Unterschieden im Einzelnen darum, für schulisches Lernen – durch dessen besondere Organisation erst geschaffene – missliche Umstände durch eine neuartige Lernorganisation, durch eine neue Lernmethode, zu überwinden. Und zwar sollte

---

[12] Vgl. dazu KNOLL, MICHAEL, 300 Jahre Lernen am Projekt, Zur Revision unseres Geschichtsbildes. In: Pädagogik, 1993, H. 7/8, S. 58 ff

[13] Vgl. dazu bes. FREY, KARL, Die Projektmethode, 3., überarb. u. erw. Aufl., Weinheim u. Basel 1990, bes. S. 29 ff; KERSCHENSTEINER, GEORG, Begriff der Arbeitsschule, 5. Aufl., Leipzig u. Berlin 1922; KRETSCHMANN, JOHANNES, Natürlicher Unterricht, neubearb. v. OTTO HAASE, Hannover 1948; REICHWEIN, ADOLF, Schaffendes Schulvolk, 3. Aufl., Braunschweig 1951

nicht der Unterricht zugunsten eines ganz anders gearteten Organisationsprinzips für schulisches Lernen aufgegeben werden. Ganz im Gegenteil: Gesucht wurde nach einem Lernkonzept für den Unterricht, nach einem Konzept, nach dem im Unterricht gelernt werden konnte, ohne dass seine üblichen nachteiligen Umstände sich auswirken konnten. Und gerade das ist auch der didaktische – wie ebenfalls in der Bildungspolitik vertretene – Ansatz der Gegenwart: Man weiß, dass Unterricht durch seine historisch entstandenen Organisationsprinzipien und -konzepte sich selbst Hindernisse in den Weg gelegt hat, sodass er seine Aufgabe – Heranwachsende zum Lernen zu bringen – nicht optimal erfüllen kann. Und man sucht nach Organisationsformen und Lernkonzepten, die in den Unterricht aufgenommen werden und ihm mehr Effizienz verleihen können, d.h. ein besseres Lernen als bisher gewährleisten. Eines der solchermaßen eingeschätzten Lernkonzepte ist das *Projektlernen*.

Projektlernen – Erwartungen und Ansprüche

Unterricht in Schulen weist viele Merkmale auf, die ihn in seiner Wirksamkeit einschränken:

- Er wird in *Lerngruppen* erteilt, die nach Geburtsjahrgängen zusammengestellt sind, um so annäherungsweise leistungsgleiche Lernende zusammenzuführen. Nun bedeutet aber Altersgleichheit nicht zugleich auch Leistungsgleichheit im Hinblick auf Lernen. Wo aber Homogenität angestrebt wird, muss man das überkommene Jahrgangsklassenprinzip – wenigstens zeitweise – durch ein anderes ersetzen. Wo hingegen ausdrücklich die vorhandene Heterogenität genutzt werden soll, muss man zusätzliche Organisationsformen einführen, da der übliche Unterricht auf Heterogenität gar nicht eingestellt ist.
- Er wird in *Fächern* erteilt. Nicht die unmittelbare Konfrontation der Heranwachsenden mit der ungeteilten Wirklichkeit, nicht ihre ganzheitlich erlebten Lebensprobleme bilden den Maßstab für die Unterrichtsorganisation, sondern das für den Erkenntnisfortschritt durch Wissenschaften geschaffene Prinzip der rigiden Diversifikation und Interessenteilung. Wo solche Trennung und Teilung überwunden werden sollen, muss – wenigstens zeitweise – ein zusätzliches Organisationsprinzip her.
- Er wird in *Einzelstunden* zerstückelt erteilt. Nicht die Heranwachsenden eigene Art des Verweilens bei einzelnen Weltphänomenen und u.U. dauerhafter Beschäftigung mit ihren Problemen wird berücksichtigt, sondern die Uhr mit ihrem Zeitdiktat. Will man das Zeitdiktat – wenigstens zeitweise – außer Kraft setzen, muss man ein anderes Organisationsprinzip zulassen.

Die Reihe ließe sich fortsetzen, genügt aber für unser Thema: Denn die beiden zuletzt genannten Übel des üblichen Unterrichts sind es, auf die das Lernkonzept *Projektlernen* gezielt angesetzt worden ist. Aber auch das erstgenannte wird mit erfasst, und zwar wenn Projektlernen zusätzlich die üblichen Lerngruppengrenzen sprengt, d.h. wenn es über die Einzelklasse hinaus angesetzt wird.

Projektlernen soll vor allem anderen zum einen die durch *Fächergliederung*, zum anderen die durch *Stundengliederung* bedingten Nachteile des üblichen Unterrichts mindern helfen, indem es für bestimmte Zeiten mit seinen andersgearteten Organisationsmerkmalen den üblichen Unterricht aufhebt. Von der anderen Seite her ausgedrückt, soll für die Dauer von Projekten ein Lernen verwirklicht werden

- durch das die zeitliche Zerstückelung zugunsten eines *verweilenden und konzentriert-intensiven Befassens mit einem Thema, einer Sache* aufgehoben wird;
- durch das die fachperspektivischen Abschottungen zugunsten einer *ganzheitlichen Sichtweise* aufgegeben werden, wobei eine zweifache Ganzheit erreicht werden soll – einerseits soll die *Sache in ihrer Ganzheit* (und *Originalität*) und möglichst unverstellt auf die Lernenden zukommen, andererseits sollen die *Lernenden in ihrer persönlichen Ganzheit* – mit *Kopf, Herz und Hand* (Pestalozzi) – auf die Sache zugehen können;
- durch das die im Unterricht übliche distanzierte Problemlosigkeit der Auseinandersetzung mit der Wirklichkeit zugunsten einer von den Lernenden selbst ausgehenden *problemhaltigen Begegnung* ersetzt wird;
- durch das den üblicherweise in ihren Lernprozessen stark gelenkten Schülern ein möglichst über den gesamten Prozess hin *selbstständiges Lernen* gewährleistet wird;
- durch das die in der Regel vorherrschende Konkurrenz zwischen den Lernenden zugunsten *gemeinsamer Lernarbeit* überwunden wird.

Von einem solchen – im Wesentlichen durch *Konzentration, Ganzheitlichkeit* und *Problemhaltigkeit* gezeichneten – Unterricht erwartet man, dass er

- Heranwachsende stark anspricht, sie nachhaltig zum Lernen motiviert;
- höhere Lernerfolge sicherstellt;
- Lernende in ihrer gesamten Persönlichkeit fördert;
- Heranwachsende angemessen an die gegenwärtige Wirklichkeit heranführt und auf die künftige Lebenspraxis vorbereitet.

Projektlernen – die Organisation

Oft trifft man auf die Meinung, für das Projektlernen gelte eine ganz bestimmte Phasenfolge. Doch wurden für die Organisation des Lernens durch Projekte im Laufe der Zeit zahlreiche Verlaufsformen vorgeschlagen[14]. Es ist nicht wichtig, an welche der Formen man sich anhängt, sondern nur, dass die je gewählte Form auch tatsächlich jene Lernaktivitäten gestattet, durch die eine Förderung der spezifischen Zielsetzung geleistet werden kann. Im Folgenden wird für die Organisation eine Phasenfolge vorgeschlagen, in die sowohl Vorstellungen aus der Reformpädagogik als auch aktuelle – vor allem in der Arbeitspsychologie entwickelte[15] – Vorstellungen über Handlungsfolgen eingearbeitet worden sind.

Aktivitätsphasen beim Projektlernen

INITIATIVPHASE

↓

INFORMATIONSPHASE

↓

PLANUNGSPHASE

↓

PRODUKTIONSPHASE

↓

VERIFIKATIONSPHASE

PRÄSENTATIONSPHASE

↓

AKTIONSPHASE

Abb. 12: Möglicher Phasenverlauf des Projektlernens

[14] Vgl. dazu bes. Frey, a.a.O., bes. S. 15ff u. S. 56ff; vgl. aber auch Gudjons, Herbert, Handlungsorientiert Lehren und Lernen, Bad Heilbrunn 1986, bes. S. 54 ff

[15] Arbeitspsychologische Ansätze, z.B. von Leontjew, Hacker u.a., sind in den letzten zwanzig Jahren besonders für die didaktische Gestaltung der betrieblichen Erstausbildung herangezogen worden. So hat man für diese hervorragende Projektansätze entwickelt; einzelne Unternehmen lassen ihre Lehrlinge während der dreieinhalb Ausbildungsjahre eigenständig einzelne Projekte durcharbeiten, z.B. die Zahnradfabrik Friedrichshafen eine Dampfmaschine, die MTU Friedrichshafen einen Kleindiesel, die Sulzer-Escher-Wyss Ravensburg lässt alte Kleinturbinen instand setzen usw. Vgl. dazu Butsch, Werner/Gairing, Fritz/Peterßen, Wilhelm H./Riedl, Armin, Ausbildung im Wandel, Weinheim 1991

Das Projektlernen muss in seinen einzelnen aufeinander folgenden Phasen gewährleisten, dass die oben beschriebenen Strukturmomente *Konzentration, Ganzheitlichkeit* und *Problemhaltigkeit* eingelöst werden. Was dafür in den einzelnen Phasen zu geschehen hat, wird weiter unten erörtert. Hier soll darauf hingewiesen werden, dass meinem Verständnis nach ein Projekt mindestens die erstaufgeführten fünf Phasen aufweisen muss, wenn es den Ansprüchen und Erwartungen tatsächlich entsprechen können soll. Die beiden weiterhin aufgeführten Phasen – *Präsentation* und *Aktion(en)* – gehören hingegen nicht zu den essenziellen Bestandteilen eines Projekts. Sie können zwar hinzugefügt werden, können auch den Wert eines einzelnen Projektes durchaus noch steigern, aber sie sind nicht unbedingt nötig, um von einem Projekt sprechen zu können. Von einem Projekt kann man sprechen, wenn die fünf Hauptphasen durchlaufen werden; von einem Projekt kann man aber auch erst sprechen, wenn in der Tat alle fünf Phasen durchlaufen worden sind. Hierin unterscheide ich mich von manchen anderen Auffassungen, die auch bei verkürzter Phasenfolge ein Lernen schon als ein Projektlernen anerkennen; unterscheide mich auch von jenen Auffassungen, die zum Projekt unbedingt die Ergebnispräsentation zählen. Entscheidend für diese Auffassung ist, dass ich alle Erwartungen und Ansprüche an die besondere Lernwirksamkeit von Projekten durch die fünf Phasen für erfüllbar ansehe. Das wird im Einzelnen an der folgenden näheren Erörterung der Einzelphasen deutlich werden.

Aktivitätsphasen im Einzelnen

Die Darstellung erfolgt für alle Phasen nach demselben Schema:

- Phasenziel – Das im Unterricht zu erreichende Ziel wird beschrieben.
- Didaktischer Kommentar – Das strukturelle pädagogische und didaktische Gefüge wird erörtert.

Initiativphase

Phasenziel:
Eine eingebrachte Initiative für ein gemeinsames Projekt muss von allen Beteiligten akzeptiert werden!

Didaktischer Kommentar:
Ohne einen Anstoß kommt auch Projektlernen nicht in Gang. Die Frage ist, von wo und von wem kommt solcher Anstoß? Darüber streiten sich die Projekt-Didaktiker. Die Puristen – die sich dafür halten – lassen ausschließlich Initiativen zu, die ganz und gar – und ohne alle Anstöße von-

seiten von Lehrern – durch Schüler eingebracht werden. Denn nur so sehen sie den Anspruch gewahrt, dass Projektlernen von Anfang an die Sichtweise von Lernenden einnimmt und deren Probleme zur Behandlung gelangen. Jede Initiative von anderer Seite mindert in ihren Augen den Originalitätswert eines Projektes und oktroyiert Gesichtspunkte und Betrachtungsweisen von außen. Die Gegenposition lässt in großzügiger Weise Initiativen von allen Beteiligten zu, ob sie von Schülern oder Lehrern eingebracht werden, wird für unerheblich gehalten. Die Initiativphase gilt gegenüber den weiteren von untergeordneter Bedeutung.

Ich sehe durchaus die Bedeutung, die von Schülern selbst initiierten Projekten zukommt: Sie *passen* besser zu den Problemen, den Erwartungen, den Voraussetzungen ... der Lernenden. Und ich denke, wo sich in der Schule tatsächlich einmal solche Schülerinitiativen auftun, da sollte man sie auf jeden Fall zu nutzen suchen. Doch ich sehe auch die Realität der Schule: Wo in Lerngruppen von nicht selten über dreißig Schülern tut sich eine gemeinsame Initiative auf? Wo im täglichen Lehr- und Lerngeschäft – Stoffdruck! Zeitdruck! Vorschriftendruck! – bleibt Zeit zum Verweilen und um der Idee für ein Projekt länger nachzugehen? Deshalb halte ich durch Lehrer vorbereitete und ausgelöste Initiativen für vertretbar.

Was ich allerdings dafür empfehlen möchte: Lehrer sollten nicht mit fix und fertigen Projektideen in die Klasse kommen und Schülern allenfalls bloß noch Zustimmung oder Ablehnung ermöglichen. Lehrer sollten mit *Anregungen* zu Projekten in die Klasse kommen. Dort zuallererst sind sie zu diskutieren, abzuwägen, näher zu umreißen ... und letztlich als Initiativen zu werten und anzunehmen. Dazu bietet sich an, Projektideen bloß skizzenhaft einzubringen, sodass noch Raum für inhaltliche Ausfüllung bleibt. Besonders beachtet werden muss, dass es keine Lehrerprobleme sein sollten: Zum einen sollten Lehrer keine Projekte initiieren wollen, mit denen sie – durch spätere *Präsentation* der Ergebnisse – reüssieren wollen. Zum anderen sollten sie als Lehrer fähig sein, sich empathisch in die Sichtweise ihrer Schüler hineinzuversetzen, was u. a. bedeutet, die eigene in langen Jahren erworbene Kompetenz, vor allem auch angeeignete wissenschaftliche o. ä. Angehensweisen, zugunsten von Schülersichtweisen zurückzustellen. So können auch Einengungen vermieden werden, die eine ganzheitliche Behandlung verhindern würden.

Bewährt hat sich offensichtlich für von Lehrern ausgelöste Initiativen, wenn in Art von Wandzeitungen o. Ä. mehrere Ideen zu Projekten län-

gerfristig vorgestellt werden. Dadurch haben Schüler Gelegenheit, sie zunächst unter sich zu erörtern, bevor im formellen Unterrichtsgespräch über sie gehandelt und entschieden wird.
Einmal akzeptierte Initiativen müssen nicht unbedingt auch zu Projekten führen: Initiativen gelten zunächst auf Widerruf. Sie können – auf demselben Weg wie sie zustande gekommen sind – umgeworfen, revidiert, modifiziert werden, vor allem auch dann noch, wenn sie in der nächstfolgenden Informationsphase als nicht greifbar eingesehen werden. Wichtig ist: Sie müssen möglichst genau und eindeutig sprachlich formuliert sein, sie müssen für die Lerngruppe öffentlich zugänglich sein (Aushang o. Ä.).

↓

Informationsphase

Phasenziel:
Die für die weitere Projektarbeit nötigen Informationen sollten so umfassend wie möglich gesammelt und auf Dauer bereitgestellt werden!

Didaktischer Kommentar:
Zumeist werden die hier erwarteten Aktivitäten bereits als in der Initiativphase enthalten angesehen. Wenn ich dennoch eine besondere Information vorsehe, dann hat das auch besondere Gründe: Als sehr bedeutsam sehe ich an, dass neben dem ETWAS-Lernen immer auch das LERNEN-LERNEN selbst gelernt wird, das, was heute als Methodenkompetenz bezeichnet wird, gefördert wird. Um sie zu fördern, muss Lernenden so oft wie möglich Gelegenheit zu selbstständiger gezielter Informationssuche gegeben werden. Und das sollte hier geschehen. Die Notwendigkeit selbstständiger Information über das vorgenommene Projekt durch die Lernenden sollte daher in das didaktische Bewusstsein von Lehrenden gerückt werden.

Die Information der Lernenden sollte in zwei Richtungen erfolgen: Auf der einen Seite sollte sie nach *innen* fragen. Damit ist die bisher akzeptierte Initiative gemeint. Über sie muss ein bei allen Beteiligten etwa gleicher Informationsstand erreicht werden. Worum geht es denn nun tatsächlich bei diesem Projekt (das bisher ja doch überaus emotional behandelt worden sein könnte)? Was soll behandelt, was soll hergestellt werden? Wo ist es angesiedelt? Auf was soll/will man sich einlassen? Usw. Auf der anderen Seite sollte sie nach *außen* fragen. Damit sind alle noch frei assoziativ oder auch schon gerichtet erfolgenden Überlegungen gemeint. Dazu gehören letztlich alle schon zu diesem Zeitpunkt einbringbaren mit dem Projekt verbundenen Informationen. Alle Beteiligten sollten Zeit und Gelegenheit haben, die ihnen nötig erscheinenden – auch in Frageform – und greifbaren Informationen einzubringen. Gesammelt werden könnten sie nach Mind-map-Art an einer Wand auf Packpapier. Dort sind sie stets zugänglich, können erörtert, umgeordnet ... werden.

Um mit ROTH zu sprechen: Schön wäre es, wenn in dieser Phase die Verhakung von Lernenden und Problem so unausweichlich würde und einträte, dass nunmehr tatsächlich eine existentielle Verschmelzung bis zum Projektende bestünde[16].

Lehrern sei noch gesagt: Vorsicht! Nicht selber die Informationen einbringen! Überlegen, wie Schüler die Informationen selbst finden und besorgen können! Allenfalls beraten, wo, wie ... man sich gewöhnlicherweise oder im besonderen Fall Informationen besorgen kann, und Informationsquellen bereitstellen.

↓

Planungsphase

Phasenziel:
Ein Plan für den weiteren inhaltlichen und formalen Verlauf des Projekts liegt vor!

Didaktischer Kommentar:
Diese Phase dürfte die didaktisch wohl bedeutsamste sein. Hier wird die allgemeine Handlungsfähigkeit der Beteiligten ganzheitlich gefordert:

- Bei der Planung spielen selbstverständlich *fachlich-sachliche Gesichtspunkte* eine wesentliche Rolle. Gegen fachlich-sachliche Erkenntnisse kann keine passende Planung erfolgen. Die Schüler müssen sich um sachgerechte Entscheidungen bemühen, lernen so Widerstände und Hindernisse kennen, ahnen oder erkennen die Struktur der Wirklichkeit am Beispiel. Aus dieser auf das vorgesehene Produkt gerichteten

[16] Vgl. dazu ROTH, HEINRICH, Die »originale Begegnung« als methodisches Prinzip. In: Pädagogische Psychologie des Lehrens und Lernens, 4. Aufl., Hannover 1960, S. 116 ff

Planung erwächst ein Ablaufplan für die Produktionsphase. Der endgültige Plan sollte in aufeinanderfolgenden Schritten enthalten:
- die Arbeitsschritte
- die Arbeitsform
- die Arbeitsmittel.

Dieser Plan sollte zunächst mit Hilfe von Karteikarten (Meta-Plan o. Ä.) – wegen der damit möglichen flexiblen Umstellung – erstellt werden. Dabei sind alle Schüler an der Zusammenstellung beteiligt. Schließlich kann man den Plan auf normale DIN-A4-Bögen übertragen lassen; solche Bögen kann der Lehrer durchaus als Formbögen vorgeben, wenn das die *Sache* zulässt.

- *Soziale Gesichtspunkte* spielen hier ebenfalls eine sehr wichtige Rolle. Denn zu planen ist auch, wie zusammengearbeitet werden soll – alles in Gruppe? – in Gruppen? – im Wechsel? – wer mit wem? Sowohl der planerische kommunikative Umgang miteinander als auch die dann später geschaffene Sozialform fördern so die eine oder andere Art sozialer Beziehungen. Hier in der Planung werden soziale Gesichtspunkte auch bewusst erfahren, zum einen dass sie berücksichtigt werden müssen, zum anderen wie man sie berücksichtigen kann und dass man hier steuern kann.
- *Methodische Einsichten* werden geradezu zwangsläufig gewonnen, wenn bei der Planung nötig werdende Informationen einzuholen sind. Vor allem aber wird die Planungsfähigkeit gefördert. Schüler lernen so, sich Ziele zu setzen, deren Realisierungsmöglichkeiten abzuschätzen, indem sie sie auf ihr eigenes Vermögen beziehen. Solche *Handlungssteuerung* verlangt hohe intellektuelle Fähigkeiten, man spricht geradezu von *intellektueller Handlungsregulation*[17] – bevor real gehandelt wird, wird zunächst das Handlungsschema in Gedanken vorweggenommen und auf seine Realisierungsmöglichkeit hin abgeschätzt.
- *Moralische Gesichtspunkte* rücken oftmals nicht von selbst in den Blick von Schülern. Sie sind meiner Erfahrung nach zumeist zu sehr auf bloß funktionalistisches, auf effizienzversprechendes Handeln ausgerichtet, es sei denn das konkrete Projekt schreit geradezu nach moralischer Beurteilung, bevor man sich darauf einlässt. Ist das aber nicht der Fall, so müssen Lehrer die moralische Dimension in die Planung einbringen; nun aber nicht mit dem bewussten pädagogischen Zeigefinger, sondern durch vorsichtige zusätzliche Informationen, die als Impulse zu moralischen Überlegungen anregen können.

---

[17] Vgl. bes. HACKER, WINFRIED, Arbeitspsychologie, Bern – Stuttgart – Toronto 1986

Die Planung sollte sich auf jeden Fall auch auf die *Verifikationsphase* beziehen, um bereits hier festzulegen, woran man meint, den Erfolg der *Produktionsphase* ablesen zu können. Wie soll späterhin die Verifikation erfolgen? Am Produkt? Am Verhalten? Durch Funktionskontrolle, Sichtkontrolle, Messkontrolle o. Ä.?

Didaktische Schwierigkeiten für Lehrer dürften sich vor allem daraus ergeben, dass sie hier nicht führend, sondern nur als Partner mitmachen dürfen, wenn anders die angestrebten Ziele gefördert werden sollen. Außer dass sie Vorbereitungen treffen können, damit Schüler selbstständig planen können, ist ihre Rolle hier die des Experten auf Abruf: Nicht aufdrängen, sondern abwarten und bereitstehen! Aus pädagogischer Verantwortung wie aus der Aufsichtspflicht folgt für Lehrer, dass sie – bei aller pädagogisch und didaktisch gebotener Zurückhaltung – die Planung aufmerksam verfolgen müssen, um Auswüchsen entgegenwirken und Gefahren abwehren zu können. Ob eine ausdrückliche Freigabe des Planes durch Lehrer nötig wird, hängt wohl vor allem davon ab, mit welchen Risiken das Projekt belastet ist.

So wie ein Plan auf die Informationsphase zurückverweisen kann, weil während der Planung neue Gesichtspunkte und Informationen auftauchen und Änderungen notwendig machen, so ist auch der Plan als einer auf Widerruf aufzufassen, der modifiziert werden muss, wenn er sich in der folgenden Produktionsphase doch nicht umsetzen lässt.

↓

Produktionsphase

Phasenziel:
Das angezielte Produkt wird hergestellt und liegt vor!

Didaktischer Kommentar:
Im Grunde genommen, ist dies die selbstverständlichste Phase beim Projektlernen. Was initiiert, worüber sich informiert, was geplant wurde, wird nunmehr durch reales Handeln verwirklicht. Dabei sollte das Handeln so eng wie möglich am aufgestellten Plan entlang erfolgen. Wo allerdings bisher nicht ersichtliche Umstände o. Ä. Änderungen des Plans nahelegen, da sollten diese auch vorgenommen werden. Solche Revisionen wirken sich überaus lernförderlich aus, vorausgesetzt dass die jeweiligen Gründe bewusst wahrgenommen und die Änderungen

bewusst vorgenommen werden. Als gutes didaktisches Mittel erweist sich hier das *Räsonieren*[18]. In vergangenen Jahrhunderten in der Erziehung eingesetzt, ging es lange Zeit verloren. Im Anschluss an die Kognitionstheorie des Lernens hat es wieder an Bedeutung gewonnen: Wo Denken und Handeln als bloß zwei verschiedene Seiten ein- und desselben Vorgangs angesehen werden, da kann die didaktisch sinnvolle Verbindung zwischen beiden Seiten durch Reden hergestellt werden[19]. Lehrer sollten darauf achten, dass Schüler in dieser Phase nicht blind aktionistisch handeln, sondern wohlüberlegt, also stets angeben können, was sie aus welchen Gründen tun. Und eben dies meint *Räsonieren*: Aus dem Denken heraus zu erläutern, was man zu handeln gedenkt; das reale Handeln sprachlich auf Denken zu beziehen. Lehrer sollten Schüler dazu anhalten, über ihr Handeln zu reden: Was will ich tun? Was tue ich gerade? Was habe ich getan?

Der Produktbegriff, der dieser Phase ihre Bezeichnung gibt, muss noch kurz erörtert werden. Warum wird diese Phase nicht einfach als *Arbeits*phase bezeichnet? Nun, als Arbeit beispielsweise im KERSCHENSTEINERschen Sinne gilt in Pädagogik und Didaktik der gesamte Verlauf des Projektlernens; auch Information und Planung zählen zur Arbeit. Produkt meint das in dieser Phase gemäß dem Plan Herzustellende. Man darf aber nun nicht in den Fehler verfallen, darunter allein Produkte im technischen Sinne unserer Zeit zu begreifen, also z.B. den *Zeppelin*, *Apfelsaft* und *Apfelkonfekt* usw. Bereits KERSCHENSTEINER sah nicht nur im *Starenkasten*, sondern auch in der übersetzten *Ode von HORAZ* ein Produkt. So finden sich heute u.a. als Produkte des Projektlernens: die *Waldputzete*, die *Theatervorstellung*, die *Zeitung über den Nationalsozialismus in der Heimatstadt* u.a. Wichtig ist, dass in der Tat etwas hergestellt worden ist, das es so bisher noch nicht gegeben hat, ein gemeinsames Werk aller Schüler, das diese von A bis Z so gut wie möglich selbstständig entworfen und realisiert haben.

Korrekturen am Produkt müssen auch künftig noch möglich sein, wenn sich das in der Überprüfung als notwendig herausstellt.

↓

[18] Vgl. dazu, PETERßEN, WILHELM H., Kleines Methoden-Lexikon, München 1999, S. 249
[19] Vgl. bes. PIAGET, JEAN, Der Aufbau der Wirklichkeit beim Kinde, Stuttgart 1974

Verifikationsphase

Phasenziel:
Das Produkt muss als verifiziert gelten!

Didaktischer Kommentar:
Soll und *Ist* des gemeinsamen Handelns werden miteinander verglichen: Ist durch das werkbezogene Handeln tatsächlich entstanden, was entstehen sollte? Was geplant wurde? Gibt es Abweichungen vom Plan? Sind diese akzeptabel? So u.ä. lauten die Fragen hier. Und zu ihrer Beantwortung sind maßgebliche Meßtechniken einzusetzen (vgl. weiter oben).

Warum nicht *Evaluations*phase? Das wäre doch offener formuliert und entspräche dem, was hier geschieht, nämlich zu überprüfen. Ich spreche ausdrücklich von *Verifikation*, weil ich denke, es kommt hier nicht bloß darauf an, das entstandene Produkt auf seinen Ist-Zustand hin zu überprüfen und dann so zu akzeptieren. Gefragt ist vielmehr Konsequenz; das hergestellte muss dem geplanten Produkt entsprechen. Und wenn sich nunmehr herausstellt, dass dies nicht der Fall ist, dann werden eben Nachbesserungen, u. U. sogar ein ganz neuer Produktionsprozess notwendig. Es genügt nicht, auszumessen und dann das Produkt sich selbst zu überlassen. Das unterliefe die didaktisch beabsichtigte Förderung der intellektuellen Handlungsfähigkeit von Schülern; letztlich hier müssen Schüler noch einmal ihr Planungsdenken und ihr Produktionshandeln aufeinander beziehen.

Obwohl die Verifikation von den Schülern selbstständig vorgenommen werden sollte, bleibt auch Lehrern hier noch eine Aufgabe: die *Bewertung*. Gemeint ist hier nicht die penetrante Beurteilung üblicher Art, sondern die behutsame pädagogische Führung. Man nimmt zwar an, dass ein gelungenes Werk für sich selbst spräche und Schülern Belohnung und Ansporn genug sei, sie also in ihrer künftigen Motivation fördere. Das mag oftmals auch so sein. Doch in der Regel sind Rückmeldungen durch Lehrende wirkungsvoller. Lehrer sollten dabei aber nicht das Produkt werten, sondern die Schüler dazu bringen, ihr eigenes Verhalten während des Projektprozesses zu reflektieren: War es angemessen? Sollte es so bleiben? Sich ändern? Wo? Fachlich? Sozial? Usw.

Präsentation und **Aktion(en)** können sich nunmehr an den bisherigen Projektverlauf anschließen, können u. U. sogar zu einem eigenständigen Projekt gemacht werden, z. B. in Form einer Schul-Ausstellung oder als Klassenaktion[20]. Da ich sie aber nicht mehr zu den essenziellen Phasen des Projektlernens zähle, will ich darauf nicht näher eingehen.

4.3 Gesamtunterricht

Fächerverbindender Unterricht ist auf keinen Fall Gesamtunterricht. Wenn er als solcher erscheint, wird gegen essenzielle Forderungen an ihn verstoßen.

Gesamtunterricht hat mit Fächern gar nichts zu tun; er ist eine vorfachliche Organisation von Unterricht. Im Grunde genommen ist er kein schulischer, sondern ein *häuslicher Unterricht*, wie sein Begründer B. Otto ausdrücklich betonte. Bevor dieser 1908 erstmals öffentlich einen Gesamtunterricht neben dem Fachunterricht verlangte, hatte er bereits viele Jahre lang zahlreiche Aufsätze über die von ihm als natürlich empfundene Erziehungsform veröffentlicht: die Hauserziehung im Rahmen der Familie[21]. Als *häuslichen Unterricht* bezeichnete er auch die beim Zusammensein von Familien stattfindenden Gespräche, in denen in völlig ungeplanter und ungeordneter Weise einzelne Themen zur Sprache kamen und in denen dann die Wissenden den Unwissenden deren Fragen so gut beantworteten wie sie das konnten. Den täglichen Tischkreis der Familie machte er denn auch zum Vorbild für den Schulunterricht: Im sog. *freien Gesamtunterricht* wurden bei ihm Fragen jeglicher Art aufgegriffen und in frei-assoziativer Folge von allen Beteiligten beantwortet. Da ihm die Nachteile eines solchen freien Gesprächs durchaus bekannt waren, ergänzte er den freien um den *gebundenen Gesamtunterricht*, bei dem zwar wiederum Fragen der Kinder am Anfang standen, diese aber gezielt aufgegriffen und die Beantwortung durch sanfte Lehrerlenkung in ordentliche Bahnen gelenkt wurde.

Aus psychologischen Annahmen heraus wurde der Gesamtunterricht späterhin u.a. von J. Wittmann gefordert[22]. Er war Anhänger einer Ganzheitspsychologie, die für Lernen vor allem forderte, von Ganzheiten auszugehen und diese allmählich analytisch zu zerlegen, um dann wiederum durchstrukturierte Ganzheiten aufzubauen: »Unter Gesamtunterricht ist dabei ein solcher Unterricht zu verstehen, der von echten, dem Erleben des Kindes nahen Sinnganzen ausgeht, der es ermöglicht, die ganze Klasse an der Verarbeitung dieser Sinnganzen eine längere Zeit tätig sein zu lassen, der es endlich gestattet, die Kinder ihrer Artung und persönlichen Leistungsfähigkeit

[20] Vgl. dazu Wöhl, H., Ausstellungen im Schulleben. In: Schulmagazin 5 bis 10, H. 2, 1996, S. 53–56
[21] Otto, Berthold, Hauslehrerbestrebungen, 1905
[22] Wittmann, Johannes, Theorie und Praxis eines ganzheitlichen Unterrichts, 4. Aufl. bearb. u. hrsg. v. Müller, W., Dortmund 1967 (erstmals 1929)

entsprechend in Freiheit und auf alle Weise in engster Gemeinschaft tätig sein zu lassen« (1967, S. 136/137). Zugrunde liegt die Auffassung, Kinder würden die Wirklichkeit ganzheitlich erleben und man müsse ihrem Erleben folgen. Dabei war sich WITTMANN wohl bewusst, dass dies nur für Kinder am Beginn des Schullebens galt, »da die Kinder in ihrer Weltanschauung eine solche Trennung (Pet.: gemeint ist – in Fachbetrachtungen) noch nicht machen und sie erst allmählich erlernen sollen. Daher ist der Gesamtunterricht die natürliche Art des Unterrichts für die ersten Schuljahre« (S. 188).

Gesamtunterricht ist nicht nur eine Anpassung an die vorhandene ganzheitliche Erfahrungsfähigkeit von Kindern, sondern zugleich auch als Vorbereitung auf ein systematisches und strukturiertes Erfahren zu begreifen. Dementsprechend darf Gesamtunterricht auch keineswegs übertrieben oder gar falsch beansprucht werden, darf nach WITTMANN nicht zum »dogmatisch festgehaltenen Prinzip« (S. 188) werden: »So darf man die Behandlung eines Bildes oder eines Märchens nicht zur Gelegenheit für Rechenübungen nehmen« (S. 189).

Auch heute noch beginnt Schule mit einem ganzheitlichen Unterricht, in dem versucht wird, Phänomene der Wirklichkeit als Ganze in den Verständnis- und Gesprächshorizont von Kindern hereinzuholen und diese zu spontaner und uneingeengter Begegnung zu veranlassen, dabei aber bereits vorsichtig lenkend einzugreifen und in einem längeren Prozess die systematische Betrachtungs- und Behandlungsweise zu erreichen. Und solche Organisation, die im Grunde gar keine sein will, lässt sich durchaus auch im weiteren Verlauf des Schulbesuchs gelegentlich vornehmen, vor allem dann, wenn deutlich wird, dass Schüler in ganz besonderer Weise von einem Phänomen o. Ä. betroffen und angerührt sind. Mit fächerverbindendem Unterricht hat das aber nichts zu tun. Denn Fächer kommen erst gar nicht ins Spiel, sodass auch ihre je besondere Art – ihre spezifischen Erkenntnisaussagen und -wege – nicht wirksam werden können. Gerade das aber ist für den integrativen fächerverbindenden Unterricht typisch: Er verbindet die Fächer in ihren Besonderheiten eine Zeit lang miteinander, indem er sie ein Thema, ein Ziel gemeinsam bearbeiten lässt.

4.4 Epochalunterricht

Fächerverbindender Unterricht ist kein Epochalunterricht. Dieser gehört zu den Formen gefächerten Unterrichts.

Zurückgehend auf Forderungen, die bereits bei RATKE und COMENIUS nach *progressiver* Anordnung von Lerninhalten gestellt wurden, wurde epochal besonders in der reformpädagogischen Zeit unterrichtet. In der *Waldorf-*

Schule nach STEINER wurde es zu einem bestimmenden Organisationsprinzip neben anderen. Unter Beibehaltung der Fächer soll Epochenunterricht das tägliche bloß häppchenweise Lernen zugunsten eines auf bestimmte fachliche Inhalte zentrierten Lernens überwinden. Dabei tun sich mehrere – in ihrer thematischen Art oftmals verwandten – Fächer zusammen und geben die verfügbaren Unterrichtsstunden in einen Pool. Statt nun wie üblich alle Fächer mit Anteilen daraus zu versehen, werden jeweils nur einem Fach alle Stunden für einen bestimmten Zeitraum zur Verfügung gestellt, in der Regel über zwei bis vier Wochen. An die Stelle fachlichen Nebeneinanders tritt somit ein fachliches Nacheinander.

Folge solcher fachlichen Konzentration ist oft, dass Epochalfächer zu Leitfächern für den gesamten Unterricht werden. Die quantitative Massierung wirkt sich dabei offensichtlich steuernd auf andere Fächer und Lehrer aus, die sich thematisch anzukoppeln versuchen. Epochalunterricht hat durchaus Vorteile auf Grund seiner zeitweilig konzentriert möglichen Lernarbeit. Zugleich aber liegen darin auch seine Nachteile, weil nach Beobachtungen wegen der fehlenden kontinuierlichen Wiederholungs- und Übungsmöglichkeiten – wenn ein Fach für recht lange Zeit durch andere abgelöst wird – das Behalten und die Reproduzierbarkeit des Erlernten stark nachlassen.

Zeit	**Fach**	**Thema**
15.09.97 – 26.09.97	Chemie	Wasser und Wasserstoff
29.09.97 – 24.10.97	Biologie	Reizaufnahme und Informationsübermittlung im Körper
03.11.97 – 21.11.97	Physik	Der Stromkreis
24.11.97 – 19.12.97	Chemie	Kohlenstoffverbindungen

Abb. 13: Beispiel Epochenplan

5 Fächerverbindender Unterricht: Die Planung

5.1 Grundsätze

Die Planung fächerverbindenden Unterrichts muss gewährleisten, dass Vorteile des Fachunterrichts erhalten bleiben!

Für die übliche Organisation von Unterricht – als Fachunterricht – sprechen neben seiner langen Tradition und neben seinen administrativen Vorteilen – er lässt sich bei unseren schulischen Bedingungen leicht handhaben, z. B. bei der Stundenplanerstellung – offenbar auch noch weitere Gründe. Und zwar werden in der Regel vor allem drei – in sich verwobene – Argumente dafür vorgetragen:

- *Erstens* wird darauf hingewiesen, dass erst durch die fachliche Systematik auch die Fähigkeit zu systematischer Wirklichkeitssicht bei Heranwachsenden ausgebildet wird. Unterrichtsfächer gehen letztlich auf die Fachwissenschaften zurück. Fachwissenschaften ihrerseits sind die Folge eines langen Prozesses der Aufgliederung menschlicher Bemühungen um Erkenntnis der globalen Wirklichkeit. Erst die Ausdifferenzierung der anfangs rein philosophischen Erkenntnisbemühungen in zahlreiche spezifische Zugriffe auf die Wirklichkeit hat außer zu gewaltiger Zunahme menschlicher Erkenntnisse auch zu deren Präzision und Zutreffen geführt. Systematische Weltsicht hat gleichsam evidente Bedeutung für die Menschen, ist ihrer anthropologischen Grundausstattung – als verstandesausgestattet – für Welt und Wirklichkeit offenbar angemessen.

- Und hieran schließt sich *zweitens* der Hinweis auf den Vorteil wissenschaftssystematischen Vorgehens für die Welt- und Wirklichkeitsbewältigung durch den Menschen an: Was für die Menschheit insgesamt sich als überaus vorteilhaft erwiesen habe – die Organisation von Erkenntnisbemühungen in einzelnen wissenschaftlichen Disziplinen –, müsse für den einzelnen Menschen und seine maßgeblichen Bemühungen ebenfalls überaus vorteilhaft sein. Solche Parallelisierung von Erkenntnisbemühungen – ein bloßer Analogieschluss – hat als bedeutsames Argument vor wenigen Jahrzehnten dem Konzept wissenschaftsorientierten Unterrichts zugrunde gelegen.

- Wo hier möglicherweise zweckrationale Annahmen hypostasiert wurden, nimmt *drittens* eine umfassendere Begründung pädagogische und bildungstheoretische Auffassungen über den Wert fachlich organisierten Unterrichts auf. Das einzelne Fach wird hier nicht mehr isoliert gesehen, seine unterrichtliche Bedeutung nicht mehr nur auf das Fach für sich zurückgeführt, sondern das Fach als Folge menschlicher Erkenntnisbemühungen in Verbindung gebracht mit den durch solche Erkenntnisorganisation zwangsweise auch immer eintretenden Erkenntnisfolgen, insbesondere den daraus resultierenden Erkenntnisbeschränkungen. Und da ist es besonders WAGENSCHEIN gewesen, der den Fachunterricht nicht überwinden, sondern überhöhen wollte. Am Fachinhalt soll über diesen selbst hinaus das Fach insgesamt erkennbar werden und weiterhin über das Fach hinaus Einsicht in menschliches Erkenntnisvermögen und dessen Begrenztheit getan werden. Beibehaltung des Fachunterrichts, der aber konsequent zu ganzheitlicher Bildung fortgeführt werden sollte, das ist das wohl bisher entscheidendste Argument für die Beibehaltung des Fachunterrichts gewesen.

Nicht eines dieser drei Kernargumente allein, sondern sie alle zusammengefasst, sprechen für die Beibehaltung des gefächerten Unterrichts, vorausgesetzt es gelingt, ihn in der hier angenommenen Weise fruchtbar werden zu lassen. Fachunterricht sollte so angelegt sein, dass er

- *erstens* Heranwachsende zu systematischer Sicht,
- *zweitens* zu ebenso systematischer Bewältigung von Welt und Wirklichkeit befähigt und
- *drittens* zur Widerspiegelung des Erkenntnisvorgangs auf sich selbst anleitet.

Ein Modell für die Planung fächerverbindenden Unterrichts muss gewährleisten, dass diese Möglichkeiten des Fachunterrichts mit in die Planung aufgenommen und so für den vorgesehenen Unterricht aufbereitet werden können.

Die Planung fächerverbindenden Unterrichts muss gewährleisten, dass gravierende Nachteile des Fachunterichts überwunden werden!

Trotz der langen Tradition gefächerten Unterrichts hat es zu allen Zeiten auch Zweifel an seiner pädagogischen Wirksamkeit gegeben. Besonders in der kindzugewandten Reformpädagogik wurde der Stachel gegen Fachunterricht eingesetzt. Argumentiert wurde vor allem damit, dass die Wirklichkeit der Kinder und späteren Erwachsenen nicht dieselbe wie die der Wissenschaftler sei, oder einfacher: dass durch Unterrichtsfächer das Wissen über Welt und Wirklichkeit zersplittert, kästchenweise, oft sogar gegeneinander abgeschottet u. Ä. vermittelt würde, wohingegen Welt und Wirklichkeit einheitlich, ganzheitlich, komplex u. Ä. seien und auch so erlebt würden. Wo es um Bewältigung von Welt und Wirklichkeit gehe, lasse Fachunterricht die Heranwachsenden *im Regen stehen*; angesichts ganzheitlich-komplexer Lebensprobleme müsse der Einzelne seine ihm vereinzelt und unzusammenhängend vermittelten Kenntnisse selbst bündeln und auf das jeweilige Problem fokussieren. Darauf werde er durch Fachunterricht ungenügend vorbereitet. Auch Anhänger des Fachprinzips müssen diese Argumentation anerkennen und sind so gezwungen, nach Abhilfen zu suchen. Fächerverbindender Unterricht als ein *mittleres Prinzip* zur Organisation von Unterricht soll die Vorteile des Fachunterrichts bewahren und seine Nachteile überwinden, zumindest mindern helfen. Er muss mithin auf eine ganzheitlich-komplexe Weise an Welt und Wirklichkeit heranführen, anders ausgedrückt: er muss Begegnungen solcher Art absichern.

Damit die Organisation des Unterrichts auch entsprechend erfolgt, ist in der Planung wesentliches Augenmerk darauf zu legen. Und zwar genügt es hierfür nicht, nach einer wie bisher fachorientierten Planung von Lernzielen und -inhalten nur allein das Arrangement des Lehr- und Lernprozesses, also nur allein die Frage des Weges, der Methode, gemeinsam anzugehen. Zwar muss von Beginn aller Planung an bewusst auf ein Arrangement zugesteuert werden, das ein ganzheitlich-komplexes Lernen zulässt, darüber hinaus aber muss bereits von Anfang an in allen Planungsdimensionen gemeinsam verfahren werden. Ein Planungsmodell für fächerverbindenden Unterricht muss ausweisen, wo und unter welchen Fragestellungen die beteiligten Lehrenden zusammenarbeiten.

Die Planung fächerverbindenden Unterrichts muss gewährleisten, dass dieser Unterricht mehr ist als eine reine additive Zusammenführung einzelner Unterrichtsfächer!

Unterricht für einen bestimmten Zeitraum unter ein Thema, ein Problem, eine Situation zu stellen, wozu dann alle unterrichteten Fächer einen ihrer traditionellen Beiträge leisten, löst die Forderung nach Beibehaltung der Vorteile und Überwindung der Nachteile des Fachunterrichts nicht ein. Dabei schaut allenfalls ein durchaus interessanter und zentrierter Unterricht heraus, doch bleiben die Beiträge einzelner Fächer in der Regel unverbunden nebeneinanderstehen. Das Thema beispielsweise bildet dabei durchaus einen didaktischen Kitt, sodass oberflächlich der Eindruck eines vernetzten und sehr gefälligen Unterrichts entstehen kann. Doch zur Legitimation reicht das nicht aus. Pädagogische Legitimation kann ausschließlich vom Standpunkt der betroffenen Lernenden aus erfolgen. Also müssen pädagogische Überlegungen angestellt werden, die dazu führen, dass Fachbeiträge integrierenden Charakter erhalten, d.h. für sich zwar wahrnehmbar und auch legitimierbar bleiben, doch darüber hinaus geradezu essenzielle Bausteine für Bildung und Erziehung der Heranwachsenden sind.

Ein Planungsmodell für fächerverbindenden Unterricht muss sicherstellen, dass alle Fachbeiträge unter eine leitende Zielsetzung gestellt werden und ihre Berechtigung von hier aus erfahren. Es muss dazu anleiten, einen Begründungszusammenhang für alle Einzelentscheidungen über Unterricht zu vereinbaren und einzuhalten.

Die Planung fächerverbindenden Unterrichts muss gewährleisten, dass ein der Situation entsprechendes Lehr-Lern-Arrangement getroffen wird!

Für fächerverbindenden Unterricht gibt es nicht nur ein methodisches Konzept, sondern es bieten sich alle möglichen Lehr- und Lernformen an, sofern sie nur den impliziten Zielsetzungen dieser Unterrichtsorganisation sowie den expliziten Zielen der jeweiligen Unterrichtseinheit entsprechen. Zu oft findet man in der Praxis Vorentscheidungen methodischer Art, zu oft wird beispielsweise gleich von Anfang an mit der Absicht zusammengearbeitet, einen *Projektunterricht* zu installieren. Ob aber dieser oder ein ganz anderes methodisches Arrangement als erfolgversprechend in Frage kommt und zwischen den Beteiligten vereinbart werden sollte, lässt sich nur angesichts der gesamten Situation und den für diese bereits getroffenen Entscheidungen – über z. B. besondere Ziele, Strukturierung des Themas – beurteilen.

Ein Planungsmodell für fächerverbindenden Unterricht muss deshalb unbedingt die Frage der Unterrichtsmethode solange offenhalten wie nötig und muss die Beteiligten anleiten, sich um ein situationsgerechtes Lehr-Lern-Arrangement zu bemühen.

Das hier im Folgenden vorgeschlagene Planungsmodell nimmt also zum einen aktuelle Postulate und auch aktuelle didaktische Lösungsvorschläge dafür auf, begreift sich aber zum zweiten auch als ein grundsätzlich offenes Modell, offen für alle Schularten und -stufen, für alle Fächer und Lehrenden, für alle ernstzunehmenden Legitimationskonzepte, für alle Arrangements, für alle Situationen.

5.2 Planungsmodell

Um die Planung fächerverbindenden Unterrichts als eine übliche, zugleich aber besondere Planungsaufgabe von Lehrern auszuweisen, wird für ihre Darstellung folgende Systematik gewählt:

- Erstens werden die sich bei alltäglicher Unterrichtsplanung stellenden Planungs*felder* aufgelistet. Diese werden aus pragmatischen Gründen in eine Schrittfolge gebracht, sodass auch von Planungs*schritten* oder *-phasen* gesprochen werden kann.
- Zweitens wird die für Planung fächerverbindenden Unterrichts wichtige *Beteiligung von Lehrern* geklärt.
- Drittens werden die in den einzelnen Planungsfeldern anfallenden Planungs*aufgaben* und *-tätigkeiten* vorgestellt und im Einzelnen erörtert.

5.2.1 Planungsfelder / Planungsphasen

In allen didaktischen Modellen für die Unterrichtsplanung finden sich einzelne Planungsfelder und -phasen, und zwar jeweils in Anlehnung an die besonderen verwendeten Kategorien für das didaktische Geschehen. Dabei fällt auf, dass trotz mancher Unterschiede im Grunde genommen immer wieder dieselben Felder gemeint sind. Vorweg die für notwendig gehaltenen fünf Planungsfelder/-phasen in der Übersicht:

1

Initiative
(Starten fächerverbindenden Unterrichts durch Themenvorgabe bzw. -vereinbarung)

↓

2

Bedingungen
(Erfassung aller Bedingungen und ihre Analyse auf mögliche Auswirkungen)

↓

3

Ziele
(Bestimmung, Legitimation, Formulierung übergeordneter Zielsetzung)

↓

4

Inhalte/Themen
(Auswahl und Strukturierung der maßgeblichen Fachbeiträge)

↓

5

Lehr-Lern-Arrangement
(Entscheidung über Methoden + Medien + Sozialformen)

Abb. 14: Auf fächerverbindenden Unterricht bezogene Planungsfelder

Es sei gleich hier davor gewarnt, die Phasenfolge als eine strikt einzuhaltende und in immer derselben Anordnung zu bearbeitende Vorgehensweise zu begreifen. Erfahrungen zeigen, dass sich eine solche Folge von Planungsaktivitäten anbietet, weil man durch sie in der Regel die gesamte Planung mit geringstem Aufwand und effizient vornehmen kann. Doch grundsätzlich ist Planung ein Prozess, bei dem eigentlich alle Felder gleichzeitig in den Blick genommen werden müssten, weil sie alle in einem interdependenten Zusammenhang stehen, sodass Entscheidungen in einem Feld sich simultan auf alle anderen auswirken können. Und das würde z.B. verlangen, nach jeder neuen Entscheidung alle bisher schon getroffenen zu überprüfen und erneut zu treffen. Da eine solche ständige Rückkoppelung aber aus einsichtigen Gründen einfach unmöglich ist, genügt es, sich bei allem linearen Fortschreiten immer wieder der faktischen Vernetzung aller Entscheidungen in allen Feldern bewusst zu sein und bei erkennbar eintretenden Widersprüchen oder auch bloß großen Reibungsverlusten alle Entscheidungen neu aufeinander abzustimmen.

5.2.2 Beteiligung von Lehrern

Fächerverbindender Unterricht wird stets von mehreren Lehrern erteilt werden müssen, abgesehen möglicherweise vom Unterricht in den ersten Grundschulklassen. Das erfordert, in einem Planungsvorschlag auch darüber etwas auszusagen, wie die Lehrer an den einzelnen Planungsfeldern beteiligt sind, ob immer alle, nur einige oder gar nur einer allein ein Planungsfeld zu bearbeiten hat. Vorgeschlagen wird folgende Beteiligung:

1

Initiative
Alle am Thema beteiligten Lehrer
(u. U. aber nur der Klassenlehrer oder bes. Fachlehrer)

↓

2

Bedingungen
Alle am Thema beteiligten Lehrer

↓

3

Ziele
Alle am Thema beteiligten Lehrer

↓

4

Inhalte/Themen
Lehrer eines Faches
(einzeln oder in einer Gruppe)

↓

5

Arrangement
Methoden/Medien/Sozialformen
Alle am Thema beteiligten Lehrer

Abb. 15: Beteiligung der Lehrer an der Planung

- Über die *Rahmenbedingungen* der vorgesehenen fächerverbindenden Unterrichtseinheit müssen alle beteiligten Lehrer Bescheid wissen, da sie für alle didaktischen Entscheidungen zu berücksichtigen sind. Deshalb sollten auch alle an der Erfassung und Analyse der maßgeblichen Bedingungen beteiligt werden. Die Beteiligung aller Lehrer bietet zudem noch den Vorteil, dass unter Umständen eine umfassendere Erfassung und Analyse stattfinden kann, weil die Kenntnisse aller in die Waagschale geworfen werden können (*Vier Augen sehen mehr als zwei*!).

- Selbstverständlich ist, dass eine gemeinsame Vereinbarung über die *Zielsetzung* der Unterrichtseinheit getroffen wird. Nur wo alle beteiligten Lehrer sich für ein- und dasselbe Ziel bzw. einen Komplex von Zielen aussprechen, wird es auch durch später getrennt verlaufende Bemühungen zu verwirklichen sein. Hier wird der einheitliche Begründungszusammenhang für die Unterrichtseinheit erstellt. Und dieser kann nur durch einen gemeinsamen Konsens entstehen, er kann nicht oktroyiert werden. Daher müssen alle in Frage kommenden Lehrer sich an der Zielfindung und -formulierung beteiligen.

- Die Befassung mit dem *Thema* bzw. Teilthemen oder Themenaspekten, aus der die Auswahl von einzelnen Inhalten und die Strukturierung erwachsen, kann hingegen durch die jeweils zuständigen Fachlehrer oder Fachlehrergruppen erfolgen. Sicherlich wäre auch hier die gemeinsame Arbeit vorzuziehen, doch scheint mir das besonders aus Gründen zeitlichen Aufwands u. Ä. kaum möglich zu sein. Zudem erfolgt, wie später noch dargestellt wird, ein Informationsausstausch, bei dem mögliche Interpretationsunterschiede u. Ä. aufgegriffen werden können.

- Was die abschließende Planung des *Lehr-Lern-Arrangements* angeht, so sollten die Lehrer zwar zunächst nach Fächern oder Fachgruppen vorgehen, doch sich nachher gegenseitig wieder so gut wie möglich informieren. Nur dadurch scheint mir möglich zu werden, dass weder einseitige Methodenkumulationen zu methodischer Schlagseite der Unterrichtseinheit führen noch methodische Dysfunktionalitäten, hier: sich gegenseitig aufhebende Maßnahmen, sich einstellen können. Methodenvielfalt ist geboten und kann so in der Planungsphase auf Zielsetzungen und Inhalte abgestimmt und untereinander vereinbart werden.

5.2.3 Planungsaufgaben und -tätigkeiten

Die in den Planungsfeldern bzw. -schritten anstehenden Planungsaufgaben und -tätigkeiten werden schrittweise dargestellt und – wo nötig – kurz erläutert. Auch hier werden übersichtliche und verkürzende Darstellungsformen gewählt, die eine schnelle Information ermöglichen.

1

Initiativ-Phase (Themenfindung)

Alle am Thema beteiligten Lehrer

Planungsziel

Einigung auf ein übergeordnetes Thema für die fächerverbindende Unterrichtseinheit.

Bei fächerverbindender Planung muss zwangsläufig jemand zuallererst die Initiative ergreifen und das Startsignal für die Einleitung fächerverbindenden Unterrichts geben. Von alleine tut sich hier mit Sicherheit gar nichts; der Unterricht würde ohne Initiative wahrscheinlich in gewohnter Art weiter dahindümpeln. Das Startsignal ist inhaltlich zugleich verbunden mit der jedem Unterricht vorhergehenden Themenfindung und -bestimmung. Diese erhält hier besonderes Gewicht, weil sich mehrere Lehrer darauf einigen müssen, also zusätzlich noch ein Konsens-Akt erforderlich wird.

Themen für fächerverbindenden Unterricht sind zum Teil in Lehrplänen bereits vorgegeben, wie z. B. in den seit dem Schuljahr 1994/95 geltenden Bildungsplänen für Baden-Württemberg, wo bis zu fünf solcher Themen angegeben sind. In solchen Fällen muss in der Initiativphase vor allem eine Übereinkunft darüber herbeigeführt werden, welches der Themen gemeinsam verfolgt und verwirklicht werden soll. In allen Fällen hingegen, wo keine verbindlichen oder anratenden Vorgaben vorhanden sind, stellt die gemeinsame Themenfindung einen überaus bedeutsamen Schritt bei der Planung fächerverbindenden Unterrichts dar. Dabei geht es darum, dass alle Beteiligten sich auf ein Thema einigen, das sie alle für wünschenswert und umsetzbar erachten. Das Thema sollte so eindeutig, wie das zu diesem frühen Zeitpunkt möglich ist, umrissen und auch formuliert werden. Nur durch eine eindeutige Vorgabe kann auch der maßgebliche Zweck eingehalten werden, nämlich für alle Beteiligten in allen Phasen und allen Bereichen der anstehenden Unterrichtseinheit zum Maßstab aller Bemühungen zu werden. Dass dies in folgenden Planungsschritten möglicherweise auftretende Änderungsnotwendigkeiten oder -wünsche nicht ausschließt, vielmehr erst durch seine Eindeutigkeit möglich macht, dürfte heute didaktisches Allgemeingut geworden sein.

Realistisch betrachtet, wird im Schulalltag entgegen solch idealtypisch gedachten gemeinsamen und diskursgestalteten Starts zumeist die Initiative zum fächerverbindenden Unterricht von einem Lehrer, in der Regel vom

Klassenlehrer oder Lehrer eines besonders in Frage kommenden Faches, ausgehen müssen. Wenn Themen im Lehrplan vorgegeben sind, sollte es jener Lehrer sein, zu dessen Fach ein Thema besonders hohe Affinität aufweist. Wo beispielsweise das Thema »*Berliner Republik*« angeraten wird, da wäre sicherlich der Lehrer für Geschichte oder für Gemeinschaftskunde / Politik besonders angesprochen. Wo aber aus dem aktuellen Klassen-Leben heraus ein Thema gewünscht wird, da ist der Klassenlehrer gefragt. Der jeweils initiatorisch tätige Lehrer sollte sich von Anfang an darauf einstellen, dass mit bloßer Initiative seine besondere Aufgabe noch nicht beendet ist. Er sollte sich darüber im Klaren sein, dass in der Regel alle Beteiligten unausgesprochen von ihm erwarten, dass er nunmehr auch weiterhin die Moderation in Händen hat und dass von ihm, sollte das aus Gründen von Beziehungsstörungen notwendig werden, auch Schlichtungen verlangt werden. Initiator und Moderator und Schlichter, das sind Rollen, die wahrzunehmen sind.

Planungsaktivitäten

Vereinbarung auf das zentrale Thema, das in Übereinstimmung mit dem Erziehungs- und Bildungsauftrag der Schule, der Schulart, des Jahrgangs sowie der Fächer stehen muss. Die Vereinbarung kann nur in einem Diskurs aller Beteiligten herbeigeführt werden, wenn auch der erste Anstoß dazu – der Start – von einem einzelnen Lehrer ausgelöst werden kann. Pädagogisch wünschenswert wäre, wenn auch Schüler daran beteiligt würden. Im Grunde genommen werden hier jene Aktivitäten schon erforderlich, die in dieser Darstellung erst im Zusammenhang mit der Zielplanung expliziert werden.

Unerlässlich ist, dass sich hier alle Lehrer über den genauen Standort des Themas informieren und seine Beziehungen zu anderen Themen im Lehrplan u. Ä. kennen. Auf keinen Fall darf ein fächerverbindendes Thema für sich und isoliert stehen bleiben, so wie das oftmals mit auferzwungenen Projekten der Fall ist. Fächerverbindende Unterrichtseinheiten stehen im Kontext von Fächern, von Schuljahren, Schularten und ihren Aufträgen. Allerdings gehört die Erkundung solcher Daten besonders in die nächste, die zweite Planungsphase.

Planungsergebnis

Dokumentation des Themas in eindeutig-verbindlicher Formulierung.

2

Bedingungen
Alle am Thema beteiligten Lehrer

Planungsziel

Bestmögliches Erfassen, Erkennen, Analysieren aller Umstände, Voraussetzungen, Faktoren, die sich möglicherweise auf den beabsichtigten Unterricht auswirken können. Bestmögliche Kenntnis ihrer voraussichtlichen Wirkungen auf den vorgesehenen Unterricht. Bedeutsam ist auch, dass man neben den vorfindbaren Bedingungen sich auch solche verdeutlicht, die man zuallererst schaffen muss, um mit fächerverbindendem Unterricht beginnen zu können.

Planungsaktivitäten

- **Lehrplanaussagen zum fächerverbindenden Thema**

Unterricht in Schulen findet nun einmal nicht im luftleeren Raum statt, sondern ist aus einsichtigen Gründen an Lehrplanvorgaben zu orientieren und anzubinden. Dies umso mehr, wo Landes-Lehrpläne ausdrücklich fächerverbindende Themen vorschreiben, wie dies beispielsweise bei den *Bildungsplänen* in Baden-Württemberg der Fall ist, in denen jahrgangsweise bis zu fünf solcher Themen zu finden sind. Man erkundet hier gleichsam den gesetzlich-administrativen Rahmen für die fächerverbindende Unterrichseinheit, und zwar sowohl die konkreten inhaltlichen Forderungen wie auch den Lehrern hier mögliche Spielräume. Wiederholungen von Gedanken aus der Initiativ-Phase treten zwangsläufig ein.

- Jahrgangszuordnung
  Welchem Klassenjahrgang ist das Thema zugeordnet? Welchem lässt es sich am besten zuordnen? Welches der zugeordneten maßgeblichen Themen sollte aufgegriffen werden?
- Zielsetzung
  Ist dem Thema bereits vonseiten des Lehrplans eine bestimmte Zielsetzung beigegeben oder steht sie im Belieben der Planenden? Wie ordnet sich das fächerverbindende Thema der Zielsetzung des Faches oder Lernbereichs, der Fächergruppe dem jahrgangs- oder stufenspezifischen Auftrag (besonders bei zeitlich horizontal angeordneten Bildungsplänen) ein?
- Aspekte des Themas
  Sind Aspekte des Themas zusätzlich angezeigt oder gar verbindlich gemacht? Welche? In welche Fächer verweisen sie? Wo müssten sie fachintern aufgegriffen werden? Welche müssen unbedingt durchgehend eingenommen werden?

- Hinweise
  Finden sich zusätzliche Hinweise auf Erfahrungen, weitere Intentionen der Lehrplangestalter, auf andere Planungsdimensionen und -felder usw.?
- Lehrplanbezüge
  Werden Fächerverweise gemacht? Liegt möglicherweise eine Spiralanordnung vor, die zu Rückblicken und Vorausschauen in den Lehrplan zwingt? Welche Form weist der Lehrplan überhaupt auf? Welchen Grad an Verbindlichkeit hat er?

- **Allgemeine dauerhaft wirksame Voraussetzungen**

Es gibt Voraussetzungen, die nicht rein situativer Art sind und sich *hic et nunc* auswirken können, sondern über längere Zeit hinweg bedingungssetzend sind. Möglicherweise sind sie schon früher einmal erfasst worden; dann aber kommt es noch immer darauf an, sie in Bezug zum besonderen Thema zu setzen und ihre Auswirkungen darauf zu reflektieren.

– Schulsystemebene
(z. B. besonderer Erziehungs- und Bildungsauftrag der Schulart, -stufe u. Ä.)
Lehrplänen sind in der Regel präambelähnlich die aus den jeweiligen Schulgesetzen der Bundesländer entnommenen Aufgaben von Schulen vorangestellt. Dabei wird oft unterschieden zwischen den allgemeinen Erziehungs- und Bildungsaufträgen, die das Schulgesetz allen allgemeinbildenden Schulen vorschreibt, und den besonderen Erziehungs- und Bildungsaufträgen, die den einzelnen Schularten oder Schulstufen aufgegeben sind. Alle schulischen Maßnahmen müssen sich letztlich um Erreichung dieser Zielsetzungen bemühen. Demnach ist auch das fächerverbindende Thema auf seine zielerreichenden Möglichkeiten hin abzuklopfen. Sein Stellenwert für Erziehungs- und Bildungsauftrag der Schule ist so genau wie nur möglich zu bestimmen und festzuhalten.

– Schulebene
(z. B. räumliche Lage und Ausstattung; Lehrerressourcen)
Die in der Regel von allen Beteiligten für hinlänglich bekannt gehaltenen Schul-Bedingungen sind hinsichtlich ihrer möglichen positiven wie einengenden Wirkungen bei Durchführung des besonderen Themas zu durchdenken. Das sollte so konkret wie nur möglich geschehen, denn eine in Gedanken vorwegnehmende Behandlung des Themas geschieht jetzt zu diesem Zeitpunkt; was jetzt nicht geklärt wird, kann sich später unversehens und unter Umständen außerordentlich nachteilig auswirken. Man sollte nicht vergessen: Bekanntermaßen *steckt der Teufel im Detail*! Schludereien und Nachlässigkeiten an dieser Stelle rächen sich späterhin. Das kann sicher auch nicht nur am grünen Tisch vor sich gehen; man wird sich sicherlich in verschiede-

ne Räumlichkeiten, in Mediensammlungen usw. begeben müssen, um konkrete Kenntnisse zu erlangen. Man wird Lehrerinteressen, -bedürfnisse, -wünsche einholen müssen; man wird offen miteinander umgehen müssen …

– Klassenebene
(z. B. Schülerpotential; Raum- und Materialressourcen)
Alle über die beteiligten Lernenden einholbaren Informationen sind auch einzuholen. Dabei werden einerseits die realen Fakten aufbereitet: Zahl, Alter, Verteilung … der Schüler; Ausstattung der verfügbaren Räumlichkeiten usw. Andererseits wird es oft sicher auch darauf ankommen, hier geradezu zwangsläufig ins Spiel kommende Vorurteile – mögen sie nun positiver oder negativer Art sein – rational aufzuarbeiten, damit sie sich nicht doch ungewollterweise auswirken.

- **Besondere kurzfristig wirksame Voraussetzungen**

Neben dauerhaft wirksamen Bedingungen finden sich auch solche, die in der Regel bloß situativ oder für bestimmte kurze Zeiträume wirksam sind oder werden können. Erfasst und reflektiert werden müssen sie auf jeden Fall, um zu vermeiden, was umgangssprachlich als *knapp daneben ist auch vorbei* ausgedrückt wird. Wenn es in den letzten hundert Jahren je Konsens über einen Sachverhalt in der didaktischen Theoriebildung gegeben hat, dann darüber, dass alles Lerngeschehen sich in je besonderen Situationen ereignet und dass dementsprechend auch alles didaktische Denken und Entscheiden dies berücksichtigen und selbst ebenso situativer Art sein muss. Das aber verlangt, die Bedingungsstruktur der Situation genau zu kennen.

– Entwicklungsstand der Schüler
(z. B. Alterserscheinungen)
Neben allgemeinen wissenschaftlich erreichten Kenntnissen über Entwicklungs-, Reifungs-, Lernstand von Schülern sollten hier Besinnungen auf gerade die Schüler erfolgen, die hier unterrichtet werden sollen. Klischees zu überwinden und sich in die momentane Befindlichkeit der besonderen Schüler hinein zu vertiefen, das stellt sich hier als Planungsaufgabe.

– Sachstruktureller Entwicklungsstand der Schüler
(Lernstatus betr. anstehenden Themas)
Noch präziser sollte der jeweils besondere Lernstatus der besonderen Schüler zu dem anstehenden besonderen fächerverbindenden Thema erhellt werden. Was genau wissen/können/wollen diese Schüler bereits im Hinblick auf diese Thematik? Daraus lassen sich dann später Konsequenzen ziehen, wie z. B. darauf, was unbedingt, was wünschenswerterweise, was gar nicht mehr … aufgegriffen und behandelt werden muss.

– Aktuelle Vorgänge
(z. B. außerhalb der Schule: Zeitströmungen; bes. Ereignisse; innerhalb der Schule: Ereignisse, Schuljahresdaten)
Es ist nicht nur notwendig, Bezug auf sie zu nehmen; es bietet auch Vorteile, sie einzubeziehen, sich auf sie zu beziehen. Das sichert einen in sachlicher Hinsicht ganzheitlichen Unterricht ab und ermöglicht, *narrative Anker* auszulegen.

Planungsergebnis

Dokumentation derjenigen Voraussetzungen, die als bedingungswirksam für den beabsichtigten Unterricht angesehen werden und deshalb von allen Beteiligten im weiteren Planungsprozess beachtet werden sollten.

3

Ziele
Alle am Thema beteiligten Lehrer

Planungsziel

Rechtfertigung, Bestimmung, Formulierung des übergeordneten Lernziels, das mit dem beabsichtigten Unterricht angestrebt wird. Der Begründungszusammenhang für die fächerverbindende Unterrichtseinheit wird gelegt.

Diese Planungsphase ist die für mich bedeutsamste für fächerverbindenden Unterricht. Hier ist durch Überlegungen und Entscheidungen einerseits, durch Zustimmungen und Verpflichtungen andererseits zu gewährleisten, dass in der Tat fächerverbindender Unterricht und nicht nur eine andere Form fachüberschreitenden Unterrichts grundgelegt wird. D.h. hier wird abzusichern sein, dass ein integrativer Unterricht angesteuert wird. Um die weiter vorne gebrauchte Sprache aufzugreifen: Hier geht es um die *pädagogische Zielsetzung*, die mit dem Thema verfolgt werden soll. Ein Thema steht durchaus unterschiedlichen Zielsetzungen offen, sodass es zuallererst im jeweils besonderen Sinne aufgeladen werden muss, hier also pädagogisch aufzuladen ist. Das Thema ›Berliner Republik‹ kann ein rein historisch-sachliches bleiben; es kann aber auch zussätzlich pädagogisch aufgeladen werden, indem an ihm ›Schüler den Wandel zur demokratischen Gesellschaft erfahren und diese als ihren sozialen Lebensraum erkennen‹. Das verwendete *Bild vom Seil*: Es geht hier darum, den Drall herzustellen, durch den die einzelnen Fäden – Fächer – geradezu gezwungen werden, sich ineinander zu verdrehen und zu verschränken, Fäden zu bleiben und doch zusammen zum Seil zu werden. Nur wenn der pädagogische Drall stark genug ist, wird er die Fächer für den vorgesehenen Zeitraum zusammenhalten können, wird er ein Abgleiten in rein additiven Unterricht verhindern können.

Planungsaktivitäten

• Bezugnahme auf den Lehrplan

Das besondere fächerverbindende Thema ist wiederum in den umfassenden pädagogischen und didaktischen Auftrag der Schule einzuordnen. In Lehrpläne sind schließlich die Ansprüche der Lernenden verantwortlich eingegangen, wenn es sich um echte Lehrpläne und nicht um bloße politische Intentionen handelt. Der erneute Bezug soll auch die Kontinuität von Unterricht aufrecht erhalten, sodass die fächerverbindende Einheit sich in den Gesamtauftrag von Schule und Unterricht einordnet. Das schließt nun aber keinesfalls aus, dass nicht doch einmal eine Zielsetzung angestrebt wird, die sich nicht so ohne weiteres einordnen ließe, sondern die vielmehr ein besonderes Tüpfelchen, geradezu ein pädagogisches Schnäppchen, setzte. Von Vorteil wäre es, wenn es hier – ganz im Sinne von WENIGER und KLAFKI (*didaktische Analyse*) – zur Einsicht und möglicherweise sogar zum Nachvollzug in die pädagogische Begründung der Lehrplangestalter für das fächerverbindende Thema käme.

Die Lehrplananalyse und -interpretation bezieht sich vor allem auf:
- besondere Zielsetzung des fächerverbindenden Themas
- den pädagogischen Auftrag des Schuljahres
- pädagogische Aufträge der beteiligten Fächer
- den pädagogischen Auftrag der besonderen Schulart oder -stufe (und der Schule überhaupt)

• Bezugnahme auf die Schüler

Fächerverbindender Unterricht soll die ausschließliche Orientierung an fachinternen Systematiken zugunsten immer auch der Anbindung an Interessen, Bedürfnissen und Befindlichkeiten der Lernenden zeitweise überwinden. Deshalb müssen Lehrplanforderungen und -vorschläge unbedingt mit eben diesen Schülerdaten abgeglichen werden. Es muss daher eine intensive Befassung mit jenen Schülern erfolgen, die vom Unterricht betroffen sind. Warum sollten sie nicht durch Teilnahme sich selbst einbringen können!? Das Thema darf nicht nur existential stehen bleiben und weiterhin erörtert werden. Das Thema muss vielmehr in einen existentiellen Bezug zu den besonderen Schülern gebracht werden! Bevor eine pädagogische Aufladung des Themas vorgenommen und ein maßgebliches übergeordnetes Ziel formuliert wird, muss eine intensive Besinnung auf die Schüler stattfinden.

- **Bezugnahme auf pädagogische/didaktische Zielkategorien**

Modelle bringen Ordnung in Denken, Reden und Handeln; das gilt auch für pädagogische/didaktische Modelle und entsprechendes Handeln. Die soeben angeführten Aktivitäten können durch Bezugnahme auf Modelle von vorneherein geordnet erfolgen, was nicht nur Zeitverlust vermeiden hilft, sondern auch professionelle Kommunikation erleichtert, wenn nämlich alle Beteiligten von denselben Vorstellungen ausgehen und sich derselben Sprache bedienen. So wird der oft unvermeidlichen Desintegration des Denkens und Redens der beteiligten Lehrer von Anfang an begegnet.

Als Beispiele für aktuelle Bezugsmodelle sei auf die drei an anderer Stelle behandelten Möglichkeiten hingewiesen:
(Man muss sich schon selbst noch einmal damit befassen!):

Exemplarischer Bezug 1: **Lernziel Handlungsfähigkeit**
(vgl. S. 63 ff)

Exemplarischer Bezug 2: **Bildungstheoretische Didaktik nach WOLFGANG KLAFKI**
(vgl. S. 60 ff)

Exemplarischer Bezug 3: **Bildung 2000 (KLEMM/ROLFF/TILLMANN)**
(vgl. S. 62 ff)

Am Ende dieser Reflexionen und Gespräche sollte eine einheitliche Vorstellung darüber entwickelt worden sein, welchen Skopus man dem Thema verliehen hat, woraufhin alle beteiligten Fächer und Lehrer arbeiten sollten. Der Drall sollte in alle Beteiligten Eingang gefunden haben und sie für den Zeitraum der Unterrichtseinheit bestimmen.

- **Bestimmung und Formulierung des übergeordneten Lernziels**

Was diese Aufgaben betrifft, so kann man hier den Vorschlägen vor allem der seinerzeitigen *lernzielorientierten Didaktik* folgen. Was wichtig ist, um den bis jetzt getroffenen Konsens über Zielsetzungen auch für die Dauer der Unterrichtseinheit wirksam sein zu lassen, ist die möglichst präzise und eindeutige Formulierung des Lernziels. Sie wird für den einzelnen Lehrer wie für Lehrergruppen, die künftig an der Einheit weiterarbeiten, gleichsam zum roten Faden, zum Maßstab, an dem sie ihre didaktischen Aktivitäten orientieren, auf Zutreffen und Gültigkeit messen können. Denn das Ziel durchzieht jeden Abschnitt, jede Dimension der Unterrichtseinheit, um diese tatsächlich zur fächerverbindenden werden zu lassen. Vor allem muss es zunächst zur Befassung mit den Lerninhalten der einzelnen beteiligten Fächer herangezogen werden, wenn diese auf mögliche Beiträge zur Zielverwirklichung hin untersucht werden. Die Formulierung muss so erfolgen, dass das Ziel zur Integrationskraft wird und aus einem bloß Fachbeiträge bündelnden einen tatsächlich fächerverbindenden Unterricht macht.

Planungsergebnis

Eindeutig formuliertes übergeordnetes Ziel der fächerverbindenden Unterrichtseinheit und der hauptsächlichen Argumente dafür.

4

Inhalte/Themen
Lehrer eines Faches

Planungsziel

Auswahl der fachspezifischen Inhalte und ihre Anordnung für den Lern-Lehr-Prozess.

Es geht hier um Klärung der von den beteiligten Fächern her möglichen Beiträge für die Erreichung des übergeordneten Lernziels sowie um ihre didaktische Ordnung. Hier muss gewährleistet werden, dass einerseits die Fächer tatsächlich integrierende Beiträge leisten, dass dies andererseits aber auch mit der üblichen fachlichen Solidität und Dignität geschieht. Das ist eine ganz besonders schwierige Aufgabe, da fachliches mit pädagogisch-didaktischem Denken in Übereinstimmung gebracht werden muss. Es fällt mit Sicherheit Fachlehrern schwer, ihr Denken und ihr Fach mit seinen Inhalten – wenn auch nur für begrenzte Zeit – in bloßer Service-Funktion für pädagogische Absichten zu wissen.

Planungsaktivitäten

- **Sich-sachkundig-machen (subjektives Wissen aneignen)**

Dass man alle didaktische Arbeit am thematischen Inhalt damit beginnt, sich erst einmal selbst sachkundig zu machen, wird zwar allgemein und uneingeschränkt anerkannt, doch lehrt die Praxis, dass dies durchaus nicht immer in der gebotenen Weise geschieht. Geboten ist zunächst einmal, sich nicht auf Informationen zu verlassen, die man über das anstehende Thema schon hat oder nur zu haben meint. Auf jeden Fall gilt es, sich soweit wie möglich, so genau wie möglich, so umfassend wie nötig neu oder erneut über das Thema zu informieren. Geboten ist auch, sich um eigenständige Informationen zu bemühen und sich nicht auf solche aus schon zweiter oder gar dritter Hand (z.B. Lehrbücher, Schulbücher) zu verlassen. Das ist eines professionellen Erziehers nicht nur nicht würdig, sondern lässt ihn möglicherweise unvermutet in Fallstricke geraten, wie sie durch tendiziöse, interessenorientierte, ideologische u.ä. Informationsangebote an Lehrer absichtlich ausgelegt wurden. Und auch hier *steckt der Teufel im Detail*, was heißen soll: Gerade bei anscheinend offensichtlichen und einfach erscheinenden Sachverhalten wird gerne auf solide Informationssammlung verzichtet. Und das führt erfahrungsgemäß nicht selten zu absurden Lehrsituationen. Beteiligte Lehrer müssen sich immer wieder neu aus dem ungeheuren Vorrat an objektivem Wissen den für die Unterrichtsarbeit notwendigen Stand subjektiven Wissens aneignen. Und durch ihre wissenschaftliche Ausbildung sind sie dazu befähigt.

- **Fachliche Relevanzprüfung und Auswahl (mögliche Förderung der Fach-/Sachkompetenz)**

Um die besonderen Kräfte des jeweils besonderen Faches in die fächerverbindende Einheit einbringen zu können, sollte man sich zuerst einmal darüber ein klares Bild verschaffen. Worin liegen die fachspezifischen Bildungskräfte der hier vorgesehenen Inhalte? Sollten sie eingebracht oder besser übergangen werden, um die übergeordnete Zielsetzung erreichen zu können? Was für sich und fachspezifisch betrachtet, didaktisch positiv erscheint, muss nämlich im Zusammenhang mit anderen Beiträgen nicht unbedingt auch die positive Wirkung beibehalten. Da sind sorgfältige Überlegungen anzustellen, möglichst im Fachlehrerkreis.

- **Überfachliche Relevanzprüfung und Auswahl (mögliche Förderung von Sozial-, Methoden- und Moralkompetenz; ... von Bildung im Sinne ...)**

Erst nach der fachlichen sollte die Frage nach der allgemeinen bildungswirksamen Kraft der ins Auge gefassten Inhalte gestellt werden. Dann aber sollte sie so intensiv wie möglich verfolgt werden. Die Gefahr ist groß, sich hier an Vorurteile zu klammern und Pauschalismen zu tradieren. Es geht um die Feststellung des in dieser einen fächerverbindenden Einheit möglichen Bildungsbeitrages durch die besonderen Inhalte des Faches. An fachorientiertes didaktisches Denken gewöhnte Lehrer tun sich hier zwangsläufig schwer und sollten sich besonders stark um die über Fachgrenzen hinausgehende Sichtweise bemühen. Es lohnt sich! Zum Maßstab wird, wie schon einmal erwähnt, vor allem die zugrundegelegte Bildungstheorie o. Ä. mit ihren zentralen und didaktisches Denken zentrierenden Kategorien. An ihnen lässt sich leicht reflektieren, ob und welche Beiträge aus dem Fach und den besonderen Fachinhalten her für die übergeordnete und vorher vereinbarte Zielsetzung möglich sind. Mut gehört sicherlich dazu, fachlich liebgewordene Inhalte unter Umständen über Bord werfen zu müssen; nach meiner Erfahrung kommt man aber bei konzentrierendem Unterricht gar nicht darum herum.

- **Ordnung der ausgewählten Inhalte (diachrone Ordung)**

Für die fachlichen Beiträge sollten Ordnungen vorgenommen werden, bevor man das Lehr-Lern-Arrangement beschließt. Dabei können und sollten auf der einen Seite fachlogische Gesichtspunkte eine Rolle spielen, auf der anderen Seite sollten aber auch didaktische Vorstellungen wesentlich berücksichtigt werden, um eine den Notwendigkeiten wie dem Wünschenswerten entsprechende diachrone Ordnung der Lerninhalte vorzunehmen. Dass sich die Reflexion dabei bis tief in Argumente aus dem Psychologischen und Anthropologischen hinein zu begeben hat, versteht sich von selbst. Nicht nur die Fachsystematik schreibt bestimmte Folgen vor – die m. E. aber weitaus weniger als in der Regel angenommen wird! –, auch biologische wie psychologische Erkenntnisse über Lernvorgänge tun dies. Bewusst machen sollten sich die Lehrer von ihnen verfolgte didaktische Prinzipien und Konzepte, denn oft legen diese auch ganz bestimmte Folgeordnungen für Lerninhalte nahe (z. B. vom Nahen zum Fernen; vom Einzelnen zum Allgemeinen u. a.).

- **Vermittlungsgesichtspunkte**

Nicht methodische Überlegungen i. e. S. sollten schon hier angestellt werden (Wie soll gelernt werden?), sondern solche, die einst KLAFKI dazu brachten, nach der *Zugänglichkeit* eines Themas, Sachverhalts für bestimmte Schüler zu fragen (Wie lernen gerade diese Schüler in der Regel dies? Wie gehen sie außerhalb der Schule damit um?). Heranwachsende, manche Gruppen von Kindern haben zu bestimmten Themen besondere Affinitäten oder schon besondere Weisen entwickelt, an sie heranzugehen. Diese sollten sich Lehrer versuchen, deutlich zu machen. Dabei spielt auch die Fachsicht eine Rolle: Wie lässt sich gerade dieser Sachverhalt unverfälscht, unverfremdet usw. darstellen? Man gewinnt hier aus Sicht des Inhalts Einsichten, die in die späteren Methodenentscheidungen eingebracht werden sollten.

Planungsergebnis

Dokumentation der getroffenen Auswahl von Inhalten und in ihrer für die Einheit vorgesehenen Folge.

5

Arrangement
Methoden/Medien/Sozialformen
Alle am Thema beteiligten Lehrer

Planungsziel

Vereinbarung über ein fächerverbindendes Arrangement, das erfolgreiche Lernprozesse hinsichtlich des anstehenden Themas unter den zugeordneten Zielsetzungen gewährleisten kann.

Planungsaktivitäten

- **Austausch über die bisher ausgewählten Beiträge und deren fachliche und überfachliche Bedeutung für die vorgesehenen Lernziele**

Vorgeschlagen wird, dass alle einzeln – Lehrer oder Lehrergruppen – vorgenommenen Themen-Strukturierungen und Inhalts-Anordnungen zunächst allen Beteiligten bekanntgemacht werden. Dabei sollte jedem klar werden, worin der zielförderliche Beitrag der Einzelinhalte oder Inhaltskomplexe gesehen wird. Diskussionen sind zuzulassen; Revisionen, Umstellungen, Kürzungen usw. sind erforderlichenfalls vorzunehmen; erwünschte zusätzliche Informationen sind zu liefern.

- **Ordnung der vorgesehenen Beiträge**
  - **in synchroner und**
  - **diachroner Weise**

Das Ergebnis dieser Ordnungsphase muss eine Art Raster sein, in dem alle einzelnen Beiträge in ihrem zeitlichen Zueinander – nebeneinander und nacheinander – angeordnet sind. Soweit auch situative Bedingungen eindeutig zugehörig sind, also z. B. Räume, Lehrer usw., können sie ebenfalls schon hier in das Raster aufgenommen werden. Ordnung ist nötig und erleichtert die weitere Zusammenarbeit. Aber: Die einmal geschaffene Ordnung darf nicht zum Selbstzweck verkommen, sondern muss als durchaus veränderbar betrachtet werden.

- **Zuordnung von Methoden**
  – methodische Prinzipien / Grundsätze
  – methodische Konzeptionen
  – methodische Aktivitäten von Lernenden und Lehrenden (zugleich: Sozialformen)

Hier beginnt die eigentlich methodische Strukturierung der Unterrichtseinheit; hier wird das Design für die gesamte Lehr-Lern-Einheit geschaffen. Dabei hilft bekanntes Kategoriendenken, Ordnung in das Arrangement zu bringen.

- *Didaktische Prinzipien*, an die alle sich halten sollten, müssen erörtert und verständlich gemacht werden, bevor man sich auf sie einigen kann. Kommt eine Einigung zustande, dann sollten die Prinzipien – z. B. *Selbstgesteuertes Lernen, wo immer möglich*! *Realbegegnungen, wo immer sie sich anbieten*! – schriftlich festgehalten und plakativ später über dem methodischen Arrangement angeordnet werden.
- Es gibt mittlerweile *methodische Konzeptionen*, von denen angenommen wird, dass sie eher als andere für fächerverbindenden Unterricht in Frage kommen, wie beispielsweise projektorientiertes Lernen (nicht: Projekt!). Grundsätzlich sollten die Beteiligten aber offen für alle nur möglichen Konzepte sein und sich nicht von vornherein Beschränkungen auferlegen. Eine fächerverbindende Einheit ist so komplex und so umfassend, dass im Grunde genommen alle nur möglichen bekannten methodischen Ansätze in Frage kommen. Wichtig ist nur, dass die gewählten Methoden zum einen genau dort, wo sie inhaltlich bezogen und zeitlich eingesetzt werden sollen, auch tatsächlich isomorph sind und dass sie zum anderen im Rahmen der gesamten Einheit auch nicht nur ein Körnchen Sand für Lehren und Lernen bedeuten[23]. Über bereits bekannte Methoden hinaus sollten auf jeden Fall auch neue methodische Ansätze eingebracht werden; alle sich einordnenden Einfälle sind erwünscht, methodische Fantasie ist vonnöten.

---

[23] Zahlreiche methodische Hinweise finden sich bei: PETERßEN, WILHELM H., Kleines Methoden-Lexikon, München 1999

- Das wird sich am ehesten darin erweisen, wie die *Aktivitäten von Lehrenden und Lernenden* im Einzelnen vorgesehen sind. Wer tut was, ... wie, ...wo, ... mit wem? Für mich gehören hierhin auch Entscheidungen über die jeweils vorgesehene *Sozialform*, über die Art der Zusammenarbeit. Und wenn das Medienproblem herausgelöst und erörtert wird, dann hat das vor allem seinen Grund darin, dass Medien zusätzlich neben dem Entscheidungs- immer auch ein späteres Beschaffungs- oder Herstellungsproblem für Lehrende bedeuten.

- **Auswahl von Medien**

Medien müssen sich in das Arrangement einpassen. Sie dürfen nicht allein nach ihrem Eigenwert ausgewählt werden, sondern immer danach, ob dieser sie für das gesamte Arrangement erforderlich macht oder wenigstens zulässt[24].

Planungsergebnis

Dokumentation des gesamten Arrangements, das von allen Beteiligten nur in besonderen Fällen aufgegeben werden darf, in einem übersichtlichen Raster. Es bietet sich an, hier gleich den real vorgesehenen Stundenplan zu erstellen.

5.2.4 Der Plan

5.2.4.1 Struktur

Der Plan – als ein Dokument, an das alle beteiligten Lehrer sich halten, sollte nach den üblichen Mustern aufgebaut sein.

- **Daten**
  Schule:
  Klasse:
  Schüler:
  Schuljahr:
  Thema:
  Zeitraum:
  Fächer und Lehrer:

[24] Didaktische Hinweise für Medienentscheidungen finden sich bei: PETERßEN, WILHELM H., Anschaulich unterrichten, München 1994

- **Zielsetzung**
  Übergeordnetes Ziel
  (mit Bezug auf Quelle, mit Erläuterungen, mit Begründungen usw.)
  Beiträge der beteiligten Fächer
- **Stundenplan**
- **Arrangement**
  Fach für Fach
  (nach jeweiliger Stundenfolge)
- **Anlagen**

5.2.4.2 Beispiel ›Gesund leben‹

Daten

Schule:	Realschule ›Dörfle‹ / Weingarten
Klasse:	8
Schüler:	24 (15 Mädchen; 9 Jungen)
Schuljahr:	1998 / 1999
Thema:	Gesund leben
Zeitraum:	2 Wochen
Fächer und Lehrer:	Mensch und Umwelt (*Ukrike Eppinger*)
	Sport (*Stefan Hipp*)
	Biologie (*Thomas Oswald, Harald Scheufler*)

Zielsetzung

- **Übergeordnetes Ziel**

Das in sich überaus komplexe Ziel ›Gesund leben!‹ wird aufgegliedert in die für erreichbar angesehenen zusammenhängenden Zielsetzungen:

Die Schülerinnen und Schüler sollen

a) erkennen,
  - dass Gesundheit, Leistungsfähigkeit und Ernährung in einem grundsätzlichen Bedingungszusammenhang stehen;
  - dass ein Zusammenhang zwischen Ernährung, ausreichender Bewegung und Entspannungsfähigkeit besteht;

b) einsehen,
  wie bedeutsam ein gesundheitsbewusstes Verhalten für sie ist;

c) kennen lernen und erproben,
  welche Möglichkeiten praktischer Umsetzung gesundheitsbewussten Verhaltens es für sie gibt;

d) Bereitschaft zu gesundheitsbewusstem Verhalten entwickeln.

Mit Bezug auf den geltenden ›Bildungsplan für die Realschulen in Baden-Württemberg‹ wird begründet:

Um den als ganzheitlich begriffenen Erziehungs- und Bildungsauftrag der Realschule zu erfüllen, wird es als notwendig angesehen, jährlich zumindest einmal neben dem Fachunterricht eine fächerverbindende Unterrichtseinheit anzubieten. Der Bildungsplan macht hierfür inhaltlich-thematische Vorschläge, u. a. ›Gesund leben‹. Im fächerverbindenden Unterricht soll eine integrativer Behandlung vor allem solcher Themen erfolgen, die von besonderer erzieherischer und gesellschaftlicher Relevanz sind. Der Bildungsplan betont, dass durch fächerverbindende Einheiten Anlässe für Schülerinnen und Schüler geschaffen werden, sich im Denken über komplexe Zusammenhänge zu üben und themenorientierte Vorgehensweisen mit angemessener methodischer Vielfalt zu verknüpfen.

Der pädagogische Auftrag des 8. Schuljahres ordnet sich dem »allgemeinen Erziehungs- und Bildungsauftrag« der Schule und dem »besonderen« der Realschule unter (vgl. Bildungsplan, S. 207 ff). In Anlehnung an das Konzept ›Handlungsfähigkeit‹, als Leitziel für allen Unterricht interpretiert, findet sich für die Förderung der *Fachkompetenz* der Hinweis: »Die vorgeschlagenen fächerverbindenden Themen vertiefen die Beschäftigung mit naturwissenschaftlichen Zusammenhängen oder ermöglichen das Kennenlernen einer anderen Kultur bzw. die Auseinandersetzung mit sozialen Fragestellungen.« Für die *Sozialkompetenz* finden sich die Erwartungen: »Gemeinsame Projekte fördern und festigen die partnerschaftliche Beziehung innerhalb der Klassengemeinschaft …« Und die *Methodenkompetenz* – in enger Verbindung mit der *Fachkompetenz* – soll besonders in folgender Hinsicht gefördert werden: Im Naturwissenschaftlichen sollen durch Experimente die Beobachtungs-, Erfassungs- sowie die Planungsfähigkeit, ganz allgemein die Fähigkeit zur Erstellung von Protokollen, Berichten, Hausarbeiten, Referaten, Interviews sowie die korrekte, übersichtliche und gefällige Dokumentation von Arbeitsergebnissen eingeübt und entwickelt werden. Zusätzlich erhofft man sich noch eine Förderung der Planungs- und Organisationsfähigkeit, wenn Lernende die erforderlichen Maßnahmen selbst entscheiden und lenken können.

- **Beiträge der beteiligten Fächer**

Wiederum mit Bezug auf den Realschul-Bildungsplan sehen wir folgende fachlich möglichen und wünschenswerten Beiträge in Richtung auf das Ziel zu (vgl. Bildungsplan, S. 13 ff):

Sport
Der Sportunterricht soll »einen Beitrag zur Gesundheitserziehung leisten«. ... »Im Rahmen der Gesundheitserziehung kommt dem Schulsport eine besondere Bedeutung zu. Die in der Unterrichtspraxis vermittelten Erfahrungen von Körpergefühl und Körperbewusstsein, die Wahrnehmung und Steuerung der Körperspannung und -entspannung und die erworbenen Kenntnisse über Formen der motorischen Beanspruchung sollen den Schülerinnen und Schülern dazu verhelfen, gesundheitsförderliche Einstellungen und Gewohnheiten zu entwickeln und über die Schulzeit hinaus zu erhalten.«

Mensch und Umwelt
Das Fach »sieht seinen Erziehungs- und Bildungsauftrag darin, Qualifikationen zu vermitteln, die unter heutigen gesellschaftlichen Rahmenbedingungen zur Alltagsbewältigung erforderlich sind.«... »Der Bereich Ernährung ist wesentliches Element des Faches. Im Mittelpunkt steht die bedarfsgerechte Ernährung und ihre Umsetzung in die Praxis. Aufbauend auf dieser Basis werden Zusammenhänge zwischen Ernährung, Gesundheit und Umwelt reflektiert.«... »Eine ganzheitliche Sichtweise wird durch mehrperspektivische Auseinandersetzung mit der Thematik ermöglicht und durch Verknüpfung von Lehrplaneinheiten und fächerverbindenden Arbeiten gefördert.«

Biologie
Der Erziehungs- und Bildungsauftrag für das Fach Biologie gibt unter anderem folgende Ziele vor:
»Durch die Beschäftigung mit Formen und Erscheinungen der belebten Natur erwerben die Schülerinnen und Schüler biologische Grundkenntnisse, erfassen Zusammenhänge und Abhängigkeiten biologischer Systeme und erkennen, dass auch der Mensch in vielfältiger Weise in die Natur eingebunden ist.«... »Auch rücken humanbiologische Themen verstärkt in den Mittelpunkt des Biologieunterrichts.«
Im Einzelnen sehen wir folgende konkrete Zielbeiträge für die beteiligten Fächer vor:

Sport
Die Schülerinen und Schüler:
- kennen unterschiedlichste Beweggründe für das Sporttreiben;
- sehen Zusammenhänge zwischen Sport und Gesundheit ein;
- kennen ihre muskulären Dysbalancen und Übungsformen zu deren Vorbeugung;
- kennen Alltagsbewegungen aus funktioneller Sicht (z. B. rückengerechtes Sitzen);

- üben partnerweise Möglichkeiten sozialen Miteinanders / Füreinanders;
- werden im Hinblick auf ihre Körperlichkeit sensibilisiert;
- nehmen ihren Körper durch spezielle Entspannungsübungen bewusster wahr;
- erwerben Kenntnisse über die Wirkung regelmäßig betriebenen Dauerlaufs;
- erlernen Atemtechnik und Atemfrequenz beim Laufen und kontrollieren diese selbstständig;
- lernen ihren Trainingszustand zu bestimmen (Ruhe- und Belastungspuls).

Mensch und Umwelt
Die Schülerinen und Schüler:
- lernen, was es heißt, sich gesund zu ernähren;
- kennen den Ernährungskreis (Lebensmittel aus den sieben Bereichen des Ernährungskreises);
- erkennen, dass Zivilisationskrankheiten, wie z. B. Übergewicht, Gicht, Karies usw. mit auf eine falsche Ernährung zurückzuführen sind;
- können eine ausgewogene Mahlzeit zubereiten;
- sehen ein, dass fünf kleine Mahlzeiten am Tag gesünder sind als drei große Mahlzeiten;
- sehen ein, dass es wichtig ist, auf seine Ernährung und seine Essgewohnheiten zu achten und sie ggf. zu ändern.

Biologie
Die Schülerinen und Schüler:
- kennen die Auswirkungen von Alkohol auf den menschlichen Körper;
- entwickeln gegenüber Alkohol eine kritische Einstellung;
- kennen die Organe des menschlichen Körpers;
- kennen den Weg der Nahrung im Körper;
- wissen, was bei der Verdauung mit der Nahrung geschieht.

Stundenplan

1. Woche

Stunde	Montag	Dienstag	Mittwoch	Donnerstag	Freitag
1					
2	**MUM** Warum richtig essen?	**Sport** Warum Sport treiben?	**MUM** Essgewohn-heiten		**MUM** Ernährungs-kreis
3		**Sport** Ausdauer-training	**Biologie** Weg der Nahrung		
4		**Sport** Ausdauer-training			
5					
6					

2. Woche

Stunde	Montag	Dienstag	Mittwoch	Donnerstag	Freitag
1					
2	**Biologie** Wirkung von Alkohol			**Sport** Funktions-gymnastik	
3	**Sport** Entspan-nungs-übung		**Biologie** Vorbereitung: Rauchen/ Alkohol		
4		**MUM** Inhaltsstoffe von LM	**Biologie** Info: Sucht-beratung		**MUM** Nahrungs-zubereitung
5			**Biologie** Info: Sucht-beratung		**MUM** Nahrungs-zubereitung
6					**MUM** Nahrungs-zubereitung

1. Woche, Montag, 2. Stunde
Fach: MUM
Thema: Warum eine richtige Ernährung wichtig ist
Ziele:
- Die Schüler lernen, dass Gesundheit und Wohlbefinden von einer vielseitigen und ausgewogenen Ernährung abhängen.
- Sie lernen die Folgen von falscher Ernährung kennen.

Methoden/Sozialformen:
- In der Mitte des Stuhlkreises liegt ein Plakat, auf dem der unvollständige Satz steht ›Richtige Ernährung ist wichtig, weil …‹. Die Schüler sollen ergänzend darauf schreiben, weshalb es aus ihrer Sicht wichtig ist, sich gesund zu ernähren.
- Auf einem Textblatt sollen sie in Partnerarbeit ausarbeiten, was die Folgen falscher Ernährung sind.

Medien:
- Plakat
- Stifte
- AB Textblatt: ›Wie gesund essen wir?‹

1. Woche, Dienstag, 2. Stunde
Fach: Sport
Thema: Weshalb wir Sport treiben
Ziele:
- Die Schüler erfahren unterschiedliche Beweggründe für das Sporttreiben.
- Sie lernen die Beziehung zwischen Sport und Gesundheit kennen.

Methoden/Sozialformen:
- Einleitung durch Sammlung der Interessen der Schüler am Sport (an der Tafel) – Mind Map
- Ergänzung durch den Lehrer
- Schüler füllen selbstständig ein AB (Lückentext) aus

Medien:
- Tafel
- AB mit weiteren Infos

1. Woche, Dienstag, 3. und 4. Stunde
Fach: Sport
Thema: Dauerlauf-Schnelllauf-Ökonomie des Laufens
Ziele:
- Kenntnisse über die Wirkung regelmäßig betriebenem Dauerlaufs erwerben.
- Sie sollen Methoden zur persönlichen Leistungseinschätzung kennenlernen und anwenden.
- Sie sollen ihren Trainingszustand bestimmen (Ruhe- und Belastungspuls).
- Sie sollen aerobe und anaerobe Trainingsläufe und Trainingsformen erproben und reflektieren.

Methoden/Sozialformen:
- Messung und Bestimmung des Ruhepulses in der Gruppe (alleine und mit Partner)
- Messung des Pulses nach leichter Belastung (lockerer Lauf)
- Messung des Pulses nach schwerer Belastung (Tempolauf)
- Bestimmung des Trainingszustandes mit anschließender Reflexion im Gruppengespräch
- Festhalten des Trainingszustandes – weitere Übungsformen nach 2 Wochen
- Demonstration von Atemtechniken (Atemfrequenz)
- Durchführung von aeroben und anaeroben Traninigs- und Übungsformen
- Lehrervortrag/Gruppengespräch: Wirkung regelmäßig betriebenen Dauerlaufs → Gesundheitsverbesserung und -risiken
- Cooperlauf (12 min.): Welche Strecke schaffen die Schüler in der vorgegebenen Zeit?
  → Festhalten der Ergebnisse
  → weitere Überprüfung und Reflexion nach 4 Wochen

Medien:
- Wandposter a) Kalorienverbrauch bei Dauerlauf/Dauerbelastung
  b) Ergebnistabellen für Trainingszustand nach Cooperlauf
- Pulsmessgerät

Literatur

BLEISSNER, KLAUS, Laufen, Bad Homburg 1979
DE MARÈES, HORST/MESTER, JOACHIM, Sportphysiologie I und II. Frankfurt/M. 1981

1. Woche, Mittwoch, 2. Stunde
Fach: MUM
Thema: Ernährungsgewohnheiten
Ziele:
- Die Schüler sollen über ihre Essgewohnheiten sprechen und darüber berichten.
- Welche Gründe haben die Essgewohnheiten? (z. B. Berufstätigkeit der Eltern)
- Sie sollen lernen, wie die Mahlzeiten über den Tag sinnvoll eingeteilt werden.
- Ein Vorschlag für ein gutes Vesperbrot; Vergleich mit dem tatsächlichen Vesper der Schüler

Methoden/Sozialformen:
- Im Stuhlkreis berichten die Schüler über ihre Essgewohnheiten.
- Im Partnergespräch sprechen die Schüler über die Einteilung der Mahlzeiten am Tag und berichten darüber.
- Der Lehrer erklärt die Leistungskurve, die von den Mahlzeiten abhängig ist.
- Schreiben von Wunschzetteln über ein Vesperbrot und Ankleben der Zettel an die Tafel.
- Beurteilung der Wünsche im Klassengespräch.

Medien:
- Tafel
- Zettel
- Stifte
- Leistungskurve

1. Woche, Mittwoch, 3. Stunde
Fach: Biologie
Thema: Weg der Nahrung im Körper
Ziele:
- Die Schüler sollen die Organe des menschlichen Körpers kennen lernen.
- Sie sollen den Weg der Nahrung im Körper kennen lernen.
- Sie sollen wissen, was bei der Verdauung mit der Nahrung geschieht.

Methoden/Sozialformen:
- Lernzirkel:
  3 Stationstische: Die Schüler verteilen sich gleichmäßig.
  Sie arbeiten für sich, partnerweise oder in der Gruppe, die Aufgaben des Arbeitsblattes durch.

- Ergebnissicherungsphase im Plenum der Klasse, bei der der Lehrer auf Folie mitschreibt.

Medien:
- Torso
- AB: Weg der Nahrung

Literatur

BENNER, KLAUS-ULRICH, Der Körper des Menschen, Augsburg 1995
Fit und gesund mit Milch & Co. In: Das Zeitbild, Dezember 1993

1. Woche, Freitag, 2. Stunde
Fach: MUM
Thema: Der Ernährungskreis
Ziele:
- Die Schüler sollen die Lebensmittel aus dem Schlaraffenland (siehe AB) zu Gruppen ordnen und sie benennen (z. B. Getreide und Getreideprodukte).
- Sie sollen lernen, aus welchen Lebensmittelgruppen sie wie viel essen sollen. (Das sieht man an der Größe der Lebensmittelgruppe).
- Der Ernährungskreis als Anhaltspunkt für vielseitiges und nicht-einseitiges Essen.

Methoden/Sozialformen:
- In Gruppenarbeit werden die Lebensmittelgruppen festgelegt und im Klassengespräch über ihre Bedeutung für den Organismus gesprochen.

Medien:
- AB Schlaraffenland
- AB Ernährungskreis
- Tafel

2. Woche, Montag, 2. Stunde
Fach: Biologie
Thema: Wirkung von Alkohol auf den Körper
Ziele:
- Die Schüler lernen die Auswirkungen von Alkohol auf den menschlichen Körper kennen.
- Sie sollen gegenüber Alkohol eine kritische Einstellung entwickeln.

Methoden/Sozialformen:
- Die Stunde wird eingeleitet mit dem Lied »Alkohol« von Herbert Grönemeyer (später erhalten die Schüler dazu den Text).

- Sammlung der Infos aus dem Lied am Tageslichtprojektor (kritische Hinterfragung)
- Ergänzend erhalten die Schüler Informationen über die Auswirkung von Alkohol auf den Organismus und die möglichen Folgen – auch Langzeitschäden.
- Zur Lernkontrolle dient ein Lückentext mit Lösungswort

Medien:
- Kassettenrekorder
- Tageslichtprojektor
- Arbeitsblatt

2. Woche, Montag, 3. Stunde
Fach: Sport
Thema: Entspannungsübung
Ziele:
- Die Schüler lernen die progressive Muskelrelaxation nach Jakobsen.
- In einer Sensibilisierungsphase mit Entspannungsmusik sollen die Schüler befähigt werden, ihren Körper wahrzunehmen.
- Gezielt eingesetzte Partnerübungen sollen das Sozialverhalten der Schüler verbessern.
- Die Schüler sollen in einer kurzen Schlussdiskussion offen ihre Meinungen begründet darlegen.

Methoden/Sozialformen:
- Aufwärmprogramm spielerisch
- Paarweise mit je einer Matte in der Halle verteilen
- Entspannungsübung nach Jacobsen
- Paarweise mit Igelball
- Reflexionsphase

Medien:
- Matten
- Entspannungmusik: T'ai Chi, Oliver Shanti + Friends
- Igelbälle

2. Woche, Dienstag, 4. Stunde
Fach: MUM
Thema: Inhaltstoffe von Lebensmitteln und ihre Bedeutung
Ziele:
- Die Schüler sollen die Nährstoffe in der Nahrung kennen.
- Sie sollen die wichtigsten Aufgaben der Nährstoffe kennen.

- Sie lernen einen Versuch zum Nachweis von Kohlenhydraten kennen.

Methoden/Sozialformen:
- Im Klassengespräch werden die Nährstoffe an der Tafel zusammengetragen.
- Bei der Bearbeitung eines Textes in Einzelarbeit werden die Aufgaben der Nährstoffe erarbeitet und auf einem AB notiert.
- Anhand eines Rätsels können die Schüler ihr Wissen testen.
- Der Lehrer führt den KH-Nachweis vor.

Medien:
- Tafel
- Textblatt
- AB: Aufgaben der Nährstoffe
- Kartoffel
- Phenolphtalein
- Pipette

2. Woche, Mittwoch, 3. Stunde
Fach: Biologie
Thema: Vorbereitungsstunde: Suchtmittel
Ziele:
- Die Schüler sollen Fragen zum Thema Alkohol, Nikotin und anderen Drogen erarbeiten und festhalten.
- Sie sollen die Wirkung und Gefahren des Nikotinkonsums kennen lernen.
- Sie sollen die Grundkenntnisse über den Aufbau und die Funktion des Atemapparates und des Herz-Kreislauf-Systems wiederholen und vertiefen.
- Sie sollen Nikotin, Teer und Kohlenmonoxid als Gefahrenstoffe des Tabakkonsums benennen können und die Wirkungsweise von Teer und Nikotin erkennen.

Methoden/Sozialformen:
- Gruppengespräch über den Comic auf dem AB
- Ausfüllen des AB im Plenum
- Durchführung des Experiments I
- Notierung der Beobachtungen und Diskussion der Erkenntnisse (Gruppengespräch)
- Erarbeitung von Fragen zum Thema Alkohol, Nikotin und Drogen (Partnerarbeit/Gruppengespräch)

Medien:
- AB: Comic

Experiment I:
2 Zigaretten (filterlos)
2 Papiertaschentücher
Arbeitsblatt

Literatur

Barkholz, U. / Israel, G. u. a., Gesundheitsförderung in der Schule. Ein Handbuch für Lehrerinnen und Lehrer aller Schulformen, Landesinstitut für Schule und Weiterbildung, Soest 1998.

Walden, K. / Kröger, C. u. a., Allgemeine Lebenskompetenzen und Fähigkeiten: Programm für Schüler und Schülerinnen mit Informationen zu Nikotin und Alkohol. Lehrermanual mit Kopiervorlagen zur Unterrichtsgestaltung, Hohengehren 2000.

2. Woche, Mittwoch, 4. und 5. Stunde
Fach: Biologie
Thema: Information zu Suchtmitteln / Gespräch mit Betroffenen
Ziele:
- Die Schüler sollen ausgewählte stoffliche / nichtstoffliche Suchtmittel und deren gravierende Auswirkungen benennen.
- Sie sollen Suchtfolgen und deren Behandlungsmöglichkeiten kennen lernen.

Methoden / Sozialformen:
- Vortrag eines Suchtmittelexperten der Diakonie Ravensburg
- Ein Betroffener / eine Betroffene berichtet über seinen / ihren Weg in die Sucht und darüber, wie er / sie es geschafft hat, sein / ihr Leben zu verändern.
- Stellen und Beantworten der vorbereiteten Fragen / spontane Fragen
- Offenes Ende – wichtig: keine Anschlussstunde

Medien:
- Schaubilder / Poster der Diakonie
- Fragenkatalog

Literatur
Medien- und Literaturliste zur Suchtprophylaxe erhältlich bei:
Roland Gburek – Beauftragter für Suchtprophylaxe
Franz Stapfstr. 8
88212 Ravensburg
Tel.: 07 51 / 8 54 45
Fax: 07 51 / 8 56 68

2. Woche, Donnerstag, 2. Stunde
Fach: Sport
Thema: Funktionsgymnastik – Muskuläre Dysbalancen
Ziele:
- Die Schüler sollen muskuläre Dysbalancen kennen lernen.
- Sie lernen Übungsformen kennen, um Dysbalancen auszugleichen.
- Sie lernen die funktionelle Durchführung von Alltagsbewegungen kennen (z. B. richtiges Sitzen, Heben, Tragen).

Methoden/Sozialformen:
- Aufwärmprogramm mit Musik
- Sitzkreis paarweise mit je einer Matte
- Demonstration der Übungen durch den Lehrer
- Übungsformen werden von den Schülern nachgemacht
- Heimprogramm wird von Lehrer und Schülern gemeinsam erstellt.

Medien:
- Matten
- Pezzibälle
- Bänke
- Kassettenrekorder
- Musik: »Es lebe der Sport« von Reinhard Fendrich (CD)

2. Woche, Freitag, 4. bis 6. Stunde
Fach: MUM
Thema: Zubereitung einer ausgewogenen Mahlzeit
Hähnchenschlegel in Bratfolie
Champignonreis
Grüner Salat
Obstsalat
Ziele:
- Die Schüler sollen lernen, dass für eine ausgewogene Mahlzeit möglichst viele Nährstoffe ausgewählt und verwendet werden.
- Sie sollen den Umgang mit Küchengeräten lernen.
- Essen in Gemeinschaft

Methoden/Sozialformen:
- In Gruppen- bzw. Einzelarbeit bereiten die Schüler die Mahlzeit zu.
- Der Lehrer hilft, falls es Probleme bei der Zubereitung gibt.
- Gemeinsames Essen

Medien:
- Schulküche
- Küchengeräte

- Geschirr
- Rezeptkarten
- Nahrungsmittel (siehe Rezeptblatt)

Anlagen *)
(AB = Arbeitsblatt)
- AB: Wie gesund essen wir?
- AB: Gesundheit
- AB: Weg der Nahrung
- AB: Schlaraffenland
- AB: Ernährungskreis
- AB: Zehn goldene Regeln
- AB: Alkohol
- AB: Aufgaben der Nährstoffe
- AB: Rauchstraße
- AB: Rauchen – Experiment I
- Rezepte
- Ergebnistabellen für Trainingszustand und Cooperlauf

*) Auf die Anlage der Arbeitsblätter usw. wird hier aus Platzgründen verzichtet!

6 Fächerverbindender Unterricht: Erfahrungen

Erfahrungen sowohl in der Alltagspraxis als auch in Seminaren, wo Arbeitsgruppen Planungen fächerverbindenden Unterrichts übten, verweisen auf immer dieselben grundsätzlichen Schwierigkeiten, die sich der Verwirklichung solchen Unterrichts in den Weg stellen. Denn das sollte sich jeder deutlich klar machen: So einleuchtend auch das Konzept sein mag, seine Umsetzung in Praxis ist überaus schwierig!!!

6.1 Beharrungstendenz

Wie alle innovativen didaktischen Konzepte, so trifft auch das des fächerverbindenden Unterrichts auf die für Schulen so typische *Beharrungstendenz*. Schulen beharren auf jenen Konzepten, die ihnen bekannt sind und in ihnen schon lange Praxis aufweisen können. Das dürfte auch nicht bloß ein schultypisches Phänomen sein, sondern sich in die für Institutionen übliche Abwehr gegen Veränderungen aller Art einreihen. Institutionen haben nun einmal eine tiefsitzende Tendenz zur Perpetuierung bestehender Strukturen. Und das darf man keineswegs als Ausdruck reiner Bequemlichkeit gegen abverlangte Änderungen begreifen. Institutionen wie die Schule brauchen Kontinuität, um bestehen zu können, um nicht allen jeweils aktuellen Strömungen und unter Umständen bloßen Modeerscheinungen anheimzufallen. Das bedeutet: Wer fächerverbindenden Unterricht einführen und praktizieren will, muss sich auf grundsätzliche strukturelle Abwehrmechanismen einstellen und entsprechende Aufbrechungsmaßnahmen und Überzeugungsargumente für seine Bemühungen vorsehen.

Fächerverbindender Unterricht ist ja nun einmal keine nur unterrichtsinterne Innovation, die nur den einzelnen Lehrer in seinen Stunden in seinem Klassenzimmer beträfe. Wäre sie es, so genügte es, Lehrer davon zu überzeugen; und diese hätten dann die Möglichkeit, sie zu übernehmen und auszuüben. Fächerverbindender Unterricht geht über die Grenzen der üblichen Unterrichtsorganisation in Fächern hinaus und betrifft in jedem Fall mehrere Lehrer und – was institutionell bedeutsamer ist – macht schulische Änderungen notwendig, u. a. an Stundenplänen, Raumbelegungen usw. Fächerverbindender Unterricht erfordert daher, ihn bereits prophylaktisch in um- fassende schulbezogene Maßnahmen einzubetten: Informationen sollten rechtzeitig weit gestreut werden, der Schulleiter und das gesamte Kollegium, die Eltern und das Hauspersonal sollten immer auch informiert sein.

6.2 Falsche Inanspruchnahme

Wie alle didaktischen Konzepte, so muss sich auch dies gefallen lassen, von Lehrern falsch in Anspruch genommen zu werden. Es weist, wie weiter vorne an begrifflichen und konzeptionellen Abgrenzungen schon deutlich wurde, eine scheinbare (!) Nähe zu anderen didaktischen Konzepten auf. Der derzeit noch herrschende begriffliche Wirrwarr macht es Lehrern schwer, das klare Konzept auch klar zu erkennen und zu adaptieren.

Am häufigsten wird fächerverbindender mit fächerübergreifendem und Projektunterricht verwechselt. Wo fächerübergreifend unterrichtet wird, da mangelt es an der geforderten Integration der beteiligten Fächer, da wird bloß additiv gereiht, was die einzelnen Fächer hergeben können. Weil entweder keine Einigung über ein übergeordnetes pädagogisches Ziel erreicht werden konnte, das am bestimmten Thema gefördert werden soll, oder weil trotz erreichter Einigung auf ein Ziel die Fachbeiträge nur additiv eingebracht werden, fehlt bei aller inhaltlichen Konzentration auf ein Thema die erwünschte erzieherische Wirksamkeit. Wo ein Projekt praktiziert wird, da unterbleiben oft zwangsläufig die soliden Fachbeiträge, da die Fächer sich dem ganzheitlichen Projektgedanken unterwerfen und auf ihre eigenen spezifischen Möglichkeiten verzichten. Wer fächerverbindenden Unterricht will, muss beides absichern: Die Vereinbarung einer übergeordneten und für alle Fächer geltenden pädagogischen Zielsetzung und deren Einhaltung wie auch die Einbringung solider fachspezifischer Beiträge. Das setzt zum ersten voraus, dass Begriff und Konzept fächerverbindenden Unterrichts tatsächlich präzise aufgenommen worden sind und befolgt werden; das verlangt aber zum zweiten auch die frühzeitige Schaffung entsprechenden Konsenses bei allen Beteiligten. Solch kommunikative Konsensarbeit sollte nicht gering geschätzt werden; was vorher klar gestellt werden kann, kann späterhin nicht zum Hindernis werden.

6.3 Alltagszwänge

Nicht bloß strukturell und schweigend, sondern ausgesprochen thematisiert wirken sich schulische Alltagszwänge hinderlich auf die Einführung von fächerverbindendem Unterricht aus. Wer Kollegen zu solchem Unterricht bringen will, hört eine schier endlose Reihe von ablehnenden Argumenten, die Bezug auf die alltägliche Lehrer- und Schulpraxis nehmen: Man muss sich an inhaltliche Vorgaben und Erfordernisse von Lehrplänen halten; man muss weitere Vorschriften einhalten und hat deshalb keine Zeit für aufwendige Neuerungen; man muss sich an den Raumverteilungsplan halten, Rücksicht auf andere Kollegen nehmen usw. Nach außen hin erscheinen alle

Argumente als durchaus legitim. Sie erwecken den Eindruck didaktischer Antinomie; im Wettstreit von fächerverbindendem Unterricht und bestehender realer Organisation tritt die Notwendigkeit der didaktischen Entscheidung zwischen sich widerstreitenden, doch je für sich guten Konzepten auf.

Zugegeben, es gibt in Schule und Unterricht einen großen Alltagszwang – entstehend aus gesetzlichen und administrativen, aus gedanklichen und realen Vorgaben, wobei besonders der Zeitzwang immer wieder genannt wird –, der sich geradezu unvermeidlich allen Innovationsversuchen in den Weg schiebt. Das Bewusstsein darüber wird aber auch von vielen Lehrern genutzt, mit scheinbarer Rationalität alle sie betreffenden Änderungsmaßnahmen abzuwehren. Doch diese Argumentation geschieht, wie ich für Lehrer zu deren Vorteil annehme, oft unbewusst. Wer beides zugunsten fächerverbindenden Unterrichts überwinden will – Fakten wie Ideologien – muss von der Bedeutung des Konzepts überzeugen, muss – nach dem Prinzip, das Bessere sei der Feind des Guten – Platz für solchen Unterricht schaffen. Nüchtern betrachtet: Von sich aus ist in der Schule kein Platz für neue Formen unterrichtlicher Organisation. Fächerverbindender Unterricht verdrängt andere Organisationsformen o. Ä., tritt zeitweise an deren Stelle. Wer diesen Verdrängungswettbewerb nicht wahrnimmt und akzeptiert, wird ihn auch nicht bestehen können. Didaktische Innovationen verlangen intellektuelle Durchsetzungsbereitschaft.

6.4 Fachegoismen

Wer erst einmal Kollegen zur Planung fächerverbindenden Unterrichts zusammengebracht hat, wird unweigerlich das Phänomen fachegoistischer Argumentation erleben. Das geht schon los, wenn die übergeordnete pädagogische Zielsetzung zu vereinbaren ist. Auch hier werden Perpetuierungsversuche sichtbar, wenn überkommene Vorstellungen hartnäckig gegen alle innovativen Absichten verteidigt werden. Am schwierigsten gestaltet sich der Vereinbarungsprozess bei solchen Gymnasiallehrern, die sich noch immer primär als Fachlehrer mit der Aufgabe, Fachinformationen an Heranwachsende weiterzugeben, betrachten und darüber eine pädagogisch-erzieherische Aufgabe als bloß nachgeordnet – wenn überhaupt! – ansehen. Doch auch nach getroffener Vereinbarung machen sich Fachegoismen störend bemerkbar, ja sie können geradezu zerstörerisch sein und jeder echten Fächerverbindung den Boden entziehen. Dabei spielt allerdings meinen Beobachtungen nach nicht so sehr das ausdrückliche und bewusst vorgetragene Fachverständnis eine Rolle als vielmehr verborgene und offensichtlich durch langjährige Erfahrung internalisierte Einstellungen auf das Fach und seine besondere Struktur. Anders ausgedrückt: Fachlehrer sind vielfach durchaus guten Willens, die getroffene Vereinbarung einzuhalten und ihre spezifischen Beiträge zur Zielverwirklichung einzubringen; sie verfallen aber nolens volens ihren angestammten professionellen Denkmustern und didaktischen Prioritätsvorstellungen. Und daraus resultiert dann ganz zwangsweise ein Unterricht, bei dem die Fächer keine integrierenden, sondern bloß noch additive Beiträge zum Thema leisten.

Solchen fachegoistischen Strömungen im Planungs- und Unterrichtsprozess kann man m. E. nur durch gegenseitige offene und ehrliche Beobachtung und Kritik beikommen. Keinesfalls sollte der Initiator der Unterrichtseinheit sich als alleiniger beauftragter Kommissar für die Reinerhaltung fächerverbindenden Unterrichts fühlen und gerieren. Was er tun kann, ist die Aufnahme des Problems des Fachegoismus in das erste Zusammentreffen aller beteiligten Lehrer; dort sollte er es thematisieren und erörtern lassen.

6.5 Lehrerrolle

Verblüfft zeigen sich die meisten Lehrer, wenn sie erleben, dass sie sich selbst bei einer zutreffenden Verwirklichung von fächerverbindendem Unterricht im Wege stehen. Zur Lehrerrolle scheint die Erwartung zu gehören, den Beruf weitestgehend allein mit Schülern und in abgeschotteten Räumen ausüben zu müssen und zu können. G. Grass hat das entsprechende Phänomen in seinem Roman *Die Blechtrommel* als ›windstilles Klassenzimmer‹ bezeichnet, in dem Lehrer tätig sind; in den USA wird vom ›selfcontained classroom‹ gesprochen. In der Tat gewöhnen sich Lehrer schnell daran, stunden-, tage-, wochenlang mit ihren Schülern alleine zu sein und Kontakt mit ihren Kollegen bloß in den Pausen zu pflegen. Und es erweist sich als überaus schwer, aus solch isolierter Tätigkeit wieder zur Zusammenarbeit zu finden, Absprachen mit Kollegen zu treffen, sie in die eigene Klasse hineinschauen zu lassen, eigene Gedanken anderen gegenüber zu äußern. Dies ist Lehrern oftmals gar nicht als besonderes Berufssyndrom bekannt. Deshalb wird ihnen auch nicht bewusst, wenn es zur Ursache für die Heranziehung aller möglichen Argumente zur Abwehr gemeinsamer didaktischer Tätigkeit wird.

So lange die Lehrerrolle diese implizite Erwartung nicht verliert oder sie wenigstens in der Ausbildung schon thematisiert wird, um dafür sensibel zu werden und sie handhaben zu können, muss der Bewusstmachungsprozess während der Zusammenarbeit bei der Planung fächerverbindenden Unterrichts vonstatten gehen. Das ist ein überaus sensibles Feld; es geht nicht nur um grobe Abwehrmechanismen, sondern um große Ängste. Wenn diese nicht feinsinnig, sondern ungewollt bloßstellend behandelt werden, kommt es nicht selten zu Identitätskrisen bei Lehrern.

7 Fächerverbindender Unterricht: Beispiele

Beispiele sind selten völlig isomorph, bringen selten das Gewollte uneingeschränkt oder gar in idealer Weise zum Ausdruck. Das gilt auch für unsere folgend aufgeführten Beispiele fächerverbindenden Unterrichts. Sie können also auf keinen Fall als Vorbilder zur akribischen Umsetzung des hier vorgestellten Konzepts genommen werden. Und sie wollen das auch nicht.

Was sie zeigen können, ist der Umgang mit den hier entwickelten Begriffen, Konzepten und Modellen. Da Unterrichtsgeschehen schlechthin situativer Art ist, wird jede Inanspruchnahme und Umsetzung der hier vorgestellten Gedanken zu einem je besonderen Ergebnis gelangen müssen. Dazu sollte

- der Begriff fächerverbindenden Unterrichts als ein *mittleres Organisationsprinzip von Unterricht* zwischen gefächertem und ungefächertem Unterricht begriffen und akzeptiert worden sein,
- das Konzept als ein *themenzentrierter integrativer Unterricht* unter spezifischer und solider Beteiligung mehrerer Fächer in seiner Originalität als didaktische Aufgabe angenommen worden sein und
- das vorgeschlagene *offene Planungsmodell* in seinen Grundzügen übernommen worden sein.

Die Beispiele veranschaulichen keine realen Unterrichtsverläufe, sondern sind das Ergebnis von Planungen für beabsichtigte Verläufe. Sie weisen zwar alle dieselbe Grundstruktur von Planung auf und ihnen unterliegt auch dasselbe Grundverständnis von fächerverbindendem Unterricht, die Pläne aber sind in vielem verschieden – so wie das erwartet werden konnte. In allen Fällen hat sich – nach der Präsentation und intensiven Erörterung der Pläne – auch angekündigt, dass erst die Umsetzung in praktischen Unterricht erweisen wird, ob die Prinzipien in der Tat greifen werden, besonders ob auch tatsächlich ein integrativer anstelle eines bloß additiven Unterrichts durch die Planung grundgelegt wird.

7.1 Grundschule: ›Freunde haben – Freund sein‹

Thema:	Freunde haben – Freund sein
Schuljahr:	3 (Grundschule in Baden-Württemberg)
Zeitraum:	2 Wochen
Beteiligte Fächer:	Deutsch (*Sonja Wunderle*)
	Informatik (*Carmen Rettich*)
	Religion (*Astrid Reitzig*)
	Mathematik (*Raphael Bochtler*)
	Heimat- und Sachunterricht
	(*Martin Grieser; Carmen Rettich*)

Pädagogische Zielsetzung

Die soziale Beziehungsfähigkeit der Schülerinnen und Schüler soll sich weiter entwickeln, um vor allem Freundschaften in gegenseitiger Achtung gestalten und Konflikte bzw. Auseinandersetzungen konstruktiv bewältigen zu können.

Erläuterung:
Zum Anlass der Einheit wurde das entsprechende im baden-württembergischen Bildungsplan vorgegebene Thema genommen. Zu diesem findet sich

dort auch die folgende – von uns voll anerkannte – Begründung: »Nicht allein zu sein, eine Freundin oder einen Freund zu haben, ist für das Selbstwertgefühl und das Selbstbewusstsein der Kinder von großer Bedeutung. Sie können diese Beziehung zu anderen als wohltuend, bereichernd, förderlich und herausfordernd, aber auch als belastend erleben und Enttäuschungen, Ablehnung, Auseinandersetzung und Streit sowie Versöhnung erfahren. Gerade diese eigenen Erfahrungen prägen den Freundschaftsbegriff, der erweitert wird durch Meinungen und Erfahrungen anderer Kinder. Dadurch wird die Fähigkeit gestärkt, Beziehungen einzugehen, sie zu erhalten, in Achtung vor dem Gegenüber zu gestalten und Konflikte zu bewältigen.«

Mit Bezug hierauf sollen besonders Vor- und Nachteile und der Facettenreichtum (Vielfältigkeit) von ›Freundschaft‹ aufgezeigt, abgegrenzt, erörtert und diskutiert werden, indem u. a. die Eigenerfahrungen der Schülerinnen und Schüler mit einbezogen und gemeinsam Handlungsmöglichkeiten (auch in Konfliktsituationen) gesammelt, erörtert, ausgetauscht und reflektiert werden. Die wichtigsten Merkmale einer Freundschaft werden dabei aufgezeigt. Einen Freund oder eine Freundin zu haben, bedeutet immer auch, Vertrauen zu anderen zu haben und dadurch möglicherweise auch verletzlich zu werden, bedeutet aber auch, Vertrauen geschenkt zu bekommen und Verantwortung für andere zu übernehmen. Es soll aber durchaus auch bei den Schülerinnen und Schülern Konfliktfähigkeit bzw. Kompetenz zum Umgang mit Konflikten ausgebildet werden, um die als wichtig einzusehende Bereitschaft, eigene Meinungen gegenüber anderen abzugrenzen und zu vertreten, zu fördern. Dabei wird es auch notwendig werden, Angst vor Konflikten abzubauen.

Beiträge der Fächer

Fach	Inhalte
Deutsch	**Brieffreundschaften** • Einstiegsbeispiel/evtl. Erfahrungen der Schülerinnen und Schüler • Freundschaften: Pro/Contra-Argumentation • miteinander lesen und schreiben • Wie schreibt man einen Brief? → verschiedene Möglichkeiten **Einander wahrnehmen, einander helfen** • u. a. Pantomime • Geschichten zur Thematik: Ausländer, Außenseiter Mit ***Informatik, HuS*** und ***Religion*** verbinden!!

Fach	Inhalte
Informatik	**Digitale Freundschaften** (Telefon, Internet, Fax) • Wie kann man sie gestalten? • Sind es echte Freundschaften? • Was spricht für, was gegen solche Freundschaften? • Beispiel: Markus ist umgezogen, kann die Freundschaft mit Stefan aber über das Internet weiterhin aufrechterhalten. Mit ***Deutsch*** verbinden!!
Religion	**Freundschaft** • Pro/Contra-Argumente • Wie stelle ich mir einen Freund, eine Freundin vor? • Was ist mir in einer Freundschaft wichtig? • Was zerstört eine Freundschaft? (Fazit: Man muss eine Freundschaft pflegen wie eine empfindliche Pflanze) • Warum lohnt es sich, eine Freundschaft zu pflegen? (Stichworte: gegenseitige Hilfe, Unterstützung, Halt, Geborgensein, Anteilnahme) • Was bedeutet es, ein guter Freund, eine gute Freundin zu sein? (Stichworte: Vertrauen, Verantwortung) • Ist ein Streit schon der Bruch einer Freundschaft oder gehört er nicht auch dazu? (Abgrenzen der Meinungen ist wichtig → Offenheit, Ehrlichkeit, Direktheit) • Dem anderen einmal verzeihen zu können, gehört auch dazu! Neuanfang (Arche Noah, der verlorene Sohn, … oder ein aktuelles Beispiel) • Rituale der Versöhnung (Bsp.: symbolisch gesehen eine Brücke bauen und dies evtl. auch handwerklich umsetzen) • Vertrauen ist die Grundlage einer Beziehung (Vertrauen haben/bekommen → Verantwortung für den anderen übernehmen) Mit ***Sport, Mathematik, Kunst*** (Brücke bauen) verbinden!!

Fach	Inhalte
Mathematik	**Fachlich** Maßeinheiten u. Umwandlung von Brüchen; Würfel u. Quader, Gitternetze **Funktional** Miteinander Lernen lernen (sich gegenseitig helfen, unterstützen) • Freunde können sich auch zu Lerngruppen treffen/ Freundschaften bilden sich in Lerngruppen (dies könnte man z. B. vor einer Klassenarbeit unter Anleitung einmal ausprobieren) **Rechenaufgaben** • Wie viele Kilometer muss ich zurücklegen, wenn ich zu meinem Brieffreund fahren möchte? Mit welchem Verkehrsmittel komme ich dort am günstigsten hin? • Wie viel kostet es mich, wenn ich meinem Mail-Freund um 12.00 Uhr eine Mail schicken möchte und wie viel um 22.00 Uhr ? • Wie viel kostet mich ein Telefongespräch, wenn ich von 15.30 Uhr bis 16.00 Uhr von Weingarten nach Köln telefoniere? Wie viele Briefe könnte ich dafür schicken? Mit ***Deutsch*** und ***Informatik*** verbinden!!
Heimat- und Sachunterricht	**Ausländer, Außenseiter → mein Freund??** (Heimat und Fremde) • Warum weisen wir Menschen, die anders sind als wir, oft ab, ohne dass wir sie wirklich kennen? • Warum ist es meistens einfacher, in seiner Heimat Freunde zu finden als in der Fremde? • Kennst du jemanden, der einen ausländischen oder einen außergewöhnlichen Freund hat? • Könntest du dir vorstellen, eine Freundschaft mit einem ›Fremden‹ einzugehen? **›Andere Länder, andere Sitten‹** • Bräuche, Religionen und vieles mehr aus anderen Ländern und Kulturen • einander kennenlernen • offen sein für ›andere Menschen‹ und Bräuche **Missbrauch von Freundschaften** Mit ***Religion*** und ***Deutsch*** verbinden!!

Stundenplan und Tagesthemen
1. Woche

Stunde	Montag	Dienstag
Tagesthema	**Freundschaften (allgem. Vorerfahrungen)**	**Konflikte**
1	**Deutsch** Erzählkreis: Erfahrungen der Schüler mit Freundschaften u. Ä. sammeln (erzählend + auf Plakat)	**HuS/Deutsch** Sammeln von Streitanlässen Lösungssuche in Gruppen + gemeinsame Erarbeitung von Streitregeln ›Flop-Parade‹ der Streitanlässe (negative Eigenschaften)
2	**HuS** Individualität als Ausgangspunkt → Erstellen von Schattenrissen; Hitparade der positiven Eigenschaften	
3	**Mathematik** Gemeinsames Lernen in Gruppen	**Religion** Versöhnung ist wichtig! Schlüsselbegriffe: Vergebung + Versöhnung. Rollenspiel mit Plenum (→ Lösungsvorschläge zur Versöhnung)
4	**Religion** Freunde sind wichtig (u.a. Bsp. aus der Bibel)	
5		
6		
7		
8		

Mittwoch	Donnerstag	Freitag
Außenseiter	**Fremdsein (Kinder aus anderen Ländern)**	
Mathematik Auslegespiel mit Schülernamen (einige Kinder bleiben übrig)	**Deutsch/HuS** Bilder vom Vortag. Arbeit am Text ›Andere Länder – andere Sitten‹; Kinder stellen andere Nationalitäten, Sitten... vor durch mitgebrachte Gegenstände... Variante: A ›Namen aus anderen Ländern‹; B Film ›Jomei‹ zum Thema ›Fremdsein wegen bestimmten Eigenschaften‹	**Religion** Umzugsproblematik – Fremdsein im eigenen Land
[Musik]		**Mathematik** Eine Brücke (zwischen Außenseitern und ›Insidern‹) bauen (Zeichnungen/Entwürfe)
Religion Das Endergebnis der Mathematikstunde wird aufgegriffen (Außenseiterrolle). Hinführung zur Integration		**[Sport]**
Deutsch Konkretes Bsp. für Außenseiterrolle ›Das fremde Mädchen‹ Bild dazu malen		**[Sport]**
	HuS Wir kochen Gerichte aus anderen Ländern nach. Gemeinsames Essen	

Stundenplan und Tagesthemen
2. Woche

Stunde	Montag	Dienstag
Tagesthema	**Ersatzfreundschaften**	**Missbrauch von »Freundschaften«**
1	**HuS/Informatik** Vor- und Nachteile der Nutzung von Medien (Fernseher, etc.) → Sinnvolle Freizeitgestaltung Kann ein Computer ein Freund sein? (Pro/Contra)	**HuS** Freundschaften können auch falsch verstanden werden → materielle u. personale Ausnutzung Verdeutlichen von Missbrauchserscheinungen
2		
3	**Mathematik** Würfel und Quader aus Gitternetzlinien herstellen (als Steine für das Brückenmodell) → Brückenbau beginnen	
4		
5		
6		
7		
8		

Mittwoch	Donnerstag	Freitag
Freundschaft pflegen (vom rechten Umgang miteinander)		**Abschluss-Feier**
Deutsch Brieffreundschaften als Bsp. zur Aufrechterhaltung von Freundschaften auch über größere Distanzen hinweg	**Deutsch** Brieffreundschaften II: Formale und inhaltliche Gestaltung von Briefen	**Mathematik** Fertigstellen des Brückenmodells
[Musik]	**Religion** Vertrauen, Offenheit und Ehrlichkeit sind wichtig. Wie pflege ich eine Freundschaft?	**Mathematik** Fertigstellen des Brückenmodells
Deutsch Einander Mut machen – am Beispiel des Filmes ›Mummenschanz‹	**Religion** Spiele zum Thema der vorhergehenden Stunde	**Alle Fächer** Vorbereitungen zum Abschlussfest
	Mathematik Textaufgaben zum Thema: Freundschaftspflege	**Alle Fächer** Vorbereitungen zum Abschlussfest
	Informatik Freundschaftspflege über das Internet oder als Alternative	**Freundschaftsfest** (mit evtl. Elternbeteiligung)
	HuS Die Ergebnisse der einzelnen Themen werden von den Schülern zu einem Spiel zusammengetragen	

Arrangement

Deutsch

Vorüberlegungen

Das Fach Deutsch, dessen Hauptziel die sprachliche Bildung der Schüler ist, kann im Besonderen zur Verwirklichung des pädagogischen Leitgedankens dieser Einheit beitragen.
Eine gezielte Förderung der Ausdrucksfähigkeit kann die bessere Übermittlung von Anliegen und Notwendigkeiten innerhalb von Freundschaften, aber auch zwischen verschiedenen Kulturen ermöglichen. Die angemessene Darstellung von Sachverhalten sowie gerechtes Argumentieren können aber gleichzeitig auch Hilfen bei der Konfliktbewältigung sein. So kann auch der Forderung des Bildungsplanes, Hilfen zu geben, um »sich verständlich, partnerbezogen und situationsangemessen auszudrücken« (Ministerium für Kultus und Sport Baden-Württemberg, Bildungsplan für die Grundschule, Lehrplanheft 1/1994, S.20) ein Stück weit nachgekommen werden.

Auch die schriftliche Übermittlung von Erfahrungen und Erlebnissen kann geübt werden. Einübung von zu beachtenden äußerlichen Formen schriftlicher Kommunikation sowie empfängerbezogene Schreiben haben ebenfalls ihren Platz in der Einheit.
Nicht zuletzt können »Texte als Lebenshilfe« (ebenda, S. 20) dienen und als Modelle für Freundschaftsgestaltungen herangezogen werden. Das Einüben einer informierenden und handlungsanleitenden Lesehaltung (ebenda, S. 131), das Verstehen von Texten sowie das Umsetzen in die eigene Lebenssituation sollen deshalb Bestandteile sein.

Tag/ Stunde	Thema	Ziele	Methoden/Sozialformen	Medien
1. Woche Montag 1. Stunde	Vorerfahrungen zum Thema ›Freundschaft‹ (allgemein)	• Die Schüler können ihre Eigenerfahrungen zum Thema einbringen. • Sie können dabei ihre Ausdrucksfähigkeit stärken. • Die Schüler können lernen, Erzähltes in Stichworten zusammenzufassen.	• Stuhlkreis: Plakat mit Bild und Satzanfang als Gesprächsanlass • Schüler können von ihren eigenen Freundschaften erzählen. • Jeweils nach dem Erzählen wird die Geschichte durch ein oder mehrere Stichworte zusammengefasst (›Eigenschaften‹ und Merkmale von Freundschaft) und auf dem Plakat vermerkt. Auch der jeweilige Freund wird vermerkt (Menschen, Haustiere, ...). • Evtl. kann im letzten Drittel der Stunde (je nach Gesprächsbedürfnis und Ausdauer der Schüler im Sitzkreis) noch die jeweilige Geschichte schriftlich fixiert werden (Einzelarbeit).	• Plakat (AB 1) • Verschieden farbige Stifte • Evtl. Hefte der Schüler
1. Woche Dienstag 1. Stunde	Konflikte in der Freundschaft	Siehe dazu Ausführungen des Faches HuS		
1. Woche Mittwoch 4. Stunde	Außenseiter	• Die Schüler können anhand des ihnen vorgelesenen konkreten Beispieles von Außenseitertum die ›Erfahrungen‹ des bisher Gehörten festmachen. • Die Schüler können über diese Erfahrungen reden. • Sie können sich die Funktion von Wiewörtern wiederholend bewusst machen.	• Stuhlkreis: Geschichte ›Das fremde Mädchen‹ (1. Teil) vorlesen • Kurzes inhaltliches Gespräch darüber (z. B. Klären von Unklarheiten, das dargestellte Problem: die Behandlung, die Salima wegen ihrer Andersartigkeit erfährt, ansprechen, ...) • Austeilen des Textausschnittes und gemeinsames Lesen (jeder Schüler an seinem Platz) • Unterstreichen der Wörter, die beschreiben, wie Salima und Gabi sind (Wiewörter) (gemeinsam, Tageslichtprojektor und Schüler im Heft) • Je nach Zeit: Beginnen, Salima und Gabi zu malen, sonst als Hausaufgabe (Einzelarbeit)	• Buch: Evelyne Stein-Fischer: ›13 Geschichten vom Liebhaben‹ • Arbeits-blätter mit Textausschnitt im Klassensatz • Folie mit Textausschnitt (AB 2) • Folienstifte • Weiße Blätter

Tag/ Stunde	Thema	Ziele	Methoden/Sozialformen	Medien
1. Woche Donnerstag 1. Stunde	Fremdsein	• Die Schüler erfahren, dass kulturelle Unterschiede in einer Freundschaft Probleme aufwerfen können. • Sie können konkret die Unterschiede zwischen türkischen und deutschen Verhaltensweisen bei einem Besuch kennen lernen. • Sie können Interesse bekommen an anderen Kulturen, Sitten, ...	• Stuhlkreis: Die Schüler stellen ihre Zeichungen vor (Salima und Gabi) • Gemeinsames Sprechen darüber • AB ›Andere Länder – andere Sitten‹ wird gemeinsam gelesen. • Gemeinsames Vergleichen der zwei Erzählungen → Unterschiede unterstreichen Klassengespräch: Habe ich so etwas auch schon erlebt? Wo gab es ›kulturelle Schwierigkeiten‹? Welche Sitten gibt es in meinem Heimatland?	• Zeichnungen der Schüler • AB ›Andere Länder – andere Sitten‹ (AB 3) • AB auf Folie • Folienstifte
Variante A zu 1. Woche Donnerstag 1. Stunde	Andere Kulturen und Freundschaft (Weiterführung)	• Die Schüler können von ihrer Ursprungskultur erzählen (und dabei ihre Ausdrucksfähigkeit schulen). • Sie können sich von den Andersartigkeiten der verschiedenen Länder und der dabei entstehenden interessanten bunten Vielfalt anregen lassen zu Offenheit gegenüber Fremden und Fremdem.	• Das angekündigte Vorstellen der Nationalität (von ausländischen Schülern) findet statt. • Diese haben verschiedene Gegenstände aus ihrem ›Heimat‹-Land mitgebracht und erzählen evtl. etwas von dort (Brauchtum, ... evtl. was sie von ihren Eltern erfragt haben) • Variante (falls die Schüler nur wenig mitbringen): AB ›Namen aus anderen Ländern‹	• Mitgebrachte Gegenstände der Schüler • Evtl. AB ›Namen aus anderen Ländern‹ (AB 4)
Variante B zu 1. Woche Donnerstag 1. Stunde	Andersartigkeiten und Freundschaften	• Die Schüler können anhand des Filmes ›Jomei‹ erfahren, dass Unterschiede schwierig zu überwinden sind. • Sie können gemeinsam über Möglichkeiten nachdenken. • Die Schüler können schriftliches Fixieren von Gedanken üben.	• Einstimmung in die Thematik des Filmes • Vorführen des Filmes • Suchen von Hilfen für ›Jomei‹ oder: Wie hätte es anders werden können? (Gruppenarbeit) • Notieren der erarbeiteten ›Lösungen‹ in Partnerarbeit • Gemeinsame Auswertung (Stuhlkreis)	• Film ›Jomei‹ • Videoanlage

Tag/ Stunde	Thema	Ziele	Methoden/Sozialformen	Medien
2. Woche Mittwoch 1. Stunde	Brieffreundschaften	• Die Schüler können das empfängerbezogene Schreiben üben. • Sie können erkennen, welche äußeren Formen bei einem Brief beachtet werden.	• Einstimmung auf die Situation anhand eines Bildes (auf Folie) • Schüler äußern Vermutungen • AB wird ausgeteilt, gemeinsam gelesen. • Jedes Kind soll in Einzelarbeit den Brief von Barbara verfassen. • Dazu werden zuerst die wichtigen Informationen an der Tafel gesammelt (Einladung, Besuchen und Übernachten, Zeitpunkt). • Anhand der geschriebenen Briefe: Besprechen der Form (Anrede, Datum, Grußformel, eigener Name, ...) vor allem Großschreibung der Anrede-Pronomen in der Siezform	• Bild von Monika (siehe AB auf Folie • AB ›Ein Brief an Monika‹ (AB 5)
2. Woche Mittwoch 3. Stunde	Pflege von Freundschaften	• Die Schüler können üben, nichtsprachliche Handlungen zu verstehen und zu deuten. • Sie können Handlungen und Aufmunterungen lernen.	• Vorführen des Filmes ›Mummenschanz‹* • Schüler und Lehrer sprechen gemeinsam über das Thema des Filmes (Freundschaft heißt, einander Mut zu machen), geben ihm eine Überschrift. • Arbeitsblätter (mit den wichtigsten Szenen aus dem Film) werden ausgeteilt und gemeinsam die Überschrift eingetragen. • Die vorhandenen Sprechblasen werden ausgefüllt (gut möglich, da der Film pantomimisch darstellt). (Partnerarbeit) • Stuhlkreis: Vorlesen und Vergleich der Ergebnisse evtl. Nachspielen einiger Beispiele Übertragung auf Situationen in der Lebenswelt der Kinder	• Film ›Mummenschanz‹ • Videoanlage • ABs ›Wichtigste Szenen aus dem Film‹

* Schulfernsehen des Südwest 3 ›Mummenschanz‹:
Es handelt sich bei Mummenschanz um Maskentheater. Die verschiedenen Darsteller treten jeweils in Ganzkörpermasken auf und spielen pantomimisch. Die recht kurzen Sequenzen (ca. 3–6 min) erzählen kleine Geschichten von Menschlichkeit, Zuneigung und darüber, dass man sich über den Erfolg des anderen freuen darf. Sie erheben dabei aber nicht den pädagogischen Zeigefinger und zeigen auch keine Patentlösungen auf. Vielmehr versuchen sie, die unterrichtliche Diskussion in Gang zu bringen.
Der gewählte Kurzfilm ›Mummenschanz 3A‹ behandelt das Thema ›Sich gegenseitig Mut machen‹.

Jomei
Ein 12-jähriger Junge aus Bayern zieht mit seinen Eltern nach Berlin. Wegen seiner Mundart wird er in der Schule ›Jomei‹ genannt und solange gehänselt, bis er versucht, nach München auszureißen.

Lernziele:
Erkennen der Situation des Außenseiters in einer festen Gruppe. Entwickeln von Handlungsstrategien zur Veränderung dieser Situation und zum Abbau von Vorurteilen.
21 min/ Prod.: 1977

Tag/ Stunde	Thema	Ziele	Methoden/Sozialformen	Medien
2. Woche Donnerstag 3. Stunde	Brieffreundschaften II	• Die Schüler sollen lernen, welche Informationen über Absender und Empfänger für die Post wichtig sind. • Sie sollen die Bedeutung der vollständigen Adresse auf einem Briefumschlag kennen.	• AB ›Ein Brief an Monika‹ Nr. 2 wird ausgeteilt und gemeinsam gelesen. • Gemeinsames Überlegen, ob der Brief tatsächlich ankommt • Erarbeitung der richtigen Adresse: – Aufschreiben • Gemeinsames Überlegen: Bedeutung der Postleitzahl für die Post • Schüler schreiben einen Brief an einen Brieffreund (entweder schon vorhanden oder mitgebrachte Adressen – aus einer Partnerschule etc.).	• AB ›Ein Brief an Monika‹ Nr. 2 (AB 6) • Adressen für Brieffreundschaften • Briefumschläge

Informatik

Vorüberlegungen

Das Fach Informatik soll hier zur Erreichung der folgenden Zielsetzungen beitragen:

- Die Schüler sollen dazu befähigt werden, abzugrenzen und zu beurteilen, was (eine) Freundschaft ist. Dabei soll das Be- und Urteilsvermögen der Schüler gestärkt werden.
- Des Weiteren sollen die Schüler zu einer sinnvollen Computernutzung hingeführt werden und dabei neue Möglichkeiten zur Freundschafts- bzw. Kontaktpflege kennenlernen.
- Dabei soll indirekt auch ihre Beziehungsfähigkeit gefördert werden, indem sie lernen sollen, zu erkennen, was eine Freundschaft ist, aber auch, was sie ausmacht. Dazu können auch E-Mails, genauso wie die Briefe aus dem Deutschunterricht, eine Hilfe sein. Denn hierbei können die Schüler dazu angeregt werden, erst einmal zuzuhören, den anderen berichten lassen, ohne ihm dabei ins Wort zu fallen. So können in einer Beziehung meist schon viele Unstimmigkeiten von vorn herein vermieden werden.
- Außerdem soll den Schülern dabei auch vermittelt werden, dass man mit dem Medium Brief bzw. E-Mail vorsichtig umgehen muss, denn auch Worte können sehr verletzend sein. Dabei soll die Rücksichtnahme auf andere gestärkt werden sowie die Fähigkeit zum Sichhineinfühlen oder -denken in den anderen (Empathiefähigkeit).

Tag/ Stunde	Thema	Ziele	Methoden/Sozialformen	Medien
2. Woche Montag 1. Stunde	Kann ein Computer ein Freund sein?	• Die Schüler sollen sich mit der Frage auseinandersetzen, ob ein Computer ein wirklicher Freund sein kann. Dazu werden die bisher schon behandelten Merkmale eines richtigen Freundes nochmals aufgegriffen. • Dabei sollen die Schüler kritisch reflektieren, wozu sie ihren Computer nutzen und den Gebrauch begründen. • Die Schüler sollen erkennen, bzw. zu der Erkenntnis kommen, dass der Computer zwar ein sinnvoller Zeitver-treib sein kann, jedoch kein wirklicher Ersatz für einen Freund. • Hierbei sollen die Schüler Möglichkeiten kennenlernen, den Computer sinnvoll zu nutzen.	• Einstieg über die Geschichte ›Tom und sein Freund Eddi‹ LV • Erörtern der Frage, ob ein Computer ein Freund sein kann, anhand von Plakaten (Pro und Contra). EA/PA/KA • U-Gespräch über die Meinungsergebnisse und Vorerfahrungen der Schüler: Wozu nutzt ihr euren Computer (falls vorhanden)? Was ist er für euch? • Zweiter Teil der Geschichte mit dem Resultat, dass der Computer keinen wirklichen Freund ersetzen kann. LV/U-Gespräch • Zum Schluss dieser Stunde sollen noch Möglichkeiten gesammelt werden, wie man den Computer sinnvoll nutzen kann. (Hitliste)	• Geschichte über einen ›Freund‹, der in Wirklichkeit ein Computer ist • Plakate (an der Tafel) • Meinungszettel • Plakate • Geschichte, zweiter Teil • Vorschläge oder Beispiele, die sowohl vom Lehrer als auch von den Schülern kommen können.

Tag/ Stunde	Thema	Ziele	Methoden/Sozialformen	Medien
2. Woche Donnerstag 7. und 8. Stunde	An diesem Nachmittag haben die Schüler die Möglichkeit, zwischen zwei Angeboten zu wählen. Dabei können sie einerseits Spiele für das gemeinsame Abschlussfest vorbereiten (s.HuS) oder lernen, wie man eine E-Mail anfertigt, abschickt und beantwortet. Dies soll in Zusammenarbeit mit einer Partnerschule geschehen, sodass die Schüler echte E-Mails abschicken und beantworten können, denn nur so können sie sich eine Meinung darüber bilden, ob man auf diesem Weg eine Freundschaft aufrecht erhalten kann.			
	Freundschaftspflege über das Internet	• Die Schüler sollen lernen, eine E-Mail zu schreiben und abzuschicken. • Die Schüler sollen die Möglichkeit dazu haben, einmal auszuprobieren, wie es ist, mit E-Mails umzugehen. • Sie sollen lernen, eine E-Mail zu beantworten. • Kritische Reflexion	• Dazu soll zunächst Schritt für Schritt erklärt werden, wie eine E-Mail angefertigt, abgeschickt und geschrieben wird. Dazu bekommen die Schüler als Hilfe die Arbeitsblätter ›Wie schreibe ich eine E-Mail?‹ (Teil 2). Nun soll so vorgegangen werden, dass man die einzelnen Schritte zunächst bespricht, während sie der Lehrer am Monitor vormacht. Anschließend werden die einzelnen Schritte gemeinsam durchgeführt. FU • Nun können auch die zuvor schon entworfenen E-Mail-Texte eingegeben oder auch neue entworfen werden. Dazu bekommt jeder Schüler die E-Mail-Adresse von Schülern der Partnerschule, die nun gleichzeiteig an ihren Computern sitzen und eine E-Mail für die jeweiligen Schüler schreiben. FU • Danach werden die E-Mails gemeinsam abgeschickt. • In der Zwischenzeit (bis bei uns die E-Mails der Partnerschule eintreffen) werden die einzelnen Schritte zur Beantwortung einer E-Mail erörtert. FU • Anschließend werden die E-Mails der Partnerschule aufgerufen, bearbeitet und beantwortet zurückgeschickt. • Zum Abschluss sollen sich die Schüler nun nochmals überlegen, ob dies eine Möglichkeit dazu ist, eine Freundschaft zu pflegen oder gar eine aufzubauen (Partnerschule). U-Gespräch	• Arbeitsblätter, Computer und Monitorprojektor des Lehrers • Adressen • Arbeitsblätter ›Wie beantworte ich eine E-Mail?‹ • E-Mails und dazu gemachte Erfahrungen

Religion (ökumenisch)

Vorüberlegungen

Im Fach Religion sollen die Schüler

- lernen auszudrücken, was sie selbst unter einer guten Freundschaft verstehen.
- eine biblische Geschichte/Freundschaft kennenlernen und anhand dieser speziellen Geschichte herausarbeiten, was das Wesentliche einer Freundschaft ist/was sie so wichtig macht.
- lernen, mögliche Konfliktursachen zu erkennen.
- lernen, dass Konflikte eine Freundschaft zerstören, sie aber auch verbessern können.
- Vergebung und Versöhnung als wichtige Schlüsselbegriffe und -qualifikationen kennen lernen.
- lernen, andere Menschen so zu akzeptieren, wie sie sind.
- erkennen, wo und warum ein anderer Mensch zum Außenseiter wird.
- lernen, sich in einen Außenseiter hineinversetzen/hineinfühlen zu können.
- lernen, Außenseiter in eine Gruppe zu integrieren.
- die verschiedenen Bedeutungen von ›Fremdsein‹ unterscheiden können.
- lernen, ein fremdes Kind und seine Ängste zu verstehen.
- die Fähigkeit entwickeln, selbstständig auf ein fremdes/neues Kind in der Klasse zuzugehen.
- Möglichkeiten zur Pflege einer Freundschaft kennen lernen.
- erfahren, dass es auch Geschenke gibt, die man nicht sehen kann, die aber oftmals wertvoller sind als materielle Geschenke.
- unterscheiden können, ob ihnen jemand etwas aus Zuneigung schenkt oder ob es nur dem Erkaufen einer Freundschaft dient.

Tag/ Stunde	Thema	Ziele	Methoden/Sozialformen	Medien
1. Woche Montag 4. Stunde	Freundschaft allgemein: – Kennen lernen einer Freundschaft aus der Bibel – Wie stelle ich mir eine (gute) Freundschaft vor? – Warum ist Freundschaft wichtig?	Die Kinder sollen ● lernen auszudrücken, was sie selber unter einer guten Freundschaft verstehen. ● eine biblische Geschichte/Freundschaft kennen lernen. ● anhand einer speziellen Geschichte herausarbeiten, was das Wesentliche einer Freundschaft ist und was sie so wichtig macht.	● L. und Sch. sitzen gemeinsam im Stuhlkreis. ● L. liest eine Geschichte vor. ● L. und Sch. diskutieren über das Wesentliche einer Freundschaft/ arbeiten das Wesentliche heraus und halten es schriftlich fest.	● Geschichte von David und Jonathan (in Auszügen) ● TB 1 ● Tafel ● Hefte
1. Woche Dienstag 3. Stunde	Konflikte: – Besprechung von möglichen Konflikten in einer Freundschaft – Erarbeitung von Lösungsmöglichkeiten dieser Konflikte – ›Vergebung‹ und ›Versöhnung‹ sind hierbei zentrale Begriffe	Die Kinder sollen: ● lernen, mögliche Konfliktursachen zu erkennen. ● lernen, dass Konflikte eine Freundschaft zerstören, sie aber auch stärken können. ● Vergebung und Versöhnung als wichtige Schlüsselbegriffe und -qualifikationen kennen lernen.	● L. erzählt eine Geschichte über eine Freundschaft, die durch einen Streit zu zerbrechen droht. ● Sch. erarbeiten in Gruppen- bzw. Partnerarbeit mögliche Lösungswege aus diesem Konflikt und stellen sie später der Klasse im Rollenspiel vor. ● Lied ›So ist Versöhnung‹ wird gesungen.	● selbstentworfene Geschichte

Tag/ Stunde	Thema	Ziele	Methoden/Sozialformen	Medien
1. Woche Mittwoch 3. Stunde	Außenseiter: – Den Sch. wird die Rolle des Außenseiters nahegebracht. – Wie fühlt sich ein Außenseiter? – Welche Menschen werden in unserer Gesellschaft sehr schnell zu Außenseitern und warum?	Die Kinder sollen ● erkennen, wo und warum ein anderer Mensch zum Außenseiter wird. ● sich in einen Außenseiter hineinversetzen/hineinfühlen können. ● lernen, andere Menschen so zu akzeptieren, wie sie sind. ● lernen, Außenseiter in eine Gruppe zu integrieren.	● Erinnerung an die Legeplättchen aus der Mathestunde (Außenseiterrolle) ● Diskussion darüber, welche Außenseiterrollen es in unserer Gesellschaft gibt ● Warum wird ein Mensch zum Außenseiter? ● Wie fühlt sich ein Außenseiter? ● L. und Sch. lesen gemeinsam einen Text zum Thema (versch. Außenseiterrollen). ● Gespräch und Ergebnissicherung durch Heftaufschrieb	● evtl. Legeplättchen ● Texte, TB 2
1.Woche Freitag 1. Stunde	Fremdsein: – Was heißt es, ›fremd‹ zu sein? – Versch. Auslegungsmöglichkeiten des Begriffes werden dargelegt. – Nicht nur ausländische Mitbürger können sich in unserer Stadt fremd fühlen. – Was kann ich tun, damit sich andere nicht fremd fühlen?	Die Kinder sollen: ● die versch. Bedeutungen von ›Fremdsein‹ unterscheiden. ● lernen, ein fremdes Kind und seine Ängste zu verstehen. ● die Fähigkeit entwickeln, selbstständig auf ein fremdes/neues Kind in der Klasse zuzugehen.	● L. und Sch. lesen gemeinsam eine Geschichte (mit offenem Ende) über ein Kind, das neu in eine Stadt und in eine neue Schule kommt. ● Erarbeitung in Gruppen- oder Partnerarbeit: Wie fühlt sich das Kind? Welche Probleme stellen sich ihm in der neuen Umgebung? Wie könnte die Geschichte ausgehen? ● Gemeinsames Besprechen des Erarbeiteten im Stuhlkreis ● Gemeinsames Überlegen: Was könnten andere Kinder tun, damit sich das neue Kind nicht einsam und fremd fühlt?	● selbst entworfene Geschichte

Tag/ Stunde	Thema	Ziele	Methoden/Sozialformen	Medien
2. Woche Donnerstag 2. Stunde	Pflege von Freundschaft: – Eine Freundschaft muss auch gepflegt werden. – Pflege von Freundschaft kann verschieden aussehen. – Mögliche (auch nichtmaterielle) Geschenke in einer Freundschaft – Offenheit und Ehrlichkeit sind die höchsten Güter in einer Freundschaft.	Die Kinder sollen • Möglichkeiten zur Pflege einer Freundschaft kennen lernen. • erfahren, dass es auch Geschenke gibt, die man nicht sehen kann, die aber oftmals wertvoller sind als materielle Geschenke. • unterscheiden können, ob ihnen jemand etwas aus Zuneigung schenkt oder ob es nur dem Erkaufen einer Freundschaft dient.	• Die Sch. erarbeiten in Gruppen, was für sie das Wichtigste in einer Freundschaft ist. • L. schreibt Stichwörter an die Tafel (Offenheit, Ehrlichkeit, Kritik, Vertrauen, ...) und lässt Sch. dazu ihre Meinung äußern: Wie wichtig sind diese Punkte für mich in einer Freundschaft? • Diskussion: Wie wichtig sind Geschenke für eine Freundschaft? Welche Arten von Geschenken kann man sich in einer Freundschaft machen? VORSICHT: Manche Menschen wollen sich durch materielle Geschenke eine Freundschaft erkaufen!	• Tafel
2. Woche Donnerstag 3. Stunde		• in der anschließenden Stunde werden Spiele zum Thema gespielt		

Mathematik

Vorüberlegungen

Mathematisch-geometrisches Wissen wird hier erworben durch Auslegen mit Logimatplättchen in zweidimensionaler Weise und einen durch Quader-, Würfel- und Brückenbau geschaffenen dreidimensionalen Raum. Dazu zählt auch die Förderung architektonisch-räumlichen Denkens und ›Handwerkens‹, wie sie durch Plan und Herstellung eines Brückenmodells gefordert werden.

Das angezielte Sozialverhalten wird durch partnerschaftliche Gruppenarbeitsweisen gefördert, bei dem Schüler an gegenseitigen Hilfen erkennen können, wie sehr diese sich auf die Gestaltung dauerhafter Beziehungen auswirken können.

Tag/ Stunde	Thema	Ziele	Methoden/Sozialformen	Medien
1. Woche Montag 3. Stunde	Freundschaft allgemein: Gemeinsames Lösen von Rechenaufgaben	• Die S. sollen sich gegenseitig beim Lösen von Aufgaben helfen. • Die S. sollen einzelne Rechenverfahren lernen und üben. • Die S. üben Sozialverhalten.	• Der L. verteilt Aufgaben aus unterschiedlichen, bereits behandelten Themenkreisen. • Die S. üben in PA und GA das Rechnen und Lösen der Aufgaben. • Schwerpunkt ist das gegenseitige Helfen. Dabei unterstützen stärkere die schwächeren Schüler. ❖ Am Schluss der Stunde werden die Lösungen verglichen.	• Aufgaben aus dem Mathematikbuch • Mathematikbuch • Heft der Schüler
1. Woche Mittwoch 1. Stunde	Außenseiter: Figuren auslegen	• Die S. sollen sehen, dass Menschen Außenseiter sein können. • Die S. üben die Integration verschiedener Komponenten und merken, dass manche Plättchen nur schwierig oder nicht integriert werden können (= Außenseiter). • Die S. üben den Umgang mit Logimatplättchen. • Die S. lernen geometrische Grundformen kennen.	• Großes Spiel als Einstieg: Große Figur soll von der Klasse mit Kärtchen ausgelegt werden, auf denen Namen (nicht von der Klasse) stehen. Ein paar Plättchen bleiben übrig. Nun wird vom L. der Bezug zum Außenseiter hergestellt. • In PA legen die S. als zweiten Schritt selbst Figuren aus. Dabei entdecken sie verschiedene Möglichkeiten und merken, dass nicht immer jedes Plättchen verwendet werden kann. • Gegen Stundenende stellen einige Schüler ihre Ergebnisse am Tageslichtprojektor vor.	• Kärtchen mit Namen aus verschiedenen geometrischen Grundformen • Große, auszulegende Figur auf großem Plakat • Arbeitsblätter mit kleineren auszulegenden Figuren • Logimatplättchen •Tageslichtprojektor
1. Woche Freitag 2. Stunde	Fremdsein: Brückenentwurf	• Die S. sollen erahnen, dass man zu Fremden Brücken baut und bauen kann, um Verbindung zu ihnen aufnehmen zu können. • Die S. üben Zeichnen. • Die S. üben logisches Denken. • Die S. üben Feinmotorik. ❖ Die S. lassen ihrer Phantasie freien Lauf.	• Die S. entwerfen in dieser Stunde im Heft eine Brücke. Ein Entwurf wird am Ende der Stunde ausgewählt und später realisiert. • Der L. gibt Größen vor (1 Würfelseite = 1 cm, 1 Quaderlänge = 2 cm), dann können die S. frei arbeiten. • Wichtig ist sauberes Zeichnen und Anlegen des Geodreiecks. • Am Ende der Stunde erfolgt gemeinsames Betrachten der Ergebnisse und die Auswahl eines Entwurfs für die Realisation.	• Hefte der Schüler • Geodreieck • Bleistift und Radiergummi

Tag/ Stunde	Thema	Ziele	Methoden/Sozialformen	Medien
2. Woche Montag 3. Stunde	Ersatzfreundschaft: Herstellung von Würfeln und Quadern	● Die S. sehen, dass richtige Verbindungen – wie bei Freunden – wichtig sind. ● Die S. gewinnen Vorstellung von räumlichen Gebilden (Würfel/Quader) ● Die S. üben Feinmotorik und Umgang mit Lineal und Geodreieck. ● Die S. bereiten Teile für das Brückenmodell vor.	● Die S. stellen Würfel und Quader aus Gitternetzlinien her. Dabei zeichnen sie ein Gitternetz, das nachher – zusammengeklappt – einen Quader ergibt. ● Die S. müssen beachten, wie sie den Quader zusammenfalten und kleben wollen (Klebelaschen/ Knickfalten).	● Tafel (L. zeichnet Gitternetzlinien auf) ● Tonpapier in verschiedenen Farben ● Schere, Klebstoff, Lineal, Stift
2. Woche Donnerstag 4. Stunde	Pflege von Freundschaften: Lösen von Sachaufgaben	● Die S. üben das Sachrechnen. ● Die S. sehen allmählich ein, dass Mathematik etwas mit dem Leben zu tun hat.	● Die S. üben das Lösen von Textaufgaben, die zum Thema ›Freudschaften pflegen‹ passen (Kosten errechnen für Briefe, Telefon, E-Mail, Fax; Zurücklegen von Wegstrecken). ● Die Textaufgaben sind in EA zu lösen und sind vom Lehrer mitgebracht oder aus dem Mathematikbuch. ● Am Schluss der Stunde bietet sich ein Spiel an.	● Heft der Schüler ● Mathematikbuch ● Blatt mit Textaufgaben
2. Woche Freitag 1. Stunde	Abschlusstag: Brückenbau	● Die S. sollen den Zusammenbau von Einzelteilen und die Konstruktion eines Modells lernen. ● Die S. üben den Umgang mit räumlichen Figuren (Würfel/Quader). ● Die S. lernen das Umsetzen eines Modells in die Praxis. ● Die S. üben Feinmotorik. ● Die S. üben Sozialverhalten und sehen, dass Freunde und Gruppen, die einem helfen und mit denen man gemeinsam etwas machen kann, unersetzlich sind.	● Die Klasse fertigt das ausgewählte Brückenmodell aus den angefertigten Bausteinen aus Tonpapier an. Diese Stunde ist zugleich Abschlussstunde, die Elemente der vergangenen Tage aufgreift. ● Der L. koordiniert das Geschehen und achtet auch auf den Lärmpegel.	● Angefertigte Quader und Würfel aus Tonpapier ● Klebstoff, Schere ● Bauplan für die Brücke

Heimat- und Sachunterricht

Vorüberlegungen

»Kinder können ihre vielfältigen Beziehungen zu Menschen unterschiedlichen Alters und verschiedener Herkunft als wohltuend, bereichernd, herausfordernd oder belastend erleben. Der Unterricht stärkt die Fähigkeit, Beziehungen einzugehen, sie zu erhalten und in Achtung vor dem Gegenüber zu gestalten. Ferner sollen mit den Kindern Wege gesucht werden, wie Konflikte angenommen und gelöst werden können.« (Bildungsplan für die Grundschule, Baden-Württemberg, S. 138)

Ergänzend und erweiternd lässt sich hierzu feststellen, dass sich Kinder der Bedeutung einer Freundschaft erst einmal bewusst werden sollen. Aus diesem Bewusstsein heraus können u.a. ›falsche‹ Freundschaften (z.B. Fernsehen) wie auch die Gefahren (Missbrauch) durch eine solche erkennbar gemacht werden. Da dieser Themenbereich unterschiedliche Sozialformen zulässt und diese auch praktiziert werden, wird die Sozialkompetenz der Schüler unter verschiedenen Aspekten gefestigt und erweitert. Die abschließende Dokumentation der Ergebnisse in Form eines Spieles fördert in gleichem Maße motorische Entwicklung und ästhetisches Bewusstsein und regt Fantasie und Kreativität der Kinder an.

Es erscheint mir unumgänglich, innerhalb der Thematik Freundschaft als Lehrer auch solche Fehlerscheinungen mitzubedenken, wie den sexuellen Missbrauch im Verwandten- und Freundeskreis, da fast 70% sexuellen Missbrauchs von Kindern sich im Kreis von Verwandten, Freunden und Bekannten von Kindern ereignen. Allerdings bedarf die Behandlung dieses Aspektes der größten Vorsicht und setzt großes Einfühlungsvermögen vonseiten der Lehrer voraus. Die Grundsätze zur Präventionsarbeit helfen dem Kind nur dann, wenn sie auch von Erziehungspersonen vorgelebt werden und den allgemeinen Unterrichts- und Erziehungsstil prägen. In der Schule kann Prävention nur in einem Klima möglich sein, das von Vertrauen und gegenseitiger Achtung geprägt ist. Eine weitere Voraussetzung: Die Klasse ist mit dem Thema ›Liebe und Sexualität‹ der Stufe entsprechend vertraut. Die zwei vorgesehenen Stunden reichen sicher nicht aus, um eine erfolgreiche Präventionsarbeit zu leisten. Den Begriff des sexuellen Missbrauchs würde ich nach Möglichkeit vermeiden. Aber es kann u.U. eine Basis geschaffen werden (durch die im Plan aufgeführten Ziele), auf welche in einer späteren, umfassenderen Behandlung zurückgegriffen werden kann.

Die Ergebnissicherung und deren Dokumentation erfolgen zum Teil dadurch, dass die Schüler ein oder mehrere Brettspiele herstellen. Spiele können zu allen Teilaspekten der Unterrichtseinheit sowohl Frage- und Antwortkärtchen enthalten, wie auch Aktionsaufgaben, z. B. die pantomimische Darstellung eines bestimmten Gefühlsausdrucks. Ich möchte hierzu vorher keine näheren Angaben machen, weil ich mir sicher bin, die Kinder sind die weitaus größeren ›Spielexperten‹ – und es wäre doch schade und im Rahmen einer umfassenden Förderung der Kinder sogar hinderlich, solches Ideenpotential und den Fantasie- und Kreativitätsreichtum der Kinder auszublenden. Nur eine Anregung gestatte ich mir: Sinnvoll fände ich es, wenn das Spiel auch emotionale Momente enthielte, beispielsweise das Rauswerfen eines Gegners. Aus eigener Spielerfahrung weiß wohl jeder, dass derartige Spielverläufe durchaus Anlass zum Streiten sein können. So könnten die Schüler ihre neu erworbene Konfliktkompetenz und den Umgang mit Streitregeln spielerisch in die Tat umsetzen. Dies sollte den Schülern vor Antritt der Einheit auch ausdrücklich erklärt werden.

Tag/ Stunde	Thema	Ziele	Methoden/Sozialformen	Medien
1. Woche Montag 2. Stunde	Was ist Freundschaft/ Vorerfahrungen	• Bewusst machen, was Freundschaft eigentlich ist • Erkennen, dass es Unterschiede und Gemeinsamkeiten bei der Bewertung/ Bedeutung von Freundschaft gibt	• ausgehend von der Deutsch-Stunde Umrissbilder zeichnen, Eigenschaften in Umrissbild schreiben • Eigenschaften auf Kärtchen schreiben; diese aufhängen • Jedes Kind bekommt 3 Klebepunkte → darf seine 3 Favoriten kennzeichnen → ›Hitparade‹ der Eigenschaften erstellen, Gespräch darüber → Ergebnisse für das abschließende Spiel verwenden	• Tapeten • Filzstifte • Kärtchen • Klebepunkte
1. Woche Dienstag 1. Stunde gemeinsam mit Deutsch	Freundschaft und Konflikte	• Wahrnehmen, dass Freundschaft auch Konflikte beinhalten kann • Möglichkeiten für positive Verhaltensweisen in Streitsituationen erarbeiten • Rücksichtsvolles Verhalten im Umgang mit anderen als wichtig und förderlich erkennen	• ausgehend von Rollenspielen (von L. gespielt) • Unterrichtsgespräch • Suchen nach weiteren Streitanlässen ❖ diese auf Karten schreiben (jeder S. min.1) • In GA Lösungen erarbeiten • Kl. Geschichte zu Streit • Streitregel als OHP-Folie, als Gesprächsanlass • Streitregeln erarbeiten • negative Hitparade, wieder durch Plakat und Klebepunkte erarbeitet → Spiel • Abschließendes Rollenspiel durch S. mit alternativer Lösung	• selbstverfasstes Rollenspiel • Karteikarten Schreibmaterial • großes Plakat • Klebepunkte • Streitgeschichte • Streitregeln als OHP-Folie • Bild der Streitenden, groß

Tag/ Stunde	Thema	Ziele	Methoden/Sozialformen	Medien
1. Woche Donnerstag 1. Stunde	Fremdsein/andere Nationalitäten	Siehe dazu Ausführungen des Faches Deutsch		
1. Woche Donnerstag 7. und 8. Stunde	Fremdsein/andere Nationalitäten	• Kennenlernen anderer Kulturen über das Essen (Geschmack) • Selbstständige Durchführung • Handelndes Lernen/Kennenlernen • Dabei sollen die Schüler andere Kulturen sozusagen über den Geschmack kennenlernen. • Was ist anders? Wie war das Zubereiten? Riecht/schmeckt es für uns ungewöhnlich? Schüler sollen Unterschiede und Gemeinsamkeiten erörtern. • Dadurch sollen die Schüler handlungsfähiger werden.	• Zunächst werden von der Lehrperson oder von den Schülern Rezepte vorgestellt, die nun nachgekocht werden sollen. • Danach soll kurz auf die Vorgehensweise und die Küchenregeln eingegangen werden. • Erstellen eines Kochplans (auch mit Vorbereitung, Aufräumen etc.) + Gruppeneinteilung U-Gespräch • Zubereiten der Speisen Gruppenarbeit • Gemeinsames Essen • Erfahrungsaustausch U-Gespräch • Gemeinsames Aufräumen. Dabei soll auch nochmals die Durchführung kritisch hinterfragt werden. Kochplan etc.	• Kochplan • Küchenregeln • Speisen
2. Woche Montag 1. Stunde	Ersatzfreundschaften: Ist der Fernseher ein Freund?	• S. sollen eigenes Fernsehverhalten einschätzen u. beurteilen. • Erkenntnis, wie es zur Fernsehsucht kommen kann • Hinführung zu einer sinnvollen Freizeitgestaltung • Schulung der Gesprächsführung	• Geschichte ›Mein bester Freund‹ • U.-Gespräch: Ist der Fernseher ein Freund? • S. erhalten Ergebnisse im Protokollbogen fest. • Ergebnisse an Tafel festhalten → Was kann der Fernseher, was kann er nicht? • Podiumsdiskussion mit ›Fernsehexperte‹ und ›Freizeitexperte‹ (je ein Schüler) • Hinführung zu sinnvoller Freizeitgestaltung • Sichern der Ergebnisse → Spiel	• Geschichte ›Mein bester Freund‹ • Protokollbögen (siehe Rückseite) • Tafelanschrieb (siehe Rückseite)

Tag/ Stunde	Thema	Ziele	Methoden/Sozialformen	Medien
2. Woche Dienstag 1. Stunde	Missbrauch von Freundschaften/ negative Folgen von Freundschaft	• S. sollen erfahren, dass Freundschaft auch falsch verstanden werden kann. • Eigene Gefühle wahrnehmen und benennen können • Lernen ›NEIN‹ zu sagen • Unterscheidung zw. guten und schlechten Geheimnissen	• Geschichte ›Minna ist ratlos‹ U-Gespräch • Gefühle raten: 1 S. liest beliebigen Text in unterschiedlicher Gefühlslage vor → andere sollen das dargestellte Gefühl erkennen • ›Das Lied vom NEIN sagen‹ singen → mit anschließendem Gespräch • Als kleines Rollenspiel: Schöne und bedrückende Geheimnisse • AB ›Meine Rechte‹ in EA U-Gespräch • Plakat anfertigen: Meine Rechte als Kind → Spiel	• Geschichte ›Minna ist ratlos‹ • Kärtchen mit unterschiedlichen Gefühlen • ›Das Lied vom NEIN sagen‹ • Kärtchen mit den unterschiedlichen schönen und bedrückenden Geheimnissen • AB ›Meine Rechte‹ • Plakat
2. Woche Donnerstag 7. und 8. Stunde	Ergebnissicherung	• Wiederholung des bisher Erarbeiteten • Anregen der Fantasie und Kreativität • Schulung der motorischen und ästhetischen Fertigkeiten	Als Alternative oder im Wechsel mit Informatik (vgl. dort) • Die im Verlauf der 2 Wochen erarbeiteten Ergebnisse zu den einzelnen Themen werden von den Schülern zu einem Spiel zusammengetragen (vgl. Hinweise zum Spiel).	• Buntes Papier • Karton • Buntstifte • Bastelmaterialien

Tafelanschrieb

Der Fernseher ist …

wie ein ›Freund‹, weil	kein ›Freund‹, weil

Muster für Protokollbogen:

Was der Fernseher kann:
Was der Fernseher nicht kann:

Literatur

Allgemein

- Bausteine Grundschule ›Wir sind Freunde‹. 10. Jahrgang 4/97, Bergmoser und Höller Verlag GmbH, Aachen
- Ministerium für Kultus und Sport Baden-Württemberg (Hrsg.), Bildungsplan für die Grundschule 1/1994, Neckar-Verlag GmbH, Villingen-Schwenningen, 1994
- Peterßen, Wilhelm H., Handbuch Unterrichtsplanung, 8., erw. u. überarb. Auflage, Oldenbourg Schulbuchverlag GmbH, München 1998

Fach Deutsch

- Stein-Fischer, Evelyn, 13 Geschichten vom Liebhaben, dtv, München 1990

Fach Informatik

- Russberger, Alfons, u. a., Informationstechnische Grundbildung, Ernst Klett Verlag GmbH & Co. KG, Stuttgart 1986

- weiterführende Literatur
  Hoelscher, Gerald, Kind und Computer. Spielen und Lernen am PC, Springer-Verlag, Berlin Heidelberg 1994
  Mitzlaff, Hartmut, Speck-Hamdan, Angelika, Grundschule und neue Medien, Arbeitskreis Grundschule – Der Grundschulverband – e. V., Frankfurt am Main, 1998

Fach HuS

- (im Arrangement aufgeführt)

Fach Religion

- LAUBI, W., Saul – David – Salomo. Ein biblisches Erzählbuch für Familie, Schule und Gemeinde, Ernst-Kaufmann Verlag, Lahr 1994
- WIRTH, VERONIKA, Werkstatt Religion, Ideen – Skizzen – Arbeitsmaterialien, Klasse 3–6, Konkordia-Verlag, Bühl 1995
- Unterrichtsideen: Miteinander – Wir sind Kinder aus vielen Ländern, Klett Verlag, Leipzig 1995
- NOACK, H.-A., KOLLEHN, K., SCHILL, W., Bundeszentrale für gesundheitliche Aufklärung, Köln (Hrsg.), Thema: Fernsehen, Klett Verlag, Stuttgart 1992
- BÖHMER, A., EGGERT, M., KRÜGER, A., Unterrichtsideen Fühlen – Wahrnehmen – Handeln, Klett Verlag, Leipzig 1995
- HUSER-STUDER, J., LEUZINGER R., Grenzen. Sexuelle Gewalt gegen Kinder und Jugendliche, ELK-Verlag, Zürich 1992
- JOHNS, I., Sexuelle Mißhandlung. Kennzeichen und Folgen. In: Arbeitskreis Grundschule – der Grundschulverband e.V., Bd. 97 ›Sexualerziehung von Anfang an‹, Frankfurt/M., 1996
- MILHOFFER, P., Sexuelle Mißhandlung – kein Thema ohne Sexualerziehung. In: Arbeitskreis Grundschule – der Grundschulverband e.V., Bd. 97 ›Sexualerziehung von Anfang an‹, Frankfurt/M., 1996

7.2 Hauptschule: ›Weinanbau in der Region Bodensee – Oberschwaben‹

Thema:	Weinanbau in der Region Bodensee-Oberschwaben in Geschichte und Gegenwart – betrachtet unter kulturellen, ökologischen und ökonomischen Gesichtspunkten
Schuljahr:	7
Zeitraum:	3 Wochen
Beteiligte Fächer:	Geschichte / Gemeinschaftskunde Geografie Religion Wirtschaftslehre / Informatik Bildende Kunst Deutsch
Beteiligte Lehrer:	Annegret Bielz Erika Panke Felicitas Magin

Pädagogische Zielsetzung

Das fächerverbindende Thema ›Weinanbau in der Region Bodensee-Oberschwaben‹ gilt hier als exemplarisch und wird unter folgende allgemeine pädagogische Ziele gestellt, die als durchgängige besondere Aufgabenstellung der Hauptschule im allgemeinbildenden Bildungssystem gelten:

Die Schule – und somit jeder in ihm erteilte Unterricht – soll grundlegende Kenntnisse, Fertigkeiten und Einstellungen/Haltungen an Heranwachsende vermitteln und dadurch u.a. die Grundlage für deren Erziehung und Bildung legen.

Der Unterricht an Hauptschulen soll dabei in der Regel an lebensnahen Lernsituationen, an konkreten Aufgabenstellungen und an praktischem Handeln orientiert sein. Vor allem handlungsorientierte und ganzheitliche Unterrichtsformen sollen dabei im Vordergrund stehen. Diese sollen das eigene Beobachten, Sammeln, Gliedern, Ordnen, Vergleichen, Bewerten und Darstellen anregen und durch Selbsttätigkeit zur Selbstständigkeit führen.
Die Sprachfähigkeit der Schülerinnen und Schüler soll in allen Fächern nachhaltig gefördert werden.
Durch Gruppenarbeit soll das Gemeinschaftsgefühl gestärkt werden. Fächerverbindendes Arbeiten soll dabei insbesondere der Schulung von vernetzendem Denken dienen.

Beiträge der Fächer

Die Schülerinnen und Schüler sollen den Weinanbau in der Region Bodensee-Oberschwaben vom Mittelalter bis heute unter kulturellen, ökologischen und ökonomischen Gesichtspunkten kennenlernen.

Dazu sollen die Fächer Geschichte, Gemeinschaftskunde, Wirtschaftslehre, Informatik, Geografie, Religion, Bildende Kunst und Deutsch integrierende Beiträge leisten. Das Thema soll innerhalb eines Zeitraumes von drei Wochen fächerverbindend unterrichtet werden. Während dieser Zeit ist der normale Stundenplan außer Kraft gesetzt, die Fächer Mathematik, Physik, Biologie/Chemie, Technik/HTW und Sport werden einzelne Stunden zugunsten der am fächerverbindenden Unterricht teilnehmenden Fächer abtreten und – wenn möglich und sinnvoll – ihrerseits auch themenzentriert integrative Beiträge leisten.

Um den Schülerinnen und Schülern bei der vorwiegend stattfindenden Gruppenarbeit intensives Arbeiten zu ermöglichen, sind für die einzelnen Fächer und Themen in der Regel Doppelstunden vorgesehen.

Geschichte

- Allgemeine Ziele des Faches

Die Schülerinnen und Schüler sollen nach fachdidaktischen Vorstellungen durch den Geschichtsunterricht Verantwortungsbewusstsein, Demokratiebewusstsein und Werteorientierung lernen.

Durch Kenntnis der Besonderheiten vergangener Epochen sollen die Schülerinnen und Schüler die Bedingungen und Voraussetzungen gegenwärtiger Probleme begreifen und ein geschärftes Bewusstsein für Chancen und Risiken aktueller Entwicklungen bekommen.

Durch problemorientiertes, entdeckendes, handlungsorientiertes und fächerverbindendes Lernen sollen sie Geschichtsbewusstsein erlangen.

Das Interesse an Lokal- und Regionalgeschichte soll geweckt und die Verbundenheit mit dem Heimatraum und seinen Menschen gefestigt werden.

Der Erwerb und die Sicherung von historischen Fakten, die Orientierung in Raum und Zeit und der Erwerb von Wertbildungen sollen dabei gleichrangig nebeneinander stehen.

Die Schülerinnen und Schüler sollen – in Abstimmung mit Geografie und Wirtschaftslehre / Informatik – die historische Entwicklung in Handwerk, Industrie und im sozialen Bereich kennen lernen. Auf diese Weise sollen sie Verständnis für aktuelle Fragen der Arbeitswelt und des sozialen Bereichs erhalten.

- Konkrete Ziele

Die Schülerinnen und Schüler sollen in Auseinandersetzung mit konkreten Lebenssituationen mittelalterlicher Herrschafts- und Gesellschaftsgruppen die Andersartigkeit früherer Lebensweisen im Vergleich zur Gegenwart erfahren.

Die Schülerinnen und Schüler sollen die Lebens- und Arbeitsbedingungen von Bauern im Mittelalter kennen. Am Beispiel des Weinanbaus lernen sie den Jahreslauf und bäuerliches Wirtschaften in Zusammenhang mit der Grundherrschaft (Abgaben, Frondienste) kennen.

Die Schülerinnen und Schüler erkennen die Bedeutung der Stadt als Markt und Handelsplatz. Sie lernen am Beispiel des Weinhandels die zünftische Organisation des handwerklichen Lebens in der Stadt kennen.

Die Schülerinnen und Schüler erkennen die Bedeutung der mittelalterlichen Klöster als wirtschaftliche Zentren und Förderer von Wissenschaft und Kultur. Die Schülerinnen und Schüler erkennen, dass Klöster die hauptsächlichen Initiatoren des Weinanbaus in der Region waren. In Zusammenhang damit lernen sie ein Kloster des Heimatraumes näher kennen.

Gemeinschaftskunde

- Allgemeine Ziele des Faches

Die Schülerinnen und Schüler sollen sich zu grundsätzlichen und zu aktuellen Fragen der Politik ein sachgerechtes Urteil bilden und die Regeln für ein rationales Austragen politischer Konflikte lernen.

Bei der Analyse von Entscheidungsprozessen werden ihnen Handlungsspielräume und Sachzwänge deutlich und sie erkennen bei der Behandlung kontroverser Standpunkte und ihrer Begründungszusammenhänge die Vielschichtigkeit politischer Probleme.

Sie sollen einsehen, dass die Akzeptanz politischer Entscheidungen Sachkompetenz bei Entscheidungsträgern und Betroffenen voraussetzt und dass Demokratie zur Lösung von Problemen ein Abwägen zwischen Eigeninteresse und Gemeininteresse sowie Toleranz erfordert.

Dabei erwerben die Jugendlichen die Bereitschaft, ihre Meinungsbildung im Lichte neuer Informationen ständig zu überprüfen, bei Kritik an Missständen unsachliche Verallgemeinerungen zu vermeiden und politische Fragen rational zu diskutieren.

- Konkrete Ziele

Die Schülerinnen und Schüler sollen, in Zusammenarbeit mit dem Geschichtsunterricht, den Unterschied der heutigen Bedeutung (kulturell, religiös) der Klöster im Vergleich zu ihrer historischen Bedeutung (gesellschaftlich, politisch und wirtschaftlich) erarbeiten.

Sie sollen erkennen, dass die enge Verflechtung von Kirche und Staat, von Religion, Politik und Wirtschaft in der Vergangenheit sehr problematisch war.

In Bezug auf den Weinanbau soll deutlich werden, dass Klöster die größten Grundbesitzer von Weinbergen und Förderer des Weinanbaus in der Region waren.

Den Schülerinnen und Schülern soll deutlich werden, dass ihr Heimatkreis Besonderheiten hinsichtlich des Brauchtums aufweist, die teilweise auf den Weinanbau zurückzuführen sind und dass diese Besonderheiten nicht in Vergessenheit geraten sollten.

Die Schülerinnen und Schüler sollen durch Diskussionen lernen, Argumente richtig einzusetzen, aber auch andere in der Diskussionsrunde zu Wort kommen lassen. Diese Art und Weise des Unterrichtsablaufs soll das Gemeinschaftsgefühl in der Klasse fördern, denn auf diese Art und Weise kommen auch einmal Schülerinnen und Schüler zu Wort, die sonst eher ruhig sind.

Wirtschaftslehre/Informatik

- Allgemeine Ziele des Faches

Die Schülerinnen und Schüler setzen sich grundlegend mit der Wirtschafts- und Arbeitswelt auseinander.

Dabei wird ihnen ermöglicht, bisherige Erlebnisse und Erfahrungen ihres unmittelbaren Umfeldes unterrichtlich aufzuarbeiten, um so Strukturen und Zusammenhänge wirtschaftlicher Realität zu erkennen. Als handelnde Mitglieder der Gesellschaft sollen sie sowohl ihr momentanes als auch ihr zukünftiges Leben, ihre Rolle, ihre Aufgabe und ihre Verantwortung in Familie, Wirtschafts- und Arbeitswelt, Umwelt und Staat erfahren.

Im handlungs- und projektorientierten Unterricht werden Selbstständigkeit und Entscheidungsbereitschaft gefördert. Lernen vor Ort, Betriebserkundungen sowie das Einbeziehen örtlicher und aktueller Gegebenheiten motivieren zur aktiven Auseinandersetzung mit wirtschaftlichen Sachverhalten und Fragestellungen.

Der Teilbereich Informatik trägt mit der Vermittlung von wesentlichen Elementen der informationstechnischen Grundbildung zur Allgemeinbildung bei. Die Schülerinnen und Schüler lernen den sachgerechten Umgang mit dem Computer sowohl in der Anwendung der Textverarbeitung, Tabellenkalkulation und Datenbank als auch im Einsatz von Simulations- und Lernprogrammen.

- Konkrete Ziele

Die Schülerinnen und Schüler sollen einen Betrieb (Weingut) kennen lernen.

Sie sollen die Produktion und den Vertrieb eines Produktes (Wein) kennen lernen. Sie sollen die Zusammenhänge zwischen Produktionskosten und Verkaufspreis erkennen.

Sie sollen ebenfalls erkennen, dass Werbung eine große Rolle bei der Vermarktung eines Produktes spielt.

Die Schülerinnen und Schüler sollen mit der Anwendung von Textverarbeitung und dem Umgang mit dem Medium Computer vertraut gemacht werden.

Geografie

- Allgemeine Ziele des Faches

Das Fach soll den Schülerinnen und Schülern geografische Kenntnisse und Grundeinsichten vermitteln, die zum Verständnis und zur Entwicklung der gegenwärtigen und zukünftigen Welt notwendig sind.

Die Schülerinnen und Schüler sollen ermutigt werden, Interesse an ihrem unmittelbaren Lebensraum zu nehmen und sich für die Lösung lokaler, regionaler und globaler Probleme zu engagieren.

Die Schülerinnen und Schüler sollen sich mit ihrer engeren und weiteren Heimat vertraut machen.

Den Schülerinnen und Schülern soll weitgehend handlungsorientiertes Arbeiten ermöglicht werden.

Durch originale Begegnungsmöglichkeiten außerhalb des Klassenzimmers und durch projektorientiertes Arbeiten soll den Schülerinnen und Schülern verstärkt entdeckendes Lernen ermöglicht werden.

- Konkrete Ziele

Die Schülerinnen und Schüler sollen die Landwirtschaft im Heimatraum kennen lernen. Dies soll am Beispiel des Weinanbaus geschehen.

Sie sollen einen landwirtschaftlichen Betrieb kennen lernen und erfahren, wie natürliche Bedingungen und unterschiedliche Zielsetzungen die Landwirtschaft bestimmen.

Bei allen Schülerinnen und Schülern soll Verständnis für die ökologische Verantwortung der Landwirte geweckt werden.

Die Schülerinnen und Schüler sollen durch die Erkundung eines landwirtschaftlichen Betriebes:
- die Lebens- und Arbeitsbedingungen des Landwirtes und seiner Mitarbeiter kennen lernen.
- Voraussetzungen für die Produktion (natürliche Grundlagen, Maschinen etc.), Methoden der Produktion und Lagerung bzw. Vertrieb der Produkte kennen lernen.
- die Arbeit im Tages- und Jahreslauf eines Landwirts kennen lernen.

Die Schülerinnen und Schüler sollen eine Dokumentation über den Betrieb erstellen (Interview, Kartierung, Erkundung).

Die Schülerinnen und Schüler sollen die natürlichen Voraussetzungen (Klima, Boden, Relief) für den Weinanbau kennen lernen.

Religion

- Allgemeine Ziele des Faches

Der Religionsunterricht soll die Frage nach Gott, nach der Bedeutung der Welt, nach dem Sinn und Wert des Lebens und nach den Normen für das Handeln des Menschen wecken und reflektieren und eine Antwort aus der Offenbarung und aus dem Glauben der Kirche ermöglichen.

Er soll mit der Wirklichkeit des Glaubens und der Botschaft, die ihm zugrunde liegt, vertraut machen und helfen, den Glauben denkend zu verantworten.

Er soll zu persönlicher Entscheidung in Auseinandersetzung mit Konfessionen und Religionen, mit Weltanschauungen und Ideologien befähigen und Verständnis und Toleranz gegenüber der Entscheidung anderer fördern.

- Konkrete Ziele

Die Schülerinnen und Schüler sollen die Lebenswelt von Mönchen und Nonnen früher und heute kennen lernen. Dies soll durch eine Exkursion zu einem Kloster und verschiedene Materialien, die sich die Schülerinnen und Schüler selbst erarbeiten, erreicht werden. Dabei sollen die Schülerinnen und Schüler erkennen, dass sich das Klosterwesen grundlegend gewandelt hat, die ursprünglichen Grundsätze jedoch erhalten blieben.

In Bezug auf den Weinanbau sollen sich die Schülerinnen und Schüler mit dem regionalen Brauchtum beschäftigen. Der (meist religiöse) Hintergrund für das Entstehen und die heutigen Formen des Brauchtums sollen dabei herausgearbeitet werden.

Durch verschiedene Gruppenarbeitsphasen soll das Gemeinschaftsgefühl in der Klasse gefördert werden.

Bildende Kunst

- Allgemeine Ziele des Faches

Die Schülerinnen und Schüler sollen im Rahmen der Bildenden Kunst zu gemeinsamem und eigenständigem Arbeiten angeregt werden.

Durch praktisches, gestalterisches Arbeiten und die Auseinandersetzung mit ästhetischen Erscheinungsformen soll ihre Kreativität gefördert werden.

- Konkrete Ziele

Durch die Auseinandersetzung mit dem Thema Brauchtum soll die Fantasie und Kreativität der Schülerinnen und Schüler angeregt werden. Dies soll durch freies Malen geschehen.

Die Schülerinnen und Schüler erkennen Möglichkeiten und Wirkungen von Schrift als Informations- und Gestaltungsmittel und wenden sie durch Gestalten von Texten und Plakaten an.

Deutsch

- Allgemeine Ziele des Faches

Das Fach Deutsch hat die Aufgabe, die mündliche und schriftliche Ausdrucksfähigkeit der Schülerinnen und Schüler zu fördern, sie zu befähigen, sich mit literarischen und anderen Texten auseinander zu setzen, aus ihnen Informationen zu entnehmen und sie zum Textverständnis hinzuführen.

Den Schülerinnen und Schülern werden grundlegende Fähigkeiten und Fertigkeiten für die Auseinandersetzung mit Sachverhalten, Problemen und Situationen vermittelt.

Eine differenzierte Wahrnehmung der Wirklichkeit und die Entwicklung der Fähigkeit, sie zu ordnen, zu beschreiben und einzuschätzen, wird geschult und eingeübt.

- Konkrete Ziele

Durch die Erarbeitung von Erkundungskriterien für die beiden Exkursionen lernen die Schülerinnen und Schüler, wie man Informationen sammelt.

Durch das Erstellen der Exkursionsberichte üben die Schülerinnen und Schüler ihr schriftliches Ausdrucksvermögen. Sie lernen, die gesammelten Informationen sinnvoll zu ordnen und für andere nachvollziehbar niederzuschreiben.

Das Gestalten der abschließenden Ausstellung fördert das eigene schöpferische Denken der Schülerinnen und Schüler.

Stundenplan
1. Woche

Stunde	Montag	Dienstag	Mittwoch	Donnerstag	Freitag
1	**Deutsch** Vorstellung des geplanten fächerverbindenden Unterrichts	**Tagesexkursion** Besichtigung eines Weinguts, der Weinberge und des Weinmuseums in Meersburg (Geografie, Gemeinschaftskunde, Bildende Kunst, Deutsch)	**Deutsch** Erstellen von Exkursionsberichten	**Geografie** Verbreitung des Weinanbaus in der Region heute	**Geschichte** Initiatoren und Träger des Weinanbaus in Mittelalter und Neuzeit: Bauern und Adel
2	**Deutsch** Vorbereitung auf die Exkursion		**Deutsch** Erstellen von Exkursionsberichten	**Geschichte** Verbreitung des Weinanbaus in der Region in Mittelalter und Neuzeit	**Geschichte** Träger und Initiatoren des Weinanbaus in Mittelalter und Neuzeit: Bauern und Adel
3	**Deutsch** Vorbereitung auf die Exkursion		**WL / EDV** Exkursionsberichte am Computer schreiben	**Geschichte** Verbreitung des Weinanbaus in der Region in Mittelalter und Neuzeit	
4			**WL / EDV** Exkursionsberichte am Computer schreiben		
5			**BK** Auswertung von Fotografien und Überarbeitung von Zeichnungen der Exkursion für eine geplante Ausstellung	**Geografie** Geografische Voraussetzungen für Weinanbau (Klima, Relief, Boden)	
6			**BK** Auswertung von Fotografien und Überarbeitung von Zeichnungen der Exkursion für eine geplante Ausstellung	**Geografie** Geografische Voraussetzungen für Weinanbau (Klima, Relief, Boden)	

Stundenplan
2. Woche

Stunde	Montag	Dienstag	Mittwoch	Donnerstag	Freitag
1	**Geschichte** Initiatoren des Weinanbaus in Mittelalter und Neuzeit: Städte	**Geschichte / GK** Klöster in der Region: heutige Bedeutung	**Tages-exkursion** Besuch eines Klosters der Region (Religion, Geschichte, Gemein-schaftskunde, Deutsch)	**Deutsch** Auswerung des Klosterbesuchs	**Deutsch** Texte zum Brauchtum
2	**Geschichte** Initiatoren des Weinanbaus in Mittelalter und Neuzeit: Klöster			**Deutsch** Auswertung des Klosterbesuchs	**Deutsch** Texte zum Brauchtum
3	**Geschichte** Initiatoren des Weinanbaus in Mittelalter und Neuzeit: Klöster	**Deutsch** Erarbeiten von Kriterien für die Dokumentation des geplanten Klosterbesuchs			
4		**Deutsch** Erarbeiten von Kriterien für die Dokumentation des geplanten Klosterbesuchs			
5	**Religion** Klöster und Orden: Aufga-ben früher und heute				**BK** Freies Malen zum Thema Brauchtum
6	**Religion** Klöster und Orden: Aufga-ben früher und heute				**BK** Freies Malen zum Thema Brauchtum

Stundenplan
3. Woche

Stunde	Montag	Dienstag	Mittwoch	Donnerstag	Freitag
1		**WL/Informatik** Verbraucheröko-nomie: Weinpreise, Weinhandel	**WL/Deutsch** Erarbeitung von Kriterien für eine gelun-gene Werbung	**Deutsch** Ausstellung	
2		**WL/Informatik** Verbraucheröko-nomie: Weinpreise, Weinhandel	**WL/Deutsch** Erarbeitung von Kriterien für eine gelun-gene Werbung	**Deutsch** Ausstellung	
3	**GK** Brauchtum in der Region		**BK** Herstellen von Werbeplakaten	**Deutsch** Ausstellung	
4				**Deutsch** Ausstellung	
5	**Religion** Brauchtum in der Region		**BK** Herstellen von Werbeplakaten	**Deutsch** Ausstellung	
6	**Religion** Brauchtum in der Region			**Deutsch** Ausstellung	

Arrangement

1. Woche, Montag, 1. Stunde
Fach: Deutsch
Thema: Vorstellung des geplanten fächerverbindenden Unterrichts
Ziele: Die Schülerinnen und Schüler sollen
- mit dem Ablauf des geplanten dreiwöchigen fächerverbindenden Unterrichts bekannt gemacht werden.
- eigene Ideen und Interessen einbringen in Hinblick auf die geplante Exkursion auf das Weingut.

Methoden/Sozialformen:
- Klassengespräch

Medien:
- Wochenplan

Hausaufgabe:
- die Schülerinnen und Schüler sollen während der gesamten Einheit Material zum Thema sammeln (Gespräche mit ihren Eltern und Geschwistern, Lexika, Weinhandlungen etc.)

1. Woche, Montag, 2. und 3. Stunde
Fach: Deutsch
Thema: Vorbereitung auf die Exkursion
Ziele: Die Schülerinnen und Schüler sollen
- die Methoden des Interviews kennen lernen.
- wissen, wie man Informationen sammelt.
- lernen, wie man eine schriftliche Dokumentation erstellt.
- Kriterien kennen, wie man zeichnerisch und fotografisch dokumentiert.
- einen Fragenkatalog in Hinblick auf die Exkursion erarbeiten.
- 8 Gruppen bilden zu vier Themenbereichen (Lebens- und Arbeitsbedingungen des Weinbauern und seiner Mitarbeiter, Methoden des Weinanbaus heute und früher, Weinherstellung heute und früher, Lagerung des Weins heute und früher und Verkauf heute).
- sich innerhalb der Gruppen organisieren und absprechen, wer welche Aufgabe übernimmt.

Methoden/Sozialformen:
- Klassengespräch
- Gruppenarbeit

1. Woche, Dienstag
Tagesexkursion: Besichtigung eines Weinguts, der Weinberge und des Weinmuseums in Meersburg
Ziele: Die Schülerinnen und Schüler sollen
- beobachten, Informationen sammeln und schriftlich festhalten.
- anhand des Fragenkatalogs innerhalb der Gruppen recherchieren.
- Skizzen und Fotografien zu den Themen erstellen.
- das Interview üben.
- Gruppenarbeit üben.

Methoden/Sozialformen:
- Gruppenarbeit

Medien:
- Fotoapparate
- Zeichenblöcke und Zeichenmaterial
- Notizblöcke

1. Woche, Mittwoch, 1. und 2. Stunde
Fach: Deutsch
Thema: Erstellen von Exkursionsberichten

Ziele: Die Schülerinnen und Schüler sollen
- innerhalb der Gruppen ihre Notizen sichten, auswählen und einen handschriftlichen Text schreiben.
- ihre schriftliche Ausdrucksfähigkeit üben.
- Gruppenarbeit üben.
- selbstständiges Arbeiten üben.

Methoden/Sozialformen:
- Gruppenarbeit

Medien:
- gesammelte Informationsmaterialien der Exkursion

1. Woche, Mittwoch, 3. und 4. Stunde
Fach: Wirtschaftslehre/Informatik
Thema: Exkursionsberichte am Computer schreiben
Ziele: Die Schülerinnen und Schüler sollen
- die Exkursionsberichte in Partnerarbeit am Computer schreiben.
- den Umgang mit dem Medium Computer üben.
- den Umgang mit dem Textverarbeitungsprogramm üben.
- wissen, wie man Texte formatiert und druckt.

Methoden/Sozialformen:
- Partnerarbeit

Medien:
- Computer/handschriftliche Exkursionsberichte

1. Woche, Mittwoch, 5. und 6. Stunde
Fach: Bildende Kunst
Thema: Auswertung von Fotografien und Überarbeitung von Zeichnungen der Exkursion für eine geplante Ausstellung
Ziele: Die Schülerinnen und Schüler sollen
- innerhalb der Gruppen eine Auswahl der erstellten Fotografien und Zeichnungen treffen, die sie für eine geplante Ausstellung verwerten möchten.
- aus den Fotografien und Zeichnungen und den am Computer erstellten Exkursionsberichten Collagen erstellen.

Methoden/Sozialformen:
- Gruppenarbeit

Medien:
- Fotografien
- Zeichnungen
- Exkursionsberichte

1. Woche, Donnerstag, 1. Stunde
Fach: Geografie
Thema: Verbreitung des Weinanbaus in der Region heute

Ziele: Die Schülerinnen und Schüler sollen
- in Partnerarbeit anhand verschiedener thematischer Karten alle landwirtschaftlichen Produkte der Region herausfinden.
- die Anbaugebiete der landwirtschaftlichen Produkte in eine topografische Karte farbig einzeichnen.
- eine Verbreitungskarte für den Weinanbau in Südwestdeutschland erstellen.
- Gemeinsamkeiten der einzelnen Weinanbaugebiete erkennen.
- den Umgang mit Karten üben.

Methoden/Sozialformen:
- Partnerarbeit
- Einzelarbeit

Medien:
- verschiedene thematische Karten
- topografische Karte der Region

1. Woche, Donnerstag, 2. und 3. Stunde
Fach: Geschichte
Thema: Verbreitung des Weinanbaus in der Region in Mittelalter und Neuzeit
Ziele: Die Schülerinnen und Schüler sollen
- mit Hilfe verschiedener Diagramme und Karten den Weinanbau in der Region im Mittelalter, in der frühen Neuzeit und heute miteinander vergleichen.
- die Gründe für den Weinanbau und Weinkonsum im Mittelalter erarbeiten.
- erkennen, wie der Weinanbau die Region prägte (Straßen- und Ortsnamen, Museen, Kapellen, Bauten etc.).

Methoden/Sozialformen:
- Gruppenarbeit
- Klassengespräch

Medien:
- thematische Karten
- Diagramme

1. Woche, Donnerstag, 5. und 6. Stunde
Fach: Geografie
Thema: Geografische Voraussetzungen für Weinanbau (Klima, Relief, Boden)
Ziele: Die Schülerinnen und Schüler sollen
- in Gruppenarbeit Klimadiagramme verschiedener Weinanbaugebiete vergleichen und Gemeinsamkeiten suchen (Tagesdurchschnittstemperaturen, Niederschläge, Jahresdurchschnittstemperaturen).
- die Höhenstufen der Weinanbaugebiete miteinander vergleichen und Gemeinsamkeiten erkennen.
- wesentliche Voraussetzungen kennen lernen, die für den Weinanbau notwendig sind.

- den Umgang mit Diagrammen üben.
- Gruppenarbeit üben.

Methoden/Sozialformen:
- Klassengespräch
- Gruppenarbeit

Medien:
- thematische Karten
- Atlas / Wandkarte
- Klimadiagramme

1. Woche, Freitag, 1. und 2. Stunde

Fach: Geschichte

Thema: Initiatoren und Träger des Weinanbaus in Mittelalter und Neuzeit: Bauern und Adel

Ziele: Die Schülerinnen und Schüler sollen
- am Beispiel des Weinanbaus den Jahreslauf eines mittelalterlichen Bauern kennen lernen.
- die Lebensbedingungen der mittelalterlichen Bauern kennen lernen (Abgaben, Frondienste).
- die Grundlagen der Grundherrschaft kennen lernen und den Adel als einen Träger des Weinanbaus kennen lernen.
- durch den Vergleich heutiger und früherer Methoden des Anbaus und der Verarbeitung des Weins erkennen, was sich in diesem Bereich der Wirtschaft im Laufe der Zeit verändert hat und was geblieben ist.
- in Gruppenarbeit die Interpretation von Bildern und Urkunden üben.

Methoden/Sozialformen:
- Gruppenarbeit
- Klassengespräch

Medien:
- verschiedene mittelalterliche Darstellungen zur Grundherrschaft (Zeichnungen, Urkunden)
- Informationen von der Exkursion (Weinmuseum)

2. Woche, Montag, 1. Stunde

Fach: Geschichte

Thema: Initiatoren und Träger des Weinanbaus in Mittelalter und Neuzeit: Städte

Ziele: Die Schülerinnen und Schüler sollen
- die Stadt als Marktort und als Ort des Handels und des Gewerbes kennen lernen.
- die Organisation des Handwerks durch Zünfte kennen.
- alte mittelalterliche Handwerksberufe kennen lernen (Fassmacher etc.), die in Zusammenhang mit dem Weinanbau stehen.

- die Stadt als Abnehmer des Weins und anderer landwirtschaftlicher Produkte kennen lernen und den Zusammenhang zwischen Stadt und näherem Umland erkennen .

Methoden/Sozialformen:
- Gruppenarbeit
- Klassengespräch

Medien:
- mittelalterliche Darstellungen von handwerklichen Berufen

2. Woche, Montag, 2. und 3. Stunde
Fach: Geschichte
Thema: Initiatoren und Träger des Weinanbaus in Mittelalter und Neuzeit: Klöster
Ziele: Die Schülerinnen und Schüler sollen
- die Klöster als wichtigste Initiatoren des Weinanbaus kennen lernen.
- die Bedeutung der Klöster als wirtschaftliche Zentren erkennen.
- wissen, dass die Leiter der Klöster auch Grundherren waren.
- die wichtigsten Klöster der Region kennen lernen.
- am Beispiel eines Klosters und dessen Grundbesitzes erkennen, dass es im Mittelalter noch kaum geschlossene Territorien gab.
- den Zusammenhang zwischen der Verbreitung der Klöster und der Verbreitung der Weinanbaugebiete erkennen.

Methoden/Sozialformen:
- Gruppenarbeit
- Klassengespräch

Medien:
- Verbreitungskarten der Klöster und der Weinanbaugebiete

2. Woche, Montag, 5. und 6. Stunde
Fach: Religion
Thema: Orden und Klöster in der Region
Ziele: Die Schülerinnen und Schüler sollen
- die verschiedenen Männer- und Frauenorden und Klöster kennen lernen.
- die unterschiedlichen Aufgaben und Lebensweisen der heimatlichen Klostergemeinschaften nennen können (früher und heute).
- die Grundprinzipien mönchischen Lebens (Ehelosigkeit, Armut, Gehorsam) kennen lernen.
- in der Gruppenarbeit aufeinander hören und aufeinander eingehen.

Methoden/Sozialformen:
- Gruppenarbeit
- Klassengespräch

Medien:
- Landkarte der Region
- Materialien über die verschiedenen Klöster und Orden

2. Woche, Dienstag, 1. Stunde
Fach: Geschichte/Gemeinschaftskunde
Thema: Klöster in der Region: heutige Bedeutung
Ziele: Die Schülerinnen und Schüler sollen
- wissen, wo die Klöster im Mittelalter lagen und welche heute noch in der Region existieren.
- erkennen, dass die Klöster heute eine andere Bedeutung haben als im Mittelalter.
- erkennen, dass bis in die Neuzeit hinein, Kirche, Politik und Wirtschaft miteinander verbunden waren und welche Probleme sich daraus ergeben können.

Methoden/Sozialformen:
- Klassengespräch

Medien:
- Landkarten der Region
- Verbreitungskarte der Klöster im Mittelalter

2. Woche, Dienstag, 3. und 4. Stunde
Fach: Deutsch
Thema: Erarbeiten von Kriterien für die Dokumentation des geplanten Klosterbesuchs
Ziele: Die Schülerinnen und Schüler sollen
- in Gruppenarbeit selbstständig Kriterien für den geplanten Klosterbesuch erstellen.
- selbstständiges Arbeiten üben.
- lernen, die gewonnenen Informationen aus den vorhergehenden Stunden für einen Fragenkatalog zu verwerten.
- sich selbst in Gruppen zu organisieren, um das Gemeinschaftsgefühl und die Zusammenarbeit zu fördern.

Methoden/Sozialformen:
- Gruppenarbeit

Medien:
- gesammeltes Material aus den Unterrichtsstunden zum Thema Kloster

2. Woche, Mittwoch
Thema: Tagesexkursion: Besuch eines Klosters der Region
Ziele: Die Schülerinnen und Schüler sollen
- beobachten und Informationen sammeln und schriftlich festhalten.
- anhand des Fragenkatalogs innerhalb der Gruppen recherchieren.

- Skizzen und Fotografien zu den Themen erstellen.
- das Interview üben.

Methoden/Sozialformen:
- Gruppenarbeit

Medien:
- Fotoapparate
- Zeichenblöcke und Zeichenmaterial
- Notizblöcke

2. Woche, Donnerstag, 1. und 2. Stunde
Fach: Deutsch
Thema: Auswertung des Klosterbesuchs
Ziele: Die Schülerinnen und Schüler sollen
- selbstständig das gesammelte Material in Hinblick auf die Ausstellung auswerten und zusammenstellen.

Methoden/Sozialformen:
- Gruppenarbeit

Medien:
- Material zum Klosterbesuch und aus den vorhergehenden Unterrichtsstunden

2. Woche, Freitag, 1. und 2. Stunde
Fach: Deutsch
Thema: Texte zum Brauchtum
Ziele: Die Schülerinnen und Schüler sollen
- eigene Erfahrungen zum Thema Brauchtum erzählend einbringen.
- in Gruppenarbeit Texte aus unterschiedlichen Geschichtsepochen lesen und sich gegenseitig über deren Inhalte informieren (mündliches Ausdrucksvermögen üben).
- durch Vergleichen der erarbeiteten Informationen erkennen, ob sich Brauchtum im Lauf der Zeit gewandelt hat oder nicht.

Methoden/Sozialformen:
- Gruppenarbeit
- Klassengespräch

Medien:
- verschiedene Texte/Textstellen über Brauchtum

2. Woche, Freitag, 5. und 6. Stunde
Fach: Bildende Kunst
Thema: freies Malen zum Thema Brauchtum
Ziele: Die Schülerinnen und Schüler sollen
- zu gemeinsamem und eigenständigem Arbeiten angeregt werden.
- durch gestalterisches und freies Arbeiten ihre Kreativität ausleben.

Methoden/Sozialformen:
- Einzelarbeit

Medien:
- Zeichenmaterial

3. Woche, Montag, 3. Stunde
Fach: Gemeinschaftskunde
Thema: Brauchtum in der Region
Ziele: Die Schülerinnen und Schüler sollen
- die historischen Besonderheiten ihres Kreises kennen lernen.
- das regionale Brauchtum kennen lernen (Weinfeste, Fastnacht etc.).
- erkennen, dass durch das Brauchtum die Gemeinschaft gefördert wird.
- erkennen, dass dieses Brauchtum das Gemeininteresse fördert.
- üben, eine Diskussion zu führen und zu argumentieren.

Methoden/Sozialformen:
- Klassengespräch
- Gruppenarbeit
- Diskussionsrunde

Medien:
- Material über das regionale Brauchtum

3. Woche, Montag, 5. und 6. Stunde
Fach: Religion
Thema: Brauchtum in der Region
Ziele: Die Schülerinnen und Schüler sollen
- den kirchlichen Jahreskreis kennen lernen.
- sich mit dem regionalen Brauchtum auseinander setzen.
- erkennen, wie es zu den einzelnen Festen kam (Weinfeste etc.).
- ihr Verständnis für den Glauben vertiefen.
- in der Gruppenarbeit aufeinander hören und eingehen lernen.

Methoden/Sozialformen:
- Gruppenarbeit
- Klassengespräch

Medien:
- verschiedene Brauchtumskalender
- Materialien zu den verschiedenen Festen und Brauchtümern

3. Woche, Dienstag, 1. und 2. Stunde
Fach: Wirtschaftslehre / Informatik
Thema: Verbraucherökonomie: Weinpreise, Weinhandel
Ziele: Die Schülerinnen und Schüler sollen
- anhand eigener, vorher durchgeführter Recherchen, Preise von einheimischen und anderen, beispielsweise französischen, Weinen vergleichen.

- den Zusammenhang zwischen Produktionskosten und Weinpreisen erkennen (dabei Kenntnisse aus Geografie miteinbeziehen).
- erkennen, dass der Kauf einheimischer Produkte die regionale Wirtschaft fördert.

Methoden/Sozialformen:
- Gruppenarbeit
- Klassengespräch

Medien:
- selbst erstellte Preislisten von verschiedenen Weinen
- Aufzeichnungen aus den Geografiestunden

3. Woche, Mittwoch, 1. und 2. Stunde
Fach: Wirtschaftslehre/Deutsch
Thema: Erarbeitung von Kriterien für eine gelungene Werbung
Ziele: Die Schülerinnen und Schüler sollen
- verschiedene Werbemittel (Fernsehen, Radio, Zeitung etc.) und deren Wirkung kennen lernen.
- den Zusammenhang zwischen Produkt, Werbung und Adressat erkennen.
- Probleme erkennen, die mit der Werbung einhergehen (Alkohol, Tabak).
- Angebotsstrategien kennen lernen (Verpackung, Design etc.).
- diskutieren und argumentieren üben (Pro und Contra Werbung).

Methoden/Sozialformen:
- Klassengespräch
- Diskussionsrunde

Medien:
- Zeitungsanzeigen
- Videogerät
- Radio

3. Woche, Mittwoch, 5. und 6. Stunde
Fach: Bildende Kunst
Thema: Herstellen von Werbeplakaten
Ziele: Die Schülerinnen und Schüler sollen
- Möglichkeiten und Wirkungen von Schrift als Informations- und Gestaltungsmittel erkennen und sie durch Gestalten von Texten und Plakaten anwenden.
- lernen sich für eine Sozialform zu entscheiden.

Methoden/Sozialformen:
- Einzelarbeit
- Partnerarbeit
- Gruppenarbeit

Medien:
- Zeichenmaterial

3. Woche, Donnerstag, 1. bis 6. Stunde
Fach: Deutsch
Thema: Ausstellung
Ziele: Die Schülerinnen und Schüler sollen

- das gesammelte Material in Gruppenarbeit ordnen und nach Themenbereichen gliedern.
- im Klassengespräch und durch Diskussion selbstständig aus dem Material das auswählen, was sie für eine Ausstellung benötigen.
- üben zu diskutieren und argumentieren.
- eine Ausstellung zusammenstellen.

Methoden/Sozialformen:

- Klassengespräch
- Gruppenarbeit

Medien:

- gesammeltes Material aus der gesamten Einheit

7.3 Realschule: ›Das Zusammenleben mit Menschen anderer Kulturen‹

Thema:	Das Zusammenleben mit Menschen anderer Kulturen
Schuljahr:	7
Zeitraum:	2 Wochen
Beteiligte Fächer:	Religion *(Elke Kohlhammer)* Englisch *(Elke Zeiffer)* Sport – Mädchen – *(Kerstin Bertsch)* Mensch und Umwelt *(Andrea Hirschbolz)* Bildende Kunst *(Christine Wolf)*

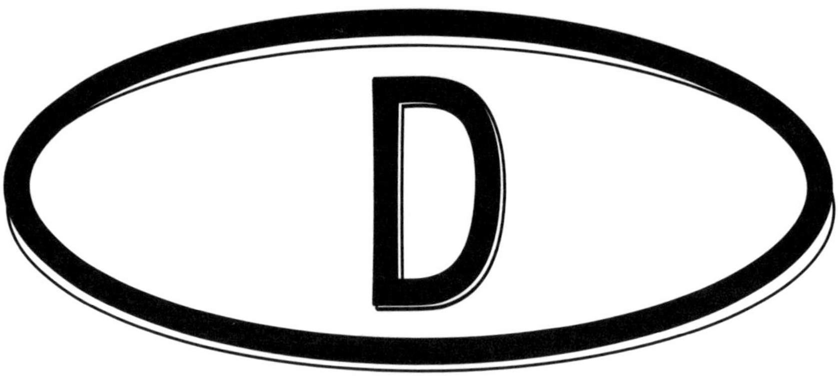

Pädagogische Zielsetzung

Die Schüler sollen ihre eigene und andere Kulturen kennen und verstehen lernen, sich Vorurteile gegenüber Menschen anderer Herkunft bewusst machen und diese abbauen, um so im toleranten Umgang miteinander Alltagsprobleme bewältigen zu können.

Beiträge der Fächer

Nach der pädagogischen Zielsetzung für diese Unterrichtseinheit sollen Schüler das Thema ›Zusammenleben mit Menschen anderer Kulturen‹ unter unterschiedlichen Perspektiven angehen. Dies leisten die Fächer Mensch und Umwelt, Englisch, Religion, Sport und Bildende Kunst durch themen- und zielorientierte spezifische Beiträge.

Englisch
Der Englischunterricht kann bezüglich der Zielsetzung die Kommunikationsfähigkeit mit Menschen anderer Kulturen grundlegen und fördern. Im Englischunterricht lernen die Schüler u. a. auch Medien kennen, die ihnen diesen Kontakt ermöglichen und erleichtern (E-Mail). Im Rahmen des Fremdsprachenunterrichts können die Motivation und das Interesse geweckt werden, in andere Kulturen einzudringen und so den eigenen sozialen sowie

den kulturellen ›Horizont‹ zu erweitern. So werden wahrscheinlich auch die Scheu vor Neuem und Unbekanntem abgebaut (Sozialkompetenz). Der Englischunterricht bietet ebenfalls Möglichkeiten zur Textproduktion und zur Kommunikationsgestaltung (z. B. Erzählen, Fragen stellen, Informieren, Diskutieren, Antworten, Kommentieren, Richtigstellen …). Durch den Kontakt über E-Mail ermöglicht der Englischunterricht eine authentische Kommunikationssituation mit relativ unmittelbarem Austausch von Informationen, Fragen, Kommentaren etc. Dieser rege Austausch wird über das Klassenplenum angeregt (Themensammlung) und auch im Klassenplenum bzw. in Kleingruppen ausgewertet (Vergleichen, Auswerten und Dokumentieren der erhaltenen Nachrichten). Eine solche Erfahrung ist wichtig für die Entwicklung der eigenen Identität und zu deren Abgrenzung von anderen Identitäten. Die Schüler können im Englischunterricht ihr eigenes soziokulturelles Umfeld im Vergleich zu anderen Umfeldern sehen und werten (Unterschiede, Gemeinsamkeiten).

Bildende Kunst
Das Fach Bildende Kunst soll beim Thema ›Das Zusammenleben mit Menschen anderer Kulturen‹ nicht so sehr unmittelbar inhaltlich beitragen, sondern vor allem eine Dokumentation der Ergebnisse leisten.

Zusätzlich soll es die Werbung für ein geplantes Fest nach Abschluss der Unterrichtseinheit gestalten helfen.

Das Fach Bildende Kunst trägt immanent dazu bei, die Schülerinnen und Schüler zu bildnerischem Denken und zur praktischen Umsetzung dieses Denkens anzuleiten. Es verhilft den Schülerinnen und Schülern dazu, die Möglichkeiten ihrer persönlichen Wahrnehmung zu entdecken.

Das Fach wird den Schülern eine Art der Dokumentation (die Fotodokumentation) vorstellen und sie sensibel dafür machen, welche Art der Dokumentation (Foto, Malerei, Video …) für welchen zu dokumentierenden Vorgang geeignet ist.

Künstlerisches Tätigsein verknüpft bei der Dokumentationsaufgabe praktisches Handeln mit theoretischer Reflexion, indem die Umstände der zu dokumentierenden Handlungen von den Schülerinnen und Schülern genauer untersucht und erkundet werden müssen. Beispielsweise müssen sie zunächst erkunden, an welchem Ort sich die Handlungen abspielen: Befinden wir uns unter freiem Himmel oder in geschlossenen Räumen? Wie sind die Lichtverhältnisse? Wie viele Personen sollen dokumentiert werden? Sind sie in Bewegung? etc.

Sport
Das Fach Sport (Mädchen!) soll beim Thema ›Das Zusammenleben mit Menschen anderer Kulturen‹ den Schülerinnen das Leben der Menschen in Afrika näherbringen. Dies soll durch die Verarbeitung eines afrikanischen Tanzes erfolgen. In dem sogenannten Arbeitstanz werden alltägliche Handlungen nachempfunden.
Der Tanz wird bei dem geplanten Abschlussfest der Unterrichtseinheit vorgeführt. Hier sind im Fach Sport nur die Mädchen vertreten, da in der Realschule nach dem baden-württembergischen Bildungsplan ab Klasse 7 Mädchen und Jungen getrennten Sportunterricht haben.

Religion
Der Religionsunterricht soll die Schülerinnen und Schüler befähigen, ihre eigene Religion mit anderen – hier mit dem Islam – zu vergleichen und Unterschiede wie Gemeinsamkeiten herauszufinden. Er soll ihnen Erklärungen bieten für muslimische Traditionen, die sie unter Umständen schon erfahren haben, und somit Vorurteilen entgegenwirken. Wie bei jedem anderen Thema im Fach wird der christliche Glaube in den Zusammenhang der Lebenswelt der Schülerinnen und Schüler und ihrer Mitmenschen gestellt, sodass es ihnen ermöglicht wird, aus christlicher Sicht Stellung zu nehmen.

Mensch und Umwelt
Das Fach Mensch und Umwelt ist erst in den letzten Schuljahren durch den baden-württembergischen Bildungsplan als Wahlpflichtfach dazugekommen. Man darf davon ausgehen, dass die Schülerinnen und Schüler dieses Schuljahres mit der Schulküche noch nicht allzu vertraut sind. Deswegen muss auf einen angemessenen Schwierigkeitsgrad geachtet werden. Außerdem sollen die Schülerinnen und Schüler Möglichkeiten zum Erlernen von Grundkenntnissen und Grundfertigkeiten erhalten.

Das Fach Mensch und Umwelt möchte beim Thema ›Das Zusammenleben mit Menschen anderer Kulturen‹ folgenden Beitrag leisten: die gemeinsame Planung, Vorbereitung und Realisierung eines Festes. Das Fest soll die fächerverbindende Unterrichtseinheit abschließen und unter deren Motto stehen. Dabei sollen die Schülerinnen und Schüler Gerichte und Bräuche aus anderen Kulturen kennen lernen und somit Offenheit und Toleranz gegenüber anderen Kulturen entwickeln.

Das Fach Mensch und Umwelt befasst sich mit Aufgaben, die sich aus dem Leben im privaten Haushalt ergeben. Zentrale Aufgabe des Unterrichts ist es, den Schülerinnen und Schülern Qualifikationen zur Alltagsbewältigung zu vermitteln. Wichtige Elemente sind der Erwerb solcher Kenntnisse und Fertigkeiten sowie die Entwicklung von Werthaltungen und Handlungskompetenz, die ihnen die eigenständige Gestaltung des privaten Haushalts in allen maßgeblichen Bereichen ermöglichen.

In allen Kulturen werden Feste gefeiert. Die Zusammensetzung (neben 10 deutschen gibt es 2 türkische, 2 jugoslawische und 2 marokkanische Schüler) der Klasse macht es möglich, dass die Schülerinnen und Schüler beim Erfahrungsaustausch Feste und Bräuche anderer Länder und Kulturen kennen lernen.

Die Vorbereitung, Planung und Durchführung eines Festes spricht die Schülerinnen und Schüler auch auf emotionaler Ebene an und bietet zudem die Möglichkeit, den Unterricht durchgängig handlungsorientiert zu gestalten. Neben dem Erwerb von grundlegenden Fertigkeiten und Sachkenntnissen wird die Methoden- und Sozialkompetenz der Schülerinnen und Schüler gefördert. Die Vorbereitung und Durchführung eines Festes stellt eine typische Haushaltssituation dar und ermöglicht eine problemorientierte Umsetzung des Themas.

Konkrete Ziele der am fächerverbindenden Unterricht beteiligten Fächer

Bildende Kunst
Zu: **Plakatgestaltung**
Die Schülerinnen und Schüler sollen

- ein Werk des bedeutenden französischen Plakatkünstlers Toulouse-Lautrec kennen lernen.
- anhand von Beispielen die Gestaltungsmerkmale von Werbeplakaten im Allgemeinen herausfinden.
- verstehen, dass diese Gestaltungsmerkmale unmittelbar mit dem Zweck der Plakate zusammenhängen.
- ihre Wahrnehmungs- und Beobachtungsgabe schulen.
- unterschiedliche Schriftarten kennen lernen.
- verschiedene Wirkungsmöglichkeiten von Farben (Farbe = Signalfarbe) und Schriftmaterial erfahren.
- bei der Kombination von künstlerischer Äußerung mit schriftlichem Sprachgebrauch hinsichtlich der Plakatgestaltung ein kompositorisches Gespür entwickeln.
- während der praktischen Arbeit Farbflächen austauschen und die Kompositionen auf die Wirkung der Farbe untersuchen.
- lernen, prägnante Motive für die Gestaltung auszuwählen.

Die Schülerinnen und Schüler sollen die Merkmale von Plakaten wahrnehmen, eigene Ideen für Plakate zum fächerverbindenden Thema entwickeln, diese Ideen mit den gewonnenen Erkenntnissen verbinden, die Ideen umsetzen und ausführen!

Zu: **Fotodokumentation**

Die Schülerinnen und Schüler sollen

- Merkmale der Fotodokumentation kennen lernen.
- wichtige Kriterien der Motivwahl erarbeiten (vom Gesamtbild zur ausschnitthaften Detailaufnahme).
- eine Fotogeschichte erstellen, die wesentliche Momente/Szenen der Unterrichtseinheit festhält.
- die Wichtigkeit eines leitenden Bildmotivs erkennen.
- die entstandenen Fotos in einer logischen, für den Betrachter nachvollziehbaren Reihenfolge anordnen.
- die Fotos innerhalb dieser Reihenfolge nach künstlerisch ästhetischen Gesichtspunkten auf der Wandtafel arrangieren.
- die Bilder kommentieren, also einen Begleittext verfassen.
- künstlerisch ästhetische Gesichtspunkte hinsichtlich des Bild-Text-Verhältnisses berücksichtigen.

Hinweis

Das Fach Bildende Kunst hat wie die anderen beteiligten Fächer auch vier Stunden zur Verfügung. In dieser Zeit werden die Schülerinnen und Schüler lernen, wie man mittels des Fotoapparates dokumentiert und auf was es bei der Motivauswahl ankommt. Ebenso werden sie gestalterische Merkmale von Werbeplakaten kennen lernen. Da die praktische Ausführung dieser Dokumentationen jedoch sehr zeitaufwendig ist, werden die beiden letzten Tage der Unterrichtseinheit zu diesem Zweck verwendet (Entwickeln der Fotos, Aufkleben auf Pappe, Erstellen eines dazugehörigen Textes, Befestigung der Medien an einer Wandtafel etc.). Das ›Handwerkszeug‹ für die Dokumentation erhalten die Schülerinnen und Schüler in den vier Stunden. Die praktische Ausführung wird jedoch vorwiegend in den letzten zwei Tagen unter der Betreuung mehrerer Lehrkräfte stattfinden.

Englisch

Die Schülerinnen und Schüler sollen

- ihre bisher erworbenen Kenntnisse über Lebensweisen in Großbritannien durch neue Einblicke in einzelne Bereiche des dortigen sozio-kulturellen Lebens erweitern.
- lernen, ihre Interessen, Meinungen, Ideen mündlich sowie schriftlich in der Fremdsprache Englisch zu artikulieren.
- Kontakt mit Menschen anderer Kulturen aufnehmen können (in Briefform) und diesen aufrecht erhalten; hierzu müssen ihnen Sprechanlässe sowie grammatikalische Grundkenntnisse bekannt sein.
- Kenntnisse der Kommunikation und des Meinungsaustausches kennen und anwenden lernen und eigenständig Texte produzieren.
- mit dem E-Mail umgehen lernen.

- ihre und die Arbeit anderer kritisch bewerten und überarbeiten.
- unbekannte Texte eigenständig vom Sinn her erarbeiten.
- Informationen aus Texten erschließen.
- Informationen gegenüberstellen und diskutieren und so ihre eigene soziokulturelle Situation mit der von Schülern in Großbritannien vergleichen (Gemeinsamkeiten / Unterschiede).
- Beobachtungen, Erfahrungen, Erkenntnisse dokumentieren (Projektmappe).

Religion

Die Schülerinnen und Schüler sollen

- einen Überblick über die Traditionen ihrer muslimischen Mitmenschen bekommen.
- ihre eigene Religion mit anderen vergleichen können und gemeinsame Grundlagen erkennen.
- Traditionen einer anderen Kultur mit deren Religion in Verbindung bringen können.

Mensch und Umwelt

Bei der Planung, Vorbereitung und Durchführung eines Festes sollen die Schülerinnen und Schüler

- Feste aus anderen Kulturen kennen lernen.
- Gerichte aus anderen Ländern und Kulturen kennen lernen.
- grundlegende Arbeitstechniken der Nahrungszubereitung erlernen.
- ein Essen für eine größere Personenzahl herstellen.
- ein Programm für den Festablauf erstellen (Begrüßung, Tanz, Musik …).
- lernen, die Räumlichkeit für das Fest in geeigneter Weise vorzubereiten (Tischschmuck, Dekoration, Anordnung der Tische …).
- lernen, welche Schritte / Tätigkeiten zur Vorbereitung und Durchführung eines Festes gehören und diese durchführen können.
- Möglichkeiten der Arbeitsteilung kennen lernen.
- partnerschaftliches Handeln im Haushalt üben und dabei Teamgeist entwickeln.
- lernen, selbstständig Entscheidungen zu treffen.
- üben, sorgfältig und selbstständig zu arbeiten.
- selbstständig Informationen über Bräuche und Gerichte aus anderen Kulturen sammeln.
- lernen, eine geeignete Rezeptauswahl zu treffen.
- in ihrem Selbstbewusstsein gefördert werden.
- in ihrer ästhetischen Wahrnehmung geschult werden.
- ihre Methodenkompetenz weiterentwickeln.
- Offenheit, Toleranz und Neugierde gegenüber anderen Kulturen entwickeln.
- die Erfahrung machen, dass das Vorbereiten eines Festes mit allen damit verbundenen Aufgaben Spaß und Freude machen kann.

Hinweis
Das Fach Mensch und Umwelt hat zur Erarbeitung des Themas ›Wir planen ein interkulturelles Fest‹ zwei Doppelstunden zur Verfügung. Für die Festvorbereitung sind an den letzten beiden Tagen vier Stunden vorgesehen. In dieser Zeit wird das, was in den vorangegangenen Stunden geplant und zum Teil schon vorbereitet wurde, durchgeführt (Zubereitung der Speisen, Herrichten der Getränke, Dekorieren des Raumes, Tische decken, Festablauf durchsprechen, etc.).

Je nach Bedarf werden einige der Schülerinnen und Schüler während dieser Zeit im Fach Kunst oder im Fach Mensch und Umwelt tätig sein.

Sport
Die Schülerinnen und Schüler sollen
- den Alltag in einem afrikanischen Dorf kennen lernen.
- neue Bewegungsformen kennen lernen.
- lernen, Bewegungsformen auf Rhythmen, Raum und andere Personen abzustimmen.
- lernen, Bewegungen zu kombinieren.

Stundenplan
1. Woche

Stunde	Montag	Dienstag	Mittwoch	Donnerstag	Freitag
1	**Religion** Einführung: Muslime unter uns		**Bildende Kunst** Fotodokumentation	**Englisch** Korrektur und Eingabe der E-Mails	**Sport** 2. Schritt: ›Wasser holen‹ 3. Schritt: ›Mais stampfen›
2	**Bildende Kunst** Plakatkunst/ Plakatgestaltung	**Englisch** Verfassen eines Briefes an die Partnerklasse in GB		**Englisch** Korrektur und Eingabe der E-Mails	**Mensch und Umwelt** Feste feiern – bei uns und in anderen Kulturen
3	**Bildende Kunst** Plakatkunst/ Plakatgestaltung			**Religion** Der Koran und die Bibel	**Mensch und Umwelt** Vergleich Christentum/Islam Vorläufige Planung
4					
5					
6			**Religion** Besuch einer Moschee; Begegnung mit Muslimen	**Sport** 1. Schritt: ›Ein Gefäß auf dem Kopf tragen‹	

Stundenplan
2. Woche

Stunde	Montag	Dienstag	Mittwoch	Donnerstag	Freitag
1	**Sport** Üben des Tanzes		**Englisch** Bearbeiten der Antworten	**Bildende Kunst** Ausführung der praktischen Arbeit	**Mensch und Umwelt** Zubereitung der Speisen
2	**Mensch und Umwelt** Konkrete Planung des Festes		**Englisch** Bearbeiten der Antworten	**Bildende Kunst** Ausführung der praktischen Arbeit	**Mensch und Umwelt** Zubereitung der Speisen
3	**Mensch und Umwelt** Konkrete Planung des Festes	**Religion** Die Stifter der beiden Religionen		**Bildende Kunst** Ausführung der praktischen Arbeit	**Mensch und Umwelt** Zubereitung der Speisen
4					
5					
6			**Sport** Üben des Tanzes	**Mensch und Umwelt** Lebensmitteleinkauf, Dekoration, Vorbereiten des Raums	19.00 Uhr Abschlussfest

Arrangement

1. Woche, Montag, 1. Stunde
Fach: Religion
Thema: Muslime unter uns
Ziele: Die Schülerinnen und Schüler sollen
- sich bewusst sein, welche allgemeinen Meinungen bei uns zum Islam vorherrschen.
- erkennen, wo der Islam in unserer Gesellschaft ›sichtbar‹ wird.
- erkennen, welche Konflikte es zwischen muslimischer Kultur und der unsrigen gibt.

Methoden/Sozialformen:
Impuls durch Bild von Moschee mit Minarett; S. stellen sich vor, solch eine Moschee solle in ihrem Heimatort gebaut werden. Im Rollenspiel versuchen sie, verschiedene Meinungen, die es darüber innerhalb des Ortes geben könnte, zu äußern.
Anschließend tragen die S. an der Tafel um das Bild herum zusammen, was über den Islam ausgesagt wurde, und ergänzen evtl., was sie sonst noch darüber wissen.
Ausblick auf den Moscheebesuch in der nächsten Stunde: Beobachtungsaufgaben werden gemeinsam gesammelt und aufgeschrieben.
Medien:
- großes Bild von Moschee
- Tafel, Kreide, Block

1. Woche, Montag, 2. und 3. Stunde
Fach: Bildende Kunst
Thema: Plakatkunst/Plakatgestaltung
Ziele: Die Schülerinnen und Schüler sollen
- ein Werk der Plakatkunst von Toulouse-Lautrec kennen lernen.
- anhand eines Werbeplakats die künstlerisch-ästhetischen Merkmale von Werbeplakaten herausfinden.
- einige Beispiele von Schriftarten kennen lernen.
- Ideen für ein Plakat für das anstehende Fest unserer Unterrichtseinheit ›Das Zusammenleben mit Menschen anderer Kulturen‹ sammeln und diese Ideen in kleinen Skizzen festhalten.

Methoden/Sozialformen:
Im Sitzkreis findet eine Werkbetrachtung statt. Im Unterrichtsgespräch werden folgende Gestaltungsmerkmale von Plakaten herausgearbeitet:
- Stilisierung der Formen
- häufige Verwendung von Primärfarben
- Konturierung der Formen

- einfache und einprägsame Motivwahl
- Weglassen unnötiger Details
- starke Kontrastwirkungen der Farben (z.B. Hell-Dunkel-Kontrast, Komplementär-Kontrast)
- Einbeziehung von Schrift
- Verwendung von Schrift in unterschiedlicher Größe, Form, Farbe und Anordnung
- Anordnung von Schrift und Bild stehen in einem Zusammenhang
- Plakate sollen auffallen, sich einprägen und informieren

An der Tafel werden die oben genannten Punkte stichwortartig gesammelt. Die Schülerinnen und Schüler übertragen die Stichworte in ihr Heft.
In Partnerarbeit wird erarbeitet, welche Informationen ein Plakat für unser Fest enthalten muss (z.B. Datum, Ort, Uhrzeit...).
Die Ergebnisse der Partnerarbeit werden auf einem großen Blatt Papier festgehalten und gut sichtbar für alle im Klassenzimmer aufgelegt.
Als nächstes werden den Schülerinnen und Schülern auf Folie verschiedene Schriftarten gezeigt. In Vierergruppen sollen sie versuchen, folgende Fragen zu beantworten: Wie kann man Standardschrift verändern? Welche Schriftart wäre für welche Informationen geeignet?
Am Ende der Stunde bekommen die Schülerinnen und Schüler die Beobachtungsaufgabe, sich während der Aktivitäten der folgenden Tage (Lerngang, gemeinsames Kochen, Tanz...) ein besonders prägnantes Motiv einzuprägen, das für die Umsetzung in ein Plakat geeignet wäre. Sie sollen ihre Ideen in kleinen Skizzen festhalten, um diese in den letzten zwei Tagen auf Großformat in ein Plakat zu übertragen.
Medien:
- Tageslichtprojektor
- Farbabbildung auf Folie: Toulouse-Lautrec: ›Amassadeurs, Aristide Bruant‹: 1892, Lithographie
- Farbabbildung auf Folie: A. M. Cassandra: Werbung für das Postschiff ›Normandie‹: 1935, Offset-Druck
- Folie, die verschiedene Schriftarten zeigt

1. Woche, Dienstag, 2. Stunde
Fach: Englisch
Thema: Verfassen eines Briefes an die Partnerklasse in GB (der später per E-Mail zugesandt wird)
Ziele: Die Schülerinnen und Schüler sollen
- Interessen, Ideen und Meinungen austauschen, abwägen und schriftlich festhalten.
- Interessenschwerpunkte bilden.
- die gebildeten Schwerpunkte in Briefform verfassen.

- Situationen beschreiben können (simple present), Auskünfte geben und einholen, etwas vermuten (may ...), Fragen stellen.
- gemeinsam mit dem Partner abwägen, was wichtig ist, Formulierungen finden und diese in kurze Briefform fassen.

Methoden/Sozialformen:
- Einführung in das Vorhaben, an eine Partnerklasse in GB E-Mails zu schreiben.
- Die Schüler erarbeiten in Kleingruppen (3–4 Schüler) Themen und Fragen, die im E-Mail enthalten sein sollen.
- Im Unterrichtsgespräch werden die erarbeiteten Themen zusammengestellt (z. B. my life in Germany, school in Germany, my family, my hobbies, typical German meals, German customs and celebrations, our school project; life in Britain? school in Britain? Britain customs and celebrations? your hobbies? typical food? ...).
- Unter den gefundenen Themenbereichen werden im Plenum Interessenschwerpunkte gebildet.
- Die Schüler verfassen in Partnerarbeit einen Brief, hierzu erhalten sie ein Arbeitsblatt mit Anregungen zu unterschiedlichen Formulierungen (bei niedrigerem Leistungsniveau können auch Musterbriefe als Anregung verwendet werden).

Medien:
- Folie zur Themensammlung
- Arbeitsblatt mit Formulierungsanregungen

1. Woche, Mittwoch, 1. Stunde
Fach: Bildende Kunst
Thema: Fotodokumentation
Ziele: Die Schülerinnen und Schüler sollen
- die Wichtigkeit verschiedener Aufnahmen erkennen (Gesamtbild/Überblicksbild, Detail, Ausschnitt, Nahaufnahme ...).
- sich darüber klar werden, dass die einzelnen Fotos der Dokumentation miteinander in einem Zusammenhang stehen müssen und dass sich deshalb gewisse Bildmotive wiederholen sollten.

Methoden/Sozialformen:
- Im Sitzkreis werden den Schülerinnen und Schülern vier Zeichnungen ein und derselben Situation gezeigt, die aber von unterschiedlichen Betrachterstandpunkten gezeichnet wurden.
- Diese Zeichnungen werden von den Schülerinnen und Schülern in eine sinnvolle Reihenfolge gebracht. Es knüpft sich ein Unterrichtsgespräch über die Abfolge von Bildern bzw. Fotos in einer Dokumentation an, in dem den Schülerinnen und Schülern klar werden soll, dass für den Betrachter in der dokumentierten Handlung keine ›Sprünge‹ sein dürfen.

- In einem nächsten Schritt dürfen die Schülerinnen und Schüler mit ›Fotoapparaten‹ aus Pappe experimentieren. Pappkarton mit Gucklöchern unterschiedlicher Größe erlauben es, seine Umgebung entweder im Gesamtbild wahrzunehmen oder als Ausschnitt.
- Im Anschluss daran wird im Sitzkreis über eine Abfolge von drei Fotos (auf Folie) gesprochen, die die durch das Experiment gewonnene Einsicht veranschaulicht (vom Gesamtbild zur ausschnitthaften Nahaufnahme).
- In einer letzten Phase werden die Schülerinnen und Schüler in drei bis vier Gruppen aufgeteilt. Jede Gruppe wird im Verlauf der Unterrichtseinheit eine Aktivität dokumentieren (Lerngang in die Moschee, gemeinsames Kochen, Einüben eines Volkstanzes).

Jede der Gruppen erhält nun Leitfragen, über die sich die Teilnehmer vor der Dokumentation im Klaren sein sollen. (Bsp. Wo findet das zu dokumentierende Ereignis statt? Was könnte den Betrachter interessieren? Wann eignet sich ein Gesamtbild? In welcher Situation wäre eine Nahaufnahme, ein Detail angebracht?).
Jede Gruppe erhält für die folgenden Tage einen Fotoapparat. Jede Gruppe erhält den Auftrag, während der betreffenden Aktivitäten ausdrucksstarke Momente festzuhalten. Planmäßiges Vorgehen hat dabei den Vorrang vor Schnappschüssen.

Hinweis
Während der beiden letzten Tage werden brauchbare Fotos von weniger geeigneten getrennt. Die Fotos werden in eine sinnvolle Reihenfolge gebracht, mit Begleittexten versehen und an der Wandtafel arrangiert.
Medien:
- 4 Zeichnungen auf Pappe
- mehrere Pappkartons mit unterschiedlich großen Gucklöchern
- Fotosequenz auf Folie
- Tageslichtprojektor
- 4–5 Fotoapparate

Für die Dokumentation wird des weiteren benötigt:
- Wandtafeln
- Tonpapiere
- Kleber
- Schere
- Stifte/Edding
- Fotos
- weißer Zeichenkarton DIN A 3 oder 2
- Plakatfarbe

1. Woche, Mittwoch, 6. Stunde und darüber hinaus
Fach: Religion
Thema: Begegnung mit Muslimen an ihrem Versammlungsort
Ziele: Die Schülerinnen und Schüler sollen
- den Ort kennen lernen.
- erkennen, dass die Moschee nicht nur ein Gebetshaus ist.
- erste Eindrücke der Moschee behalten.

Methoden/Sozialformen:
Gemeinsamer Gang zur Moschee vor Ort; muslimische Mitschüler erklären, was man sieht und die Rituale; Beobachtungen über besondere Einrichtungsgegenstände und Verhalten muslimischer Besucher werden notiert; festhalten auch durch Fotografieren; Empfang im Aufenthaltsraum der Muslime (mit Tee, ...)
Medien:
- Fotoapparate
- Block, Stifte

1. Woche, Donnerstag, 1. und 2. Stunde
Fach: Englisch
Thema: Korrektur und Eingabe der E-Mails
Ziele: Die Schülerinnen und Schüler sollen
- ihre eigenen Resultate und die der anderen kritisch bewerten und daraufhin überarbeiten.
- grammatikalische Kenntnisse vertiefen.
- eigene Texte kritisch überarbeiten können.
- Grundkenntnisse des Electronic Mail erwerben.
- ihre Arbeit dokumentieren lernen (hierzu legen sie für ihre E-Mails eine Projektmappe an, um auch ein Fortlaufen des Kontaktes nach der Unterrichtseinheit festzuhalten).

Methoden/Sozialformen:
- Die in Partnerarbeit erstellten Briefe werden im Klassenplenum vorgelesen, korrigiert und wenn nötig überarbeitet.
- Der Lehrer führt in die Grundregeln des E-Mails ein; mit den Grundinformationen zur Bedienung eines Computers sind die Schüler bereits vertraut.
- Die Schüler geben zu zweit den gemeinsam verfassten Brief ab und senden ihn an die Partnerschule.
- Den selbst geschriebenen Brief drucken sie aus und heften ihn in ihrer Projektmappe ab.

Medien:
- Computer
- Projektmappe

1. Woche, Donnerstag, 3. Stunde
Fach: Religion
Thema: Koran und Bibel
Ziele: Die Schülerinnen und Schüler sollen
- Unterschiede und Gemeinsamkeiten zwischen Koran und Bibel kennen (Inhalt, Aufbau und Bedeutung).
- dort Grundlagen für manche Vorschriften finden.
- ein paar Gesetze des Islams kennen.

Methoden/Sozialformen:
Betrachtung der äußeren Erscheinung von Koran anhand eines Bildes.
Gruppenarbeit (6 Gruppen à 4 Leute): drei Gruppen jeweils zum Koran und drei zur Bibel, davon je eine zum Aufbau anhand des jeweiligen Buches selbst, eine zum Inhalt anhand markanter Auszüge daraus und eine zur Bedeutung für Anhänger der Religion anhand Textmaterial. Anfertigung eines Plakats pro Gruppe.
Vorstellung und Gegenüberstellung der Plakate. Nähere Beobachtungen zum Inhalt des Korans: Gesetze und ihre Realisierung im Alltag.
Medien:
- Bild von Koran
- 2 Bibeln
- 2 dt. Übersetzungen des Korans
- je ein Blatt (4fach) mit ausgewählten Suren bzw. Bibelversen (zu Suren: FAßNACHT, DIETER, Weltreligionen. Geschichte-Quellen-Materialien. Islam, München 1976, S. 25–29; Bibelverse: 1. Mose 1; 2. Mose 20; Lukas 5,1–11; Lukas 8,4–8)
- je ein Blatt (4fach) mit Text über die Bedeutung des Korans für Muslime bzw. der Bibel für Christen (AHMAD, MAHMUD, Der Koran aus muslimischer Sicht. In: FAßNACHT, DIETER, Weltreligionen. Geschichte-Quellen-Materialien. Islam, München 1976, S. 20f; Arbeitskreis ›Schrift und Verkündigung‹ der EKD, Die Bibel aus christlicher Sicht. In: ebd. S. 21f)
- Plakate, Stifte

1. Woche, Donnerstag, 6. Stunde
Fach: Sport
Thema: Einführung ›Gehen‹ und ›Ein Gefäß auf dem Kopf tragen‹
Ziele: Die Schülerinnen und Schüler sollen
- erfahren, wie das Leben in einem afrikanischen Dorf aussieht.
- die neuen Schritte ›Gehen‹ und ›Ein Gefäß auf dem Kopf tragen‹ kennen lernen.
- die Schritte auf die Musik umsetzen können.

Methoden/Sozialformen:

- Die Schülerinnen sitzen in einem Halbkreis auf dem Hallenboden, die Lehrerin sitzt ihnen gegenüber und erzählt ihnen vom Leben in einem afrikanischen Dorf.
- Die Lehrerin erklärt und demonstriert den ersten Schritt (Gehen).
  → Schülerinnen üben den ersten Schritt
- Die Lehrerin erklärt und demonstriert den zweiten Schritt (Ein Gefäß auf dem Kopf tragen).
  → Schülerinnen üben den zweiten Schritt
- Beide Schritte werden kombiniert.
- Üben der Schritte auf Musik

Medien:

- Buch: BRUGGER, BARBARA, Afrikanische Tänze und Rhythmen, Arbor Verlag, Freiamt 1995
- Musik: CHEIKH TIDIANE NIANE, Traditionelle afrikanische Lieder und Tänze. Vol 1 & Vol 2

1. Woche, Freitag, 1. Stunde

Fach: Sport

Thema: Einführung. ›Wasserholen‹ und ›Maisstampfen‹

Ziele: Die Schülerinnen sollen

- die neuen Schritte kennen lernen.
- die neuen Schritte tanzen können.
- die Schritte auf die Musik umsetzen können.

Methoden/Sozialformen:

- Die Lehrerin erklärt und demonstriert den dritten Schritt (Wasserholen).
  → Schülerinnen üben den dritten Schritt
- Die Lehrerin erklärt und demonstriert den vierten Schritt (Maisstampfen).
  → Schülerinnen üben den vierten Schritt
- Wiederholen der ersten zwei Schritte (›Gehen‹ und ›Ein Gefäß auf dem Kopf tragen‹).

Medien:

- Buch: BRUGGER, BARBARA, Afrikanische Tänze und Rhythmen, Arbor Verlag, Freiamt 1995
- Musik: CHEIKH TIDIANE NIANE, Traditionelle afrikanische Lieder und Tänze Vol 1 & Vol 2

1. Woche, Freitag, 2. und 3. Stunde

Fach: Mensch und Umwelt

Thema: Feste feiern – bei uns und in anderen Kulturen (Vergleich Christentum–Islam), vorläufige Planung

Ziele: Die Schülerinnen und Schüler sollen

- sich überlegen, zu welchen Anlässen im Haushalt Feste gefeiert werden.

- Feste und Bräuche anderer Kulturen kennen lernen (v.a. die ihrer Mitschülerinnen und Mitschüler).
- typische Gerichte anderer Kulturen kennen lernen.
- ein interkulturelles Fest als Abschluss des fächerverbindenden Themas planen.
- sich überlegen, welche Tätigkeiten zur Vorbereitung eines Festes gehören.
- Rezepte sammeln und beurteilen.

Methoden/Sozialformen:
Im Sitzkreis wird über Feste gesprochen. Der Lehrer kann dabei Impulse geben (Frage nach dem zurückliegenden Osterfest? …).
Im Gespräch soll deutlich werden,
- dass jede Kultur ihre eigenen Feste und Bräuche hat.
- weshalb die jeweiligen Feste gefeiert werden (Einfluss der jeweiligen Religion).
- welche typischen Gerichte gegessen werden.

An der Tafel werden typische Feste der jeweiligen Kultur/des jeweiligen Landes festgehalten.
Der Tafelanschrieb wird ins Heft übernommen.
Der Lehrer gibt bekannt, dass die Schülerinnen und Schüler die Möglichkeit bekommen, ein Fest zu realisieren, das als Abschluss des fächerverbindenden Themas stattfinden soll.
Anschließend sollen die Schülerinnen und Schüler im Unterrichtsgespräch erörtern, wie dieses Fest gestaltet werden kann, damit es dem Thema gerecht wird, d.h., alle Schülerinnen und Schüler sollen etwas Typisches aus ihrem Land einbringen können.
Dazu gehören:
- landestypische Gerichte
- landestypische Musik
- evtl. sogar typische Dekoration
- Vorstellung der einzelnen Speisen am Fest (die Schüler stellen das jeweilige Gericht kurz vor …)

Diese Punkte werden zunächst auf einem Plakat stichwortartig festgehalten.
Im Partnergespräch sollen die Schülerinnen und Schüler nun erarbeiten, welche Schritte für die Planung, Vorbereitung und Durchführung eines Festes generell notwendig sind. Einige Punkte könnten sein:
- Wie viel Zeit steht zur Vorbereitung zur Verfügung?
- Wie viele Personen kommen?
- Organisation einer geeigneten Räumlichkeit
- Soll es ein Programm geben?
- Wie wird der Raum dekoriert?
- Auswahl von Speisen und Getränken
- Anrichtevorschläge

- Welche Lebensmittel müssen eingekauft werden?
- Wer kümmert sich um die Bewirtung?

Im anschließenden Unterrichtsgespräch werden die Punkte in einer Art Mind-Map auf einem Plakat festgehalten. Dieses wird dann im Klassenzimmer aufgehängt.

Die Schüler sollen anschließend in den bereitgelegten Medien nach geeigneten Rezepten suchen. Die Rezeptvorschläge werden festgehalten und gemeinsam beurteilt (Kriterien: Kombination mit anderen Gerichten, Schwierigkeitsgrad, Zeitaufwand, Preis …)
Hausaufgabe:
Die Schülerinnen und Schüler sollen sich Dekorationsmöglichkeiten überlegen und weitere Rezepte suchen (Eltern befragen, mind. 1 Rezept).
Medien:
- Plakate
- Kochbücher
- Schulbücher (Rezeptteil)
- Bücher zum Thema: Feste bei uns und in anderen Kulturen
- Tafelanschrieb

2. Woche, Montag, 1. Stunde
Fach: Sport
Thema: Üben des Tanzes
Ziele: Die Schülerinnen sollen
- lernen, die vier verschiedenen Schritte zu kombinieren.

Methoden/Sozialformen:
- Wiederholen der Schritte
- Erarbeiten einer Choreografie

Medien:
- Musik: CHEIKH TIDIANE NIANE, Traditionelle afrikanische Lieder und Tänze. Vol 1 & Vol 2

2. Woche, Montag, 2. und 3. Stunde
Fach: Mensch und Umwelt
Thema: Konkrete Planung des Festes
Ziele: Die Schülerinnen und Schüler sollen
- lernen, eine geeignete Rezeptauswahl zu treffen.
- die ausgewählten Gerichte beschreiben und sich dabei im Verfassen von kleinen Texten üben.
- lernen, wie man den Raum in geeigneter Weise für das Fest vorbereitet (Tischschmuck, Dekoration, Anordnung der Tische …).

Methoden/Sozialformen:

- Die Rezeptsammlung wird erweitert (Hausaufgabe). Anschließend wird im Unterrichtsgespräch gemeinsam entschieden, welche Gerichte hergestellt werden.
- Die Rezepte werden an die Kochgruppen aufgeteilt (4 Gruppen). Die Gruppen bekommen die Aufgabe, mit Hilfe der vorhandenen Literatur oder eigener Erfahrungen einen kurzen Text zu ihren Gerichten zu verfassen (Zutaten, Herstellung, zu welchen Anlässen ...). Dieser Text soll am Fest vorgetragen werden.
- Anschließend soll in den Gruppen überlegt werden, wie der Raum gestaltet werden kann. Die Vorschläge werden an der Tafel gesammelt und ausgewertet. Die Schüler entscheiden sich für eine Art der Gestaltung.
- Abschließend wird die Arbeit an die vier Kochgruppen verteilt:
  Eine Gruppe kümmert sich um den Einkauf. Eine weitere Gruppe ist für das Geschirr und das Anrichten des Buffets zuständig. Die dritte Gruppe übernimmt die Anordnung der Tische. Die vierte Gruppe kümmert sich um die Tischdekoration (immergrüne Pflanzen, selbstgebastelte Kerzenständer...).
- Die Berechnung der Lebensmittelmengen und das Herstellen des Einkaufszettels wird vom Lehrer übernommen. Die Knappheit der Zeit lässt es nicht zu, dieses wichtige Thema ausreichend zu behandeln. Dies sollte an anderer Stelle geschehen.

Medien:

- Rezepte
- Tafelanschrieb
- Kochbücher
- Schulbücher (Rezeptteil)
- Bücher zum Thema: Feste bei uns und in anderen Kulturen

2. Woche, Dienstag, 3. Stunde

Fach: Religion

Thema: die Stifter der beiden Religionen

Ziele: Die Schülerinnen und Schüler sollen

- sich bewusst sein, worauf die christlichen Feste zurückzuführen sind.
- wissen, dass Mohammed eine wichtige Rolle im Islam spielt, aber nicht dieselbe Stellung hat wie Jesus im Christentum.
- wissen, wie die wichtigsten muslimischen Feste mit Mohammeds Leben zusammenhängen.
- wissen, in wie fern sich der islamische Kalender von unserem unterscheidet.
- ein paar islamische Festtagsbräuche kennen.

Methoden/Sozialformen:

- Einstimmung durch Krippenbild; Brainstorming über das Leben Jesu als Gottes Sohn, seine Bedeutung; Feste, die man mit dem Leben Jesu in Verbindung bringen kann.
- Mohammed als ähnliche Figur im Islam: Lehrervortrag als kurzer Abriss seines Lebens mit Folie zu den einzelnen Stationen.
- Verschiedene Texte zu den einzelnen Festen, die an Mohammeds Leben gebunden sind, in Einzelarbeit lesen (jeweils versch. Teile der Klasse lesen versch. Texte); Zusammentragen und stichwortartiges Eintragen ins Heft zu jedem Fest.
- Türkische Mitschülerinnen und Mitschüler berichten ergänzend Bräuche zu den jeweiligen Festen (evtl. mit Realien).

Medien:

- Krippenbild auf Folie
- Folie zu den Stationen im Leben Mohammeds (s. Anlage)
- Zu den folgenden Festen ein kurzer Text auf Blatt (6fach): Muharran, Maulid an-Nabi, Lailat al-Miradj, Lailat al-Qadr (KIRSTE, R., SCHULTZE, H., TWORUSCHKA, U., Die Feste der Religionen. Ein interrellgiöser Kalender mit einer synoptischen Übersicht. Gütersloh 1995. S. 64–70)
- Heft

2. Woche, Mittwoch, 1. und 2. Stunde
Fach: Englisch
Thema: Bearbeiten der Antworten
Ziele: Die Schülerinnen und Schüler sollen

- eigenständig einen ihnen unbekannten Text erarbeiten und versuchen, dessen Sinn zu erfassen.
- lernen Fragen/Unklarheiten zu artikulieren und ihnen auf den Grund gehen.
- die mündliche Kommunikation und den Meinungsaustausch üben.
- die eigene sozio-kulturelle Situation mit einer anderen vergleichen (Gemeinsamkeiten und Unterschiede finden).
- ihre Beobachtungen, Erkenntnisse dokumentieren.

Methoden/Sozialformen:

- Die erhaltenen Nachrichten werden ausgedruckt und an alle Schüler verteilt.
- Die Schüler lesen in den üblichen Partnergruppen die Briefe durch, schlagen unbekannte Wörter nach, notieren diese in ihr Vokabelheft. Sie halten auch Fragen und interessante Beobachtungen fest.
- Im Klassenplenum werden Fragen beantwortet und Beobachtungen ausgetauscht.

- Die Schüler vergleichen nun die Informationen über kulturelles und soziales Leben in GB mit ihrem und listen die Gemeinsamkeiten und Unterschiede schriftlich auf (Partnerarbeit).
- Die Resultate und die Gegenüberstellung werden ebenfalls in die Projektmappe abgeheftet.
- Eine Fortsetzung des Briefkontakts ist unbedingt erwünscht und wird unterstützt (z. B. Korrektur von weiteren Briefen, Beantworten von offenen Fragen, etc.).

Medien:
- Computer
- Projektmappe

2. Woche, Mittwoch, 6. Stunde
Fach: Sport
Thema: Üben des Tanzes
Ziele: Die Schülerinnen sollen
- die Choreografie einstudieren.
- den Tanz so gut tanzen können, um ihn vorzuführen.

Methoden/Sozialformen:
- Üben des Tanzes

Medien:
- Musik: CHEIKH TIDIANE NIANE, Traditionelle afrikanische Lieder und Tänze. Vol 1 & Vol 2

2. Woche, Donnerstag, 6. Stunde
Fach: Mensch und Umwelt
Thema: Lebensmitteleinkauf, Herstellung der Dekoration und Vorbereiten des Raumes
Ziele: Die Schülerinnen und Schüler sollen
- das Erlernte in praktisches Handeln umsetzen.

Methoden/Sozialformen:
In dieser Einzelstunde kümmern sich die Schülerinnen und Schüler um ihre jeweilige Gruppenaufgabe (Einkauf, Geschirr vorbereiten, Raumgestaltung, Dekoration).

Medien:
- Einkaufszettel
- Tischdekoration (immergrüne Pflanzen, Kerzen, Servietten, evtl. Tischdecken, große Tücher …)
- Geschirr
- Raum, in dem das Fest stattfinden soll
- Schulküche
- alle Gegenstände, mit denen sich die Schülerinnen und Schüler handelnd auseinandersetzen

2. Woche, Freitag, 1. bis 3. Stunde
Fach: Mensch und Umwelt
Thema: Zubereitung der Speisen
Ziele: Die Schülerinnen und Schüler sollen
- grundlegende Arbeitstechniken der Nahrungszubereitung erlernen.
- Grundrezepte kennen lernen.
- die Gerichte für das Fest herstellen und anrichten.
- lernen, ihre Arbeitszeit sinnvoll einzuteilen.

Methoden/Sozialformen:
Nach einer kurzen Rezeptbesprechung beginnen die einzelnen Kochgruppen mit der Arbeit. Die Gerichte werden soweit wie möglich vorbereitet. Nach dem Saubermachen der Küche tragen die Schülerinnen und Schüler, quasi als Generalprobe, ihre vorbereiteten Texte vor. Der Ablauf wird festgelegt.
Abschließend werden die Aufgaben verteilt: Wer kümmert sich um das schmutzige Geschirr? Wer ist für den Nachschub bei Essen und Getränken verantwortlich. Es wird ein genauer Zeitplan aufgestellt, der im Raum aufgehängt wird.
Medien:
- Rezepte
- Schulküche
- Folie, mit vorgefertigtem Zeitplan

7.4 Gymnasium: ›Die Zeitung‹

Thema:	Die Zeitung
Schuljahr:	10 (Neusprachliches Gymnasium)
Anzahl der Schüler:	25
Zeitraum:	2 Wochen und 1 Tag (Ausflug)
Beteiligte Fächer:	Deutsch Geschichte Englisch
Beteiligte Lehrer:	Anja Baeder Stefan Fuhr Christina Deferger

Pädagogische Zielsetzung

In unserer pluralistisch-demokratischen Gesellschaft spielen die Medien eine immer größere Rolle. Das Medium Zeitung erfüllt wichtige Funktionen, die andere Medien nicht in gleichem Maße ausfüllen können. Auf Grund seiner besonderen Interpretation der Wirklichkeit beeinflusst es auch auf seine Weise die Meinungs- und Willensbildung der Bürger. Die Zeitung dient als Forum der öffentlichen Auseinandersetzung über wichtige Themen des Zeitgeschehens, informiert aber auch über die geschichtliche Entwicklung, die zu einer aktuellen Situation geführt hat. Außerdem ist sie ein wichtiges Instrument der Kritik und Kontrolle.
Im heutigen Hightech-Zeitalter haben die technischen Medien die Vorherrschaft in der Informationsindustrie übernommen, sodass die meisten Jugendlichen vorwiegend diese Medien nutzen. Deshalb sollen auch die Besonderheiten der elektronischen Kommunikationsmedien im Vergleich mit Printmedien herausgearbeitet werden.

Bei der Arbeit mit der Zeitung sollen die Schülerinnen und Schüler die Bedeutung der Zeitung für ihre Lebenswelt kennen lernen. Hemmschwellen gegenüber der Zeitungslektüre sollen abgebaut werden. Weiter sollen sie dazu angehalten werden, das Medium Zeitung kontinuierlich und kritisch zu nutzen.

Dieses Thema wird fächerverbindend behandelt, um den Schülern eine möglichst umfassende und facettenreiche Vorstellung über dieses Medium zu vermitteln. In den verschiedenen Fächern sollen unterschiedliche Aspekte der Zeitung im Kontext der Gesellschaft beleuchtet werden.

Es werden dabei fachspezifische Methoden zur Anwendung kommen, die dazu dienen sollen, die Sachkompetenz, die Methodenkompetenz und somit die Handlungsfähigkeit der Schülerinnen und Schüler zu erweitern. Die Zusammenarbeit in der Gruppe befähigt die Schülerinnen und Schüler zur Teamarbeit und trägt so dazu bei, sie zu sozial kompetenten Bürgern zu erziehen.

Beiträge der Fächer

Geschichte

Das Fach Geschichte beschäftigt sich im 10. Schuljahr unter anderem mit dem 3. Reich, dem Nationalsozialismus. Insofern liegt es nahe, das fächerverbindende Thema ›Zeitung‹ unter dem Aspekt der Propaganda des 3. Reiches und unter dem Aspekt der fehlenden Pressefreiheit, der Gleichschaltung der Presse zu behandeln.

Die öffentliche Meinung, bzw. die Meinung in einem demokratischen Staat bildet sich durch kritische Auseinandersetzung und freie Diskussion. Es herrscht Pressefreiheit. Unter einer totalitären Herrschaft wird die öffentliche Meinung allein durch Staatsgewalt gebildet und beeinflusst. Es herrscht keine Pressefreiheit.
Für den Nationalsozialismus war die Presse allein Organ seiner Propaganda. Unter anderem führte Hitler dazu aus: ›Der Begriff der Pressefreiheit ist die gefährlichste Gefahr für jeden Staat.‹
Jegliche Medien des 3. Reiches wurden vom Propagandaministerium unter Joseph Goebbels gesteuert und mit ›Nachrichten‹ versorgt.
Die Frage ist nun, was der Bürger des 3. Reiches wirklich aus der Presse erfahren konnte.

Englisch

Im Fach Englisch sollen die Schülerinnen und Schüler dazu erzogen werden, verantwortlich und kritisch mit dem Medium Zeitung umzugehen. Das gemeinsame Europa macht es zunehmend notwendig, sich nicht nur über aktuelle Themen im eigenen Land, sondern auch über andere europäische Länder zu informieren. Die Zeitung kann dazu einen wichtigen Beitrag leisten und die Schülerinnen und Schüler zum Nachdenken über das Zeitgeschehen in Europa – und ganz speziell in Großbritannien – anregen.
Da der Lehrplan ohnehin vorsieht, dass die Schüler im Fach Englisch aktuelle Themen in Großbritannien behandeln, eignet sich das Thema Zeitung dafür besonders gut.
Im Englischunterricht werden Themen vorgestellt, bei denen nicht nur die fachspezifischen Arbeitstechniken, wie Wortschatzerweiterung, Verbesserung der Lesefertigkeit und der Sprachpraxis, zur Anwendung kommen, sondern den Schülerinnen und Schülern auch einen Einblick in die britische Kultur, aktuelle politische und gesellschaftliche Themen und die Verantwortlichkeit des Mediums Zeitung und anderer Medien – zum Beispiel des Fernsehens – für unsere heutige Gesellschaft ermöglicht wird.

Deutsch

Zeitungen sind textuelle Medien. Das heißt: Die in der Presse vorgestellte Wirklichkeit präsentiert sich vornehmlich in sprachlichen Ausdrucksformen. Das Unterrichtsfach Deutsch kann zu einem reflektierten Umgang mit der Zeitungslektüre erziehen, indem es eben diese Bedingungen des Mediums aufdeckt und sie den Schülern bewusst macht. Zu diesem Zweck sollen unterschiedliche journalistische Textgattungen eingängig besprochen werden. Um ihre Funktionsmechanismen besser zu begreifen, müssen die Schüler sich auch selbst in der Produktion von Zeitungstexten versuchen.
Indem die Zehntklässler lernen, dass Inhalt und Form eines Textes voneinander nicht zu trennen sind, sollen sie ein Gespür für die Relativität der in Zei-

tungen transportierten Informationen bekommen. In diesem Zusammenhang soll die Glaubwürdigkeit von Zeitungsnachrichten thematisiert werden.
Die manipulierende Wirkung von Sprache – auch in Verbindung mit Bildern – kann besonders eindrücklich durch Beispiele aus der Zeitungswerbung veranschaulicht werden.

Stundenplan
1. Woche

Stunde	Montag	Dienstag	Mittwoch	Donnerstag	Freitag
1	**Deutsch** Einführende Sitzung: Zeitungsformate	**Deutsch** Konstruktion von Wirklichkeit durch Zeitung		**Geschichte** Diskussion Gruppenarbeiten über Gleichschaltung	**Deutsch** Textgattung Agenturmeldung
2	**Englisch** Einführung: Englischsprachige Zeitung	**Deutsch** s.o. + Video über Nachrichtenagentur		**Geschichte** Diskussion Gruppenarbeiten über Gleichschaltungen	**Deutsch** Textgattung Kommentar
3	**Geschichte** Gleichschaltung d. Presse in der NS-Zeit	**Geschichte** NS-Propaganda i. d. Presse anhand v. Beispielen			**Englisch** Vorstellung Gruppenarbeiten
4		**Geschichte** NS-Propaganda i. d. Presse anhand v. Beispielen			**Englisch** Vorstellung Gruppenarbeiten
5		**Englisch** Deutschlandbild in englischen Zeitungen			
6		**Englisch** Deutschlandbild in englischen Zeitungen			

Stundenplan
2. Woche

Stunde	Montag	Dienstag	Mittwoch	Donnerstag	Freitag
1	**Deutsch** Werbung in der Zeitung	**Deutsch** Zeitungsüberschriften		**Geschichte** Kleinanzeigen aus der Kriegszeit	**Deutsch** Schülerarbeiten besprechen
2	**Englisch** Prominente in den Medien	**Deutsch** Aufbau einer Reportage		**Geschichte** Dokumentarfilm über Goebbels	**Deutsch** s.o. + amüsante Glossen lesen
3	**Geschichte** ›Der Stürmer‹	**Geschichte** Besprechung d. Gruppenarbeiten zum ›Stürmer‹			**Englisch** Informationsvermittlung am Beispiel ›Schottischer Separatismus‹
4		**Geschichte** Leserbriefe an den ›Stürmer‹			**Englisch** Informationsvermittlung am Beispiel ›Schottischer Separatismus‹
5		**Englisch** Prominente II			
6		**Englisch** Prominente II			

3. Woche
Montag: Exkursion zum ›Südkurier‹ mit Führung durch Redaktion und Vertrieb

Arrangement

1. Woche, Montag, 1.Stunde
Fach: Deutsch
Thema: Werbung in der Zeitung
Ziele:
Die Schüler sollen mit ihrem eigenen Medienkonsum konfrontiert werden und den besonderen Stellenwert der Zeitung im Gespräch herausarbeiten. Darüber hinaus gilt es, sie mit unterschiedlichen Zeitungs- und Zeitschriftenformaten (regionalen, überregionalen, Boulevard etc.) bekannt zu machen.

Methoden/Sozialformen:

- Kurze Diskussion: Lesen Schüler Zeitung? Welche? Vor allem: Warum lesen sie sie nicht? Welche anderen Medien verwenden sie? Unterschied zwischen elektronischen Medien und Zeitung, zwischen Unterhaltung und Information besprechen.
- Gruppenarbeit: Je zwei Schüler beschäftigen sich mit zwei Zeitungen unterschiedlichen Typs (etwa mit einer Boulevard- und einer regionalen Tageszeitung). Anhand der Titelseite sollen sie die Unterschiede herausarbeiten und anschließend vortragen.
- Tafelanschrieb: Aufgund der Gruppenarbeit soll eine Klassifizierung der Presseerzeugnisse erarbeitet werden (Tageszeitung/Wochenzeitung/Magazin u.s.w.)

Medien:

Zeitungen, die Schüler von zu Hause mitbringen. Weitereres Anschauungsmaterial. Sicherstellen, dass alle Formate vorhanden sind.

1. Woche, Montag, 2. Stunde

Fach: Englisch

Thema: Einführung in englischsprachige Zeitungen

Ziele:

Die Schüler sollen verschiedene englische, irische und schottische Zeitungen kennen lernen und mit den deutschen Zeitungen, die sie bereits kennen, vergleichen.

Methoden/Sozialformen:

- Einführung:

Frage: Habt ihr schon mal eine englische Zeitung in der Hand gehabt oder gelesen?

Frage: Welche englischsprachigen Zeitungen kennt ihr?

Vorstellung der verschiedenen Zeitungen, Zeitungen werden herumgereicht.

Frage: Welchen Eindruck habt ihr von den Zeitungen? Worin unterscheiden sie sich von den deutschen?

- Aufbau der Zeitungen (Ressorts): Schematisch vorstellen

Frage: Wie unterscheidet sich das Layout ?

a) innerhalb der englischsprachigen Zeitungen (z.B. Wochen-/Tageszeitung und Boulevardblatt)?

b) im Vergleich zu den deutschen Zeitungen?

Medien:

- drei Tageszeitungen: The Times, The Daily Mirror, The Irish Times
- eine Wochenzeitung: Scotland on Sunday
- zwei Boulevardblätter: The Sun, The Daily Telegraph

1. Woche, Montag, 3. Stunde
Fach: Geschichte
Thema: ›Die gesteuerte Presse‹
(Voraussetzung: Dem vorausgehend sollten das 3. Reich und der II. Weltkrieg ausführlich behandelt worden sein, sodass man nur noch markante Daten und Ereignisse kurz wiederholen muss, um sie den Schülern nochmals ins Gedächtnis zu rufen.)
Ziele:
Die Schüler sollen anhand eines Textes herausarbeiten, wie sich die Presse nach und nach dem Nationalsozialismus beugen musste. Durch verschiedene Gesetze wurde die Presse gleichgeschaltet. Das kam nicht plötzlich, es war ein längerer Prozess. Hierbei wird gezeigt, was Pressefreiheit in einem totalitären Staat bedeutet, wie die Presse umfunktioniert wurde in ein Propaganda-Organ der NSDAP.
Methoden/Sozialformen:
Die Schüler sollen den Text lesen und markante Daten und Gesetze erkennen und notieren. Am Ende der Stunde werden die Ergebnisse zusammengetragen und besprochen.
Medien:
Es wird ein Text aus dem ›Großen Ploetz in Farbe‹ ausgeteilt.

1. Woche, Dienstag, 1. und 2. Stunde
Fach: Geschichte
Thema: Konstruktion von Wirklichkeit durch das Medium Zeitung
Ziele:
Die Konstruktion von Wirklichkeit durch das Medium Zeitung soll verdeutlicht werden. Schüler sollen durch Beispiele die *Selektivität der Berichterstattung* kennen lernen.
Methoden/Sozialformen:
- Schüler erhalten Kopien mit den drei Zeitungsberichten.
- In einer 20-minütigen Arbeitsphase soll jeder für sich folgende Fragen schriftlich beantworten:
  - Werden bestimmte Details in einem Bericht erwähnt, die nicht in den anderen enthalten sind?
  - Vermitteln die Berichte unterschiedliche Eindrücke des Ereignisses?
- Anschließend sollen einige Schüler ihre Ergebnisse vorlesen.
- Diskussion: Woher weiß ich, ob sich das Berichtete tatsächlich so ereignet hat, wie es berichtet wird?
- Anschließend: Video über die Arbeit einer Nachrichtenagentur (25 min).
- Kurze Abschlussdiskussion über das Berufsbild ›Journalist‹.

Medien:
- drei Berichte aus unterschiedlichen Zeitungen zum gleichen Ereignis.
- TV-Reportage über die Arbeit der Nachrichtenagentur AP

1. Woche, Dienstag, 3. und 4. Stunde
Fach: Geschichte
Thema: NS-Propaganda in der Presse
Ziele:
Die Schüler sollen für die – in der ersten Stunde schon besprochene – Gleichschaltung der Presse anhand von Zeitdokumenten sensibilisiert werden. Sie sollen durch eigene Untersuchungen der Nachrichten, Berichte und Kommentare den Entzug der Pressefreiheit und die Propaganda des 3. Reiches herausarbeiten. Sie sollen den Unterschied zwischen ›Was passierte wirklich, was ist geschichtlich Fakt?‹ und ›Was stand davon in der Zeitung, wie wurde darüber berichtet?‹ herausstellen. Dafür werden zwei überregionale Zeitungen zum Vergleich herangezogen, die anhand von vier markanten politischen Ereignissen untersucht werden.
Methoden/Sozialformen:
Vor jeder einzelnen Untersuchung sollen die geschichtlichen Fakten nochmals besprochen und schriftlich festgehalten werden. Dann werden die Schüler in vier Gruppen geteilt, wobei jede Gruppe ein politisches Datum und die zwei dazugehörenden Zeitungen erhält. Die Ergebnisse sind schriftlich festzuhalten.
Medien:
- ›Frankfurter Zeitung‹, die nur in begrenztem Maße gleichgeschaltet wurde
- ›Völkischer Beobachter‹ als offizielles Partei- und Propagandaorgan

Die vier markanten politischen Ereignisse, die zu untersuchen wären, sind:
1. Das Ermächtigungsgesetz 1933
2. Die Nürnberger Gesetze 1935
3. Die Reichskristallnacht 1938
4. ›Der totale Krieg‹ 1943

1. Woche, Dienstag, 5. und 6. Stunde
Fach: Englisch
Thema: Das Deutschlandbild in englischen Zeitungen
Ziele:
Versuch zur Beantwortung der Frage: Welche Rolle spielen die Medien für die Auffassung eines Volkes über ein anderes? – Das Deutschlandbild in englischsprachigen Zeitungen während der Wiedervereinigung.
Methoden/Sozialformen:
- Brainstorming
- Gruppenarbeit
- Diskussion in Englisch
- Frage: Was wisst ihr über das Deutschlandbild der Briten (vor allem die, die schon einen Austausch nach Großbritannien gemacht haben)?
  Woher könnten solche Vorstellungen kommen?
  Wie würdet ihr einem Engländer erklären, was ›typisch deutsch‹ ist?

- Gruppen zu je vier Schülern werden gebildet. Jede Gruppe erhält eine Zeitung und soll einen Artikel zum Thema bearbeiten und einen Gruppenleiter wählen, der die Ergebnisse der Klasse präsentiert.

Hinweise und zu beachtende Fragen

1. Text lesen
2. Welche Wörter sind noch unbekannt? => im Wörterbuch nachsehen oder den Lehrer fragen!
3. Welche Stimmung wird
   a) über die Deutschen
   b) über die Wiedervereinigung allgemein vermittelt? (furchteinflößend, zuversichtlich ...?) Begründe!
4. Wie wird argumentiert? Fasse die wesentlichen Aussagen zusammen!
5. Sprecht über den Artikel in der Gruppe miteinander und notiert euch die wichtigsten Argumente, die sich im Gespräch ergeben:
   - Wie steht der Zeitungsreporter zur Wiedervereinigung?
   - Was befürchtet er für die Zukunft Europas, was stimmt ihn zuversichtlich?

Medien:

Verschiedene englischsprachige Zeitungen (englische, irische und schottische) zum Thema Wiedervereinigung Deutschlands

1. Woche, Donnerstag, 1. und 2. Stunde

Fach: Geschichte

Thema: Gleichschaltung der Presse

Ziele:

Die Schüler sollen aus den Ergebnissen der bisherigen Geschichtsstunden schließen, wie die Gleichschaltung der Presse vonstatten ging. Sie sollen einsehen, dass die Presse mehr und mehr gesteuert wurde, dass mehr und mehr vertuscht und gelogen wurde.

Methoden/Sozialformen:

Chronologisch stellen nun die Gruppen ihre Arbeit vor. Die Mitschüler notieren sich die Ergebnisse. Danach wird darüber im Plenum gesprochen.

Medien:

Es werden die Ergebnisse der Gruppenarbeit benutzt.

1. Woche, Freitag, 1. und 2. Stunde

Fach: Deutsch

Thema: Textgattungen ›Agenturmeldung‹ und ›Kommentar‹

Ziele:

In dieser Stunde sollen der Aufbau der Textgattungen ›Agenturmeldung‹ und ›Kommentar‹ erarbeitet werden, der Unterschied zwischen (vermeintlich objektiver) Information und Meinung soll deutlich werden.

Methoden/Sozialformen:

- Gemeinsam werden die Merkmale einer Agenturmeldung anhand eines Beispiels erläutert. Neben der nüchternen Sprache ist auch der streng formale Aufbau der Meldung zu beachten (1. Satz im Imperfekt. Ab dem 2. Satz ist die Meldung im Perfekt; es wird – meistens im 2. Satz – eine Quelle genannt). Vor allem die Funktion des Quellennachweises als Glaubwürdigkeitskriterium muss herausgestrichen werden. Tafelanschrieb
- Anschließend wird ein Kommentar zum selben Ereignis ausgeteilt. Schüler sollen eigenständig erkennen: Hier wird Meinung unumwunden artikuliert. Stilmittel herausarbeiten und an die Tafel schreiben.
- Die Schüler sollen einen kurzen Kommentar zu einem aktuellen Ereignis in ihrer Klasse schreiben (etwa: Ist es richtig, dass Schüler X gestern im Matheunterricht eine Strafarbeit bekommen hat? Nur einige Sätze.)

Medien:
Eine Agenturmeldung und ein Kommentar zum selben aktuellen Ereignis

1. Woche, Freitag, 3. und 4. Stunde
Fach: Englisch
Thema: Vorstellung der Gruppenarbeiten
Jeder Gruppensprecher trägt das Ergebnis seiner Gruppe vor; anschließend Diskussion über das Thema in der Klasse.

2. Woche, Montag, 1. Stunde
Fach: Deutsch
Thema: Werbung in der Zeitung
Ziele:
Anhand von Beispielen sollen die Schüler die Funktionsmechanismen der Zeitungswerbung kennen lernen und kritisch reflektieren können.
Methoden/Sozialformen:
Werbebeispiele werden an die Schüler ausgeteilt. In der Diskussion sollen die Schüler erläutern, ob sie das beworbene Produkt aufgrund der vorliegenden Präsentation kaufen würden. Was spricht sie an, was schreckt sie ab? Schüler sollen suggestive Botschaften an einem geeigneten Werbebeispiel (mit sexueller Konnotation) erkennen.
Medien:
Mehrere Werbeseiten aus Zeitungen und Zeitschriften

2. Woche, Montag, 2. Stunde
Fach: Englisch
Thema: Prominente in den Medien
Ziele: (für die nächsten 3 Englisch-Stunden)
Klärung der Verantwortlichkeit der Medien für das Leben von Prominenten am Beispiel von Prinzessin Diana.

Methoden/Sozialformen:
- Der Film wird gezeigt. Im Anschluss daran: Diskussion
- Fragen:
  - Was hat der Tod Dianas in der Bevölkerung ausgelöst und warum?
  - Welche Rolle spielte Diana in der englischen Gesellschaft? Was wisst ihr über sie?
  - Was bedeutet der Tod der Prinzessin für das englische Königshaus/Volk/für euch?

Medien:
Videofilm über das Begräbnis von Diana (BBC)

2. Woche, Montag, 3. Stunde
Fach: Geschichte
Thema: ›Erziehung zum Hass‹
(Voraussetzung: Dem vorausgehend sollte schon der Antisemitismus im 3. Reich ausführlich behandelt worden sein, sodass man nur noch kurz markante Daten und Ereignisse wiederholen muss, um sie den Schülern nochmals ins Gedächtnis zu rufen.)
Ziele:
- Eine Zeitung des 3. Reiches sollte intensiver behandelt werden: der ›Stürmer‹, das Propagandablatt des Antisemitismus schlechthin. Sein Untertitel ›Nürnberger Wochenblatt im Kampf um die Wahrheit‹ war blanker Hohn, diente doch dieses Blatt allem anderen als der Wahrheit. Sein Herausgeber war ein fanatischer Judenhasser und seine Zeitung hatte allein die Funktion, Hass gegen Juden zu verbreiten, die Funktion der Hetze und Denunziation.
- Die Schüler sollen nun anhand einiger Ausgaben des ›Stürmers‹ feststellen, wie sich diese Judenhetze artikulierte.
- Sie sollen bemerken, mit welchen subtilen und infamen Mitteln gearbeitet wurde, wie jede Lüge recht war, Juden anzuprangern, welche haarsträubenden Geschichten als Wahrheit verkauft wurden.

Methoden/Sozialformen:
- Vorangehend sollte das Thema Antisemitismus kurz abgehandelt werden.
- Danach werden die Schüler in vier Gruppen eingeteilt, wobei jede einzelne Gruppe eine andere Ausgabe des ›Stürmers‹ bekommt.
- Unter den folgenden Anweisungen sollen die Schüler nun arbeiten und die Ergebnisse schriftlich festhalten:
  - Über was wird berichtet?
  - Wie wurde berichtet?
  - Welche Ressorts kann man ausmachen? (Nachricht, Glosse, Kommentar, Karikatur)
  - Woran erkennt man die Judenhetze?
  - Welches Vokabular wurde benutzt?

Medien:
Hierbei werden vier beliebige Ausgaben des ›Stürmers‹ zur Arbeit herangezogen, möglichst mit den Themen ›Ritualmord‹, ›Schändung deutscher Mädchen durch Juden‹, ›Die jüdische Weltverschwörung‹ und ›Der Jude als Gauner, Dieb und Taugenichts‹. Diese Themen wurden im ›Stürmer‹ regelmäßig behandelt.

2. Woche, Dienstag, 1. Stunde
Fach: Deutsch
Thema: Zeitungsüberschriften
Ziele:
In der ersten Phase des Unterrichts sollen die Schüler lernen, wie Überschriften entstehen: Was sind ihre sprachlichen Eigenheiten, welche Information ist enthalten?
Methoden/Sozialformen:
- Schüler sollen einen Bericht lesen und sich dazu eine Über-, eine Haupt- und eine Unterüberschrift überlegen.
- Ergebnisse werden an die Tafel geschrieben. Anschließend wird der Originaltitel des Artikels an die Tafel geschrieben.
- Durch den Vergleich der eigenen Vorschläge mit dem Originaltitel sollen Schüler begreifen, wie Titel aufgebaut sind.

Medien:
Ein aktueller Zeitungsbericht ohne Titel

2. Woche, Dienstag, 2. Stunde
Fach: Deutsch
Thema: Aufbau einer Reportage
Ziele:
Schüler sollen das Aufbauprinzip einer Reportage kennen lernen, um anschließend – als Hausaufgabe – selbst eine Reportage schreiben zu können.
Methoden/Sozialformen:
- Reportage wird laut vorgelesen.
- Frage: Wie ist der Anfang, wie der Hauptteil und das Ende des Textes geschrieben.
- Der Aufbau wird an die Tafel geschrieben. Besonders der szenarische Einstieg einer Reportage muss herausgestrichen werden.
- Hausaufgabe: Die Schüler sollen zu einem Thema ihrer Wahl eine Reportage schreiben. Der Lehrer gibt Arbeitsanweisungen für die Recherche und schreibt sie an die Tafel.

Medien:
Eine kurze Reportage zu einem Thema aus dem Interessenbereich der Schüler

2. Woche, Dienstag, 3. Stunde
Fach: Geschichte
Thema: Besprechung der Gruppenarbeiten zum ›Stürmer‹
Ziele:
Die Schüler sollen anhand der Ergebnisse aus den letzten Geschichtsstunden die infame Judenhetze des ›Stürmers‹ erkennen und kritisieren.
Methoden/Sozialformen:
Jede Gruppe stellt ihre Ergebnisse vor. Darauf folgend wird im Klassenverband darüber diskutiert.
Medien:
Als Materialien werden die Ergebnisse der Schüler herangezogen.

2. Woche, Dienstag, 4. Stunde
Fach: Geschichte
Thema: Leserbriefe an den ›Stürmer‹
Ziele:
Im Folgenden sollen die Schüler erkennen, inwieweit diese Judenhetze des ›Stürmers‹ von der Bevölkerung aufgenommen wurde.
Methoden/Sozialformen:
Jeder Schüler erhält einen Leserbrief oder eine Bittschrift an Goebbels, die er lesen, kritisch durchleuchten und interpretieren soll. Anschließend wird einzeln im Plenum vorgetragen und diskutiert.
Medien:
Hierfür werden verschiedene Leserbriefe an den ›Stürmer‹ vorgelegt, bevorzugt jene jüngerer Leserinnen und Leser im Alter der Schüler. Aber es sollen auch Beschwerdebriefe an Propagandaminister Goebbels bearbeitet werden, die die Einstellung des ›Stürmers‹ forderten.

2. Woche, Dienstag, 5. und 6. Stunde
Fach: Englisch
Thema: Prominente II
Ziele:
Klärung der Verantwortlichkeit der Medien für das Leben von Prominenten am Beispiel von Prinzessin Diana.
Methoden/Sozialformen:
- 1. Stunde: Verschiedene Fernsehberichte zum Thema Diana werden vorgestellt. Notizen werden zu folgenden Fragen gemacht:
  - Wie wird Diana darin dargestellt?
  - Welche Motive werden ihrem Handeln unterstellt?
  - Wie wirkt sich ihr ›privates‹ Leben auf ihre gesellschaftliche Stellung aus? Ist es günstig für sie oder schadet es ihr?
- 2. Stunde: Zwei Zeitungsberichte werden unter den gleichen Kriterien gelesen und kommentiert. Fragen:

– Wie haben die Medien das Leben der Prinzessin beeinflusst?
– Welche Verantwortung der Medien Prominenten gegenüber lässt sich daraus ableiten?

Medien:
Verschiedene Zeitungsartikel, Berichte aus dem Fernsehen, die aus verschiedenen Phasen in Dianas Leben stammen

2. Woche, Donnerstag, 1. Stunde
Fach: Geschichte
Thema: ›Erst die Front, dann die Heimat‹
(Voraussetzung: Dem vorausgehend sollte schon der II. Weltkrieg ausführlich behandelt worden sein.)
Ziele:
In dieser Stunde werden Kleinanzeigen aus der ›Kölnischen Zeitung‹ analysiert. Ziel ist es, die Schüler darauf aufmerksam zu machen, in welcher Weise die Bevölkerung zur Unterstützung des ›Totalen Krieges‹ durch diese Kleinanzeigen gesteuert wurde. Diese Steuerung zeigt sich vor allem in der immer wiederkehrenden Ermahnung zum Sparen und zum sorgsamen Umgang mit Ressourcen.
Methoden/Sozialformen:
Die Schüler sollen anhand der Kleinanzeigen herausfinden, dass die Kleinanzeigen nicht mehr zum Kauf auffordern, sondern vielmehr über Lieferschwierigkeiten informieren, Spartipps geben, an den Frontsoldaten erinnern, den es zu unterstützen gilt, und sich bemühen, trotzdem Zuversicht und Lebensmut zu vermitteln. Die Schüler arbeiten in Zweiergruppen. Jede Gruppe erhält zwei Kleinanzeigen. Sie werden anschließend im Plenum vorgestellt und besprochen.
Medien:
Mehrere Kleinanzeigen aus der ›Kölnischen Zeitung‹ von 1943

2. Woche, Donnerstag, 2. Stunde
Fach: Geschichte
Thema: Dokumentarfilm über Goebbels
Ziele:
Abschlusssitzung: Die Schüler sollen den Mann kennen lernen, der für die Gleichschaltung der Presse und die Reichspropaganda verantwortlich war: Joseph Goebbels, der Propagandaminister.
Methoden/Sozialformen:
Die Schüler sollen mit den erarbeiteten Ergebnissen kritisch die Dokumentation verfolgen und gegebenenfalls Stichpunkte notieren.
Medien:
Es wird die Folge ›Joseph Goebbels‹ der ZDF-Dokumentationsreihe ›Hitlers Helfer‹ gezeigt.

2. Woche, Freitag, 1. und 2. Stunde
Fach: Deutsch
Thema: Besprechung der Schülerarbeiten; Glossen
Ziele:
Hausaufgabenbesprechung und Präsentation der Textgattung ›Glosse‹
Methoden/Sozialformen:
Schüler lesen ihre Reportagen vor, die zur Kritik in der Klasse gestellt werden. Am Ende der Doppelstunde sollen gemeinsam einige amüsante Glossen gelesen werde. Ihre sprachlichen Eigenheiten sollen (nur knapp) im Gespräch herausgearbeitet werden.
Medien:
Mehrere Glossen

2. Woche, Freitag, 3. und 4. Stunde
Fach: Englisch
Thema: Informationsvermittlung am Beispiel ›Schottischer Separatismus‹
Ziele:
Welche Rolle spielt die Zeitung in der Informationsvermittlung? Drei kurze Zeitungsartikel aus einer englischen, irischen und schottischen Zeitung sollen am Beispiel der schottischen ›Devolution Campaign‹ und der Wahl des schottischen Parlaments im Frühjahr 1999 miteinander verglichen werden. Zusätzlich sollen separatistische Bewegungen der anderen britischen Regionen – wie Nordirland oder Wales – kurz erläutert werden.
Methoden/Sozialformen:
- Die Ergebnisse der Wahl mit (Sitzverteilung) und die Ziele der verschiedenen Parteien werden vorgestellt.
- Es folgt eine kurze Einführung in die Geschichte der Devolution in Schottland (Film).
- Dann werden die Zeitungsberichte gelesen und miteinander verglichen.
- Wichtige Fragen:
  - Wie informiert die Zeitung über die Ablösungsbewegung der SNP?
  - Wie steht die schottische Bevölkerung zu diesen Vorhaben?
  - Welche Erwartungen werden gestellt? Ist der Artikel insgesamt positiv oder eher negativ auf die Devolution eingestellt?
  - Worin unterscheiden sich die drei Artikel?
- Abschlussdiskussion zum Thema Zeitung.

Medien:
Drei kurze Zeitungsartikel aus einer irischen, einer englischen und einer schottischen Zeitung, Dokumentarfilm (BBC) zur Geschichte der Devolution in Schottland

3. Woche, Montag
Besuch beim ›Südkurier‹

8 Übungsbeispiel: ›Randgruppen‹

Liebe Leser,
hier wird Ihnen ein Übungsbeispiel angeboten. Sie können dies Beispiel weiter ausarbeiten! Um Ihnen den Anfang zu erleichtern, wird der vorgesehene Beitrag des Faches Englisch vorgegeben – als ein Fach, das von der initiativ werdenden Lehrerin vertreten wird. An Ihnen ist es nunmehr, sich in die Rolle von Fachlehrern der weiteren Fächer – welche auch immer Sie vertreten und als in Frage kommend einschätzen – zu versetzen und die *integrierenden Beiträge* dieser Fächer zu bestimmen! Sie werden nicht umhin kommen, sich zunächst überaus *sachkundig* zu machen, um die *themenzentrierten Beiträge* valide und solide bestimmen zu können! Die Erstellung des ›Stundenplans‹ nehmen Sie bitte so vor, wie Ihnen das möglich zu sein scheint! Für das ›Arrangement‹ legen Sie ihrer didaktisch-methodischen Fantasie bitte keine Zügel an – es handelt sich schließlich um ein Spiel-Beispiel – ; arrangieren Sie so, dass Ihrer Auffassung nach nicht nur *etwas* gelernt wird, nämlich über ›Randgruppen‹, sondern dass auch die *Handlungsfähigkeit* der Schüler und Schülerinnen in allen möglichen Komponenten gefördert wird! Treffen Sie bitte nicht bloß Entscheidungen darüber, was und wie es geschehen sollte, sondern begründen Sie Ihre Entscheidungen!

Angenommene Bedingungen

Thema:	Randgruppen
Schuljahr:	9 (math.-nat. wiss. Gymnasium)
Zeitraum:	2 Wochen
Anzahl der Schüler:	28 (koedukativ)
Beteiligte Fächer:	Englisch (Andrea Gall)
	....
	....
	....
	....

Die Englischlehrerin und gleichzeitige Klassenlehrerin, *Andrea Gall*, startet die Initiative. In Verbindung mit dem fächerverbindenden Unterricht zum Thema ›Randgruppen‹ schlägt sie vor, mit der Klasse, aufgeteilt in Gruppen,

Besuche vorzunehmen, beispielsweise: im Psychiatrischen Landeskrankenhaus, im Asylantenheim, in der Jugendstrafanstalt und bei der Lebenshilfe (je nach Vorhandensein und Verfügbarkeit).*)

Pädagogische Zielsetzung

Vor allem soll dieser Unterricht die Schüler an das Thema heranführen und ihnen bewusst machen, dass Randgruppen keinen menschlichen Sonderfall darstellen, sondern struktureller Bestandteil unserer Gesellschaft sind. Die Schüler sollen sich darüber bewusst werden, wie verschiedene Gesellschaften/Kulturen mit ihren jeweiligen Randgruppen umgehen. Und hieraus sollen Schlüsse für eigenes maßgebliches Verhalten gezogen werden.

- Die Handlungsfähigkeit der Schüler im tagtäglichen Umgang mit Randgruppen, bzw. Outsidern soll sensibilisiert und positiv gefördert werden.
- Den Schülern soll vermittelt werden, dass sie den Randgruppen mit Toleranz, Respekt und Verständnis begegnen sollen. Und sie sollen Wege und Möglichkeiten zur Integration von Randgruppen suchen, zumal das Thema Randgruppe oftmals schon in der eigenen Schulklasse beginnt.
- Durch fächerverbindendes Arbeiten, Gruppenarbeiten und verschiedene Heimbesuche sollen die Schüler dazu angeregt werden, sich intensiv mit dem Problem auseinander zu setzen. Dabei soll ihnen Möglichkeit zur Selbstreflexion über ihr eigenes Verhalten gegenüber Randgruppen gegeben werden.
- Ihre Fähigkeit zur Teamarbeit soll ausgebaut werden.

Beiträge der Fächer

Englisch

Der Englischunterricht soll bei diesem Thema folgende Beiträge leisten:

- Anhand der Lektüre des Buches ›*The Outsiders*‹ von S. E. Hinton sollen die Schüler an die Randgruppenproblematik der Jugend herangeführt werden.
- Sie sollen erkennen, welche Gründe oder Motive hinter dem Außenseiterdasein der *Greasers* liegen, inwieweit durch diese die Situation der Jungen mitbeeinflusst wurde und inwieweit die Jugendlichen selbst für dieses Leben verantwortlich sind.

---

*) Diese Institutionen sind bloß beispielhaft genannt. Sie sollten solche auswählen, die in Schulnähe vorzufinden sind!

- Desweiteren sollen die Schüler erarbeiten, welche Bedeutung die Gang der *Greasers* für ihre einzelnen Mitglieder hat.
- Anhand eigener Erfahrungen und durch Rollenspiele sollen sich die Schüler in die Auseinandersetzungen zwischen *Socs* und *Greasers* hineinversetzen und nach alternativen Lösungsmöglichkeiten für diese suchen.
- Durch die Gruppenarbeit in heterogen zusammengesetzten Gruppen soll die Teamfähigkeit in der Klasse gefördert und der Ausschluss Einzelner aus der Klasse vermieden werden.

Konkrete Ziele der am fächerverbindenden Unterricht beteiligten Fächer

Englisch
Die Schülerinnen und Schüler sollen
- sensibilisiert werden für die Bedeutung des sozialen Umfelds für die Entstehung von Außenseitern und Außenseitergruppen bei Jugendlichen.
- erkennen, dass jeder Einzelne immer selbst für seine Außenseiterrolle mitverantwortlich ist, sie sollen einsehen, dass jeder die Verantwortung für sich selbst übernehmen muss.
- darauf aufmerksam werden, welche Bedeutung Gruppen für Jugendliche in schwierigen Situationen haben.
- erkennen, dass Gewalt als Mittel zur Lösung von Konflikten wiederum Gewalt nach sich zieht.
- dazu angeregt werden, eigene Alternativen zur Vermeidung oder Bewältigung von Konflikten zu entwickeln.
- aufgeschlossener gegenüber Problemen ihrer Mitmenschen werden.
- erkennen, dass Pauschalurteile gefährlich sein können.
- ihre Fähigkeit zu mündlichen Beiträgen in englischer Sprache ausbauen.

Arrangement

1. Woche, Dienstag, 1. und 2. Stunde
Fach: Englisch
Thema: ›The Outsiders‹ von S. E. Hinton (Einführung)
(Die Lektüre des Buches war bereits vor zwei Wochen als Hausaufgabe gestellt worden!)
Ziele:
- Anhand des ersten Kapitels sollen die Schüler die Charaktere der *Greaser* erarbeiten.
- Die Schüler sollen herausfinden, warum die *Greaser* als Randgruppe zu sehen sind, ihre Gegner, die *Socs*, aber nicht.

- Am Beispiel des Erzählers *Ponyboy* soll erarbeitet werden, welche Probleme für ihn dadurch entstehen, zu den *Greasern* zu gehören.
- Sie sollen die Auseinandersetzungen zwischen *Greasern* und *Socs* darlegen und hinsichtlich der gewalttätigen und kriminellen Folgen bewerten.

Methoden/Sozialformen:
- *Grease* als Reizwort an die Tafel schreiben und alle Assoziationen der Schüler in einem freien Tafelbild sammeln.
- Die *Greaser* – in Gruppenarbeit sollen die Schüler die Charaktere dieser Gruppe analysieren.
- Anhand verschiedener Textstellen sollen die Schüler die unterschiedliche Qualität der Gangs erarbeiten.
- Mittels einer Diskussion soll untersucht werden, ob die Greaser eine Randgruppe darstellen oder nicht.

Medien:
- Tafel
- Folie: *Socs* ↔ *Greaser* = Randgruppe?
- Plakat zur Analyse der Auseinandersetzungen zwischen *Greasern* und *Socs* (Pyramide der Gewalt)
- Textstellen aus ›*The Outsiders*‹

1. Woche, Mittwoch, 2. Stunde
Fach: Englisch
Thema: ›The Outsiders‹ von S. E. HINTON – Johnny ein *Greaser*
Ziele:
- Die Schüler sollen die Stellung Johnnys bei den *Greasern* kommentieren: Außenseiter, mahnendes Beispiel oder ›Familienmitglied‹?
- Anhand dieser Figur erkennen die Schüler, welche fatalen Folgen die Auseinandersetzungen zwischen *Socs* und *Greasern* für den Einzelnen nach sich ziehen.
- Mit Hilfe von entsprechenden Textstellen sollen die Schüler die Spirale der Gewalt nachvollziehen, die mit dem Mord an einem *Socs*-Mitglied durch Johnny ihren Gipfel erreicht.

Methoden/Sozialformen:
- Der Lehrer stellt die Verbindung zum Thema des Vortags her.
- Verteilung verschiedener Textstellen zur Figur Johnny, die die Schüler in 2er Gruppen unter einer bestimmten Fragestellung bearbeiten sollen.
- Zusammentragen der Ergebnisse anhand einer Gewaltspirale an der Tafel.
- Hausaufgabe: Einteilung der Klasse in drei Gruppen. Diesen werden drei verschiedene Textstellen gegeben, mit denen sie sich bis zur nächsten Stunde auseinander setzen sollen, hinsichtlich der Umsetzung in ein Rollenspiel.

Medien:
- Kopien der Textstellen
- Tafel

1. Woche, Freitag, 4. Stunde
Fach: Englisch
Thema: ›The Outsiders‹ – Rollenspiel I
Ziele:
- Die Schüler sollen drei verschiedene Konfliktsituationen des Buches nachspielen; bei der Umsetzung dieser Situationen werden ihrer Kreativität keine Grenzen gesetzt.
- Die Schüler sollen hier durch die simulativ-eigene Erfahrung die Möglichkeit erhalten, sich weiter in die Charaktere einzufühlen und somit möglichst andere Blickwinkel auf das Geschehen entwickeln.

Methoden/Sozialformen:
- Der Lehrer leitet kurz in das Geschehen ein und übergibt dann an die erste Gruppe und ihr Rollenspiel.
- Im Folgenden wird der Lehrer nur als Moderator zwischen den einzelnen Gruppen aktiv, dadurch sollen die Schüler die Möglichkeit haben, sich möglichst frei und unbefangen zu verhalten.

Medien:
- Im Prinzip alles, was den Schülern hilft, ihre Rollen zu spielen:
  Musik, Gang-Kleidung, Bänder, Attrappen für Messer, roter Farbstoff etc.
- Fotos zur Dokumentation

2. Woche, Dienstag, 1. und 2. Stunde
Fach: Englisch
Thema: ›The Outsiders‹ – Konfliktlösung
Ziele:
- Die Schüler wissen um die Gewaltspirale, die die *Greaser* immer mehr zu Außenseitern der Gesellschaft macht.
- Die Schüler sollen dazu angeregt werden, nach alternativen Lösungen zur Konfliktbewältigung zu suchen. Hierfür sollen verschiedene Szenen des Buches als Ausgangslage dienen.
- Dadurch sollen die Schüler erkennen, dass es andere Möglichkeiten als Gewalt zur Konfliktbewältigung gibt.
- In der Diskussion dieser Vorschläge sollen die einzelnen Möglichkeiten dahingehend kritisch untersucht werden, ob sie realisierbar wären.

Methoden/Sozialformen:
- Der Lehrer nimmt den Mord an dem *Socs*-Mitglied durch Johnny als Ausgangsposition, um zu verdeutlichen, wohin Gewalt als Lösung von Konflikten führt.
- Der Lehrer gibt verschiedene mögliche Textstellen an, an die die Schüler mit ihren Alternativvorschlägen anknüpfen sollen.
- Aufgabe an die Schüler: Verfassen von Briefen an die *Socs*, an *Greaser*-Mitglieder, an die Eltern von Johnny, an Darry, den Bruder von Ponyboy, an Johnny und Ponyboy etc. (als Gruppenarbeit)

- Nach Auswertung der Briefe sollen diese unter der Überschrift ›Briefe an die Outsiders‹ auf ein Plakat geklebt und aufgehängt werden.

Medien:

- Buch ›The Outsiders‹
- Plakat ›Briefe an die Outsiders‹
- Buntstifte, farbiges Papier für die Briefe

Vorbereitung der Exkursion:

- Einteilung der Gruppen (nach Geburtsdatum) und Zuteilung an einen der beteiligten Fachlehrer

2. Woche, Mittwoch, Exkursion ab der 2. Stunde

Besuch verschiedener Institutionen, mit denen die Schüler im Alltag trotz deren lokaler Nähe kaum in Berührung kommen.

Die verschiedenen in Frage kommenden Institutionen:

(1) Jugendgefängnis – Gruppe betreut von …

(2) Lebenshilfe – Gruppe betreut …

(3) Asylantenheim – Gruppe betreut …

(4) PLK Reichenau – Gruppe betreut von *Andrea Gall*

2. Woche, Freitag, 4. Stunde

Fach: Englisch

Thema: Abschluss der Besprechung des Unterrichts der letzten zwei Wochen und der Exkursion

Ziele:

- Den Schülern soll Gelegenheit gegeben werden, ihre emotionalen Erlebnisse (vor allem aus der Exkursion) zur Sprache zu bringen, um so zu gewährleisten, dass sie diese Erfahrungen aufarbeiten können.
- Desweiteren soll ihnen anhand ihrer eigenen Auswertungen gezeigt werden, welchen Weg sie in den letzten zwei Wochen gegangen sind.

Methoden/Sozialformen:

- In der Besprechung der ›Ausstellung‹ wird an die vorangehende Stunde angeknüpft.
- Die Schüler sollen dem Lehrer ihre Tagebücher (Dokumentation der letzten zwei Wochen) vorlegen; auf eigenen Wunsch dürfen eigene Erfahrungen oder Absätze aus den Tagebüchern vorgebracht bzw. vorgelesen werden.
- Der Lehrer stellt im offenen Gespräch die Frage, was sie unter Randgruppen verstehen und wie sie ihnen in Zukunft begegnen wollen.

Medien:

- Ausstellung, Collagen, Tagebücher, Fotos (die Dokumentation), die im Anschluss an die Exkursion entstanden sind.

9 Literatur

BÄR, WALTRAUD: Fächerverbindender Unterricht. In: ABELE, ALBRECHT/KALMBACH, HERBERT (Hrsg.), Handbuch zur Grundschulmathematik, Stuttgart 1994, 1. u. 2. Schuljahr, S. 135 ff, 3. u. 4. Schuljahr, S. 119 ff

BAUMERT, JÜRGEN, Fachbezogenes – fachübergreifendes Lernen/Erweiterte Lern- und Denkstrategien. In: Wissen und Werte für die Welt von morgen. Dokumentation zum Bildungskrongreß des Bayerischen Staatsministeriums für Unterricht, Kultus, Wissenschaft und Kunst, 29./30. April 1998, München 1998, S. 213–231

BLOTTIÉRE, LAURENT, Fächerverbindender Unterricht. In: OSSNER, JACOB (Hrsg.), Deutschunterricht für Kinder in der Grundschule, Frankfurt 1994, S. 138 ff

BREUNIG, ULRIKE U. BERTOLD (Hrsg.), Fächerübergreifender Unterricht an der Schule, Kissing 1997

BRAUNSTEIN, RUTH, Spiel mit Stoff. Ein fächerübergreifender Beitrag zur ästhetischen Erziehung. In: Textilarbeit und Unterricht, 60. Jg. 1989, H. 2, S. 116–129

Buchenbergschule GHS/Brühlschule GHS Neuler, Europa auf dem Weg zur Einheit. Fächerverbindendes Thema im 9. Schuljahr der Hauptschule. In: Schulintern, 1995, Nr. 3, S. 10–12

BUTZMANN, WOLFGANG, Fachunterricht in der Fremdsprache. Fächerübergreifender und fachspezifischer Fremdsprachenunterricht an Schule und Hochschule. In: Neue Deutsche Schule, 39. Jg. 1987, Nr. 23–24, S. 18–20

DALHOFF, BENNO, Fächerübergreifender Unterricht. In: Schulmagazin 5 bis 10, 13. Jg. 1998, Nr. 7/8, S. 4–9

DEPPENMEIER, WALTRAUD, Freie Arbeit und Wochenplan. 3. Lernstufe. Fächerübergreifender Unterricht. In: Lehrer-Journal Sonderschulmagazin, 13. Jg. 1991, H. 12, S. 26–28

DOMBROWSKI, STEFAN, In Verteidigung des Fachunterrichts. In: Realschule in Deutschland, 1997, Nr. 1, S. 11–17

DUNCKER, LUDWIG/POPP, WALTER (Hrsg.), Über Fachgrenzen hinaus. Chancen und Schwierigkeiten des fächerübergreifenden Lehrens und Lernens, Bd. 1, Grundlagen und Begründungen, Heinsberg 1997, Bd. 2, Anregungen und Beispiele für die Grundschule, Heinsberg 1998

DUNCKER, LUDWIG/POPP, WALTER (Hrsg.), Fächerübergreifender Unterricht in der Sekundarstufe I und II, Bad Heilbrunn 1998

EMLER, W./SCHÜLERT, J./SCHUMACHER, M. (Red.), Ansätze zum fächerübergreifenden Unterricht in der gymnasialen Oberstufe – Lernen über Differenzen, hrsg. v. Landesinstitut für Schule und Weiterbildung, Soest 1997

ERICHSON, CHRISTA, Lesestoff zum Sachrechnen. Ein fächerübergreifender Ansatz zur Erschließung der verschrifteten Welt. In: Grundschulunterricht, 40. Jg. 1993, H. 4, S. 17–19

FROMMER, HELMUT, Fächerübergreifender Unterricht am Gymnasium. In: Lehren und Lernen, 17. Jg. 1991, H. 2, S. 1–9

GLÖCKEL, HANS,Vom Unterricht. Lehrbuch der Allgemeinen Didaktik, Bad Heilbrunn 1990

GOETSCH, K./SCHNACK, J., Lernen in Zusammenhängen – zur Neugestaltung der Sekundarstufe II als Profil-Oberstufe. In: FUHRMANN, E. (Hrsg.), Chancen und Probleme der gymnasialen Oberstufe, Stuttgart 1995

HANSEN, SVEN, Fächerübergreifender Unterricht in der Schule für Lernbehinderte, 3 Teile. In: Sonderschulmagazin, 14. Jg. 1992, H. 3, S. 7–9, H. 4, S. 8–10, H. 5, S. 9–10

HANSEN, SVEN, Morsen. 7.- 8. Lernstufe. Fächerübergreifender Unterricht. In: Sonderschulmagazin, 14. Jg. 1992, H. 4, S. 23–26

GÖTZE, BARBARA, Zur Problematik des fächerübergreifenden Unterrichts, Bad Heilbrunn 1973

GOLECKI, REINHARD, Können Computer denken? Fächerübergreifender Unterricht auf der gymnasialen Oberstufe am Beispiel einer Kurskombination Philosophie/Informatik, Hamburg 1998

GOLECKI, REINHARD, (Hrsg.), Fächerverbindender Unterricht auf der gymnasialen Oberstufe, Bad Heilbrunn 1999

HEITZER, HORST W., Fächerübergreifendes Lernen im Geschichtsunterricht. In: Pädagogische Welt, 1996, H. 1, S. 6–10

HERRGEN, FRITZ, Zur Ganzheitlichkeit zurückkehren. Fächerübergreifender Unterricht als Form kollegialen Miteinanders. In: Praxis Schule 5 – 10, 1993, H. 2, S. 32–34

HUBER, LUDWIG, Fächerübergreifender Unterricht – auch auf der Sekundarstufe? In: DUNCKER/POPP (Hrsg.), a.a.O., Bad Heilbrunn 1998, S. 18–33

HÜFNER, GERHARD, Fächerübergreifendes Unterrichten als schulpädagogische Aufgabe. In: Der Bildungs- und Erziehungsauftrag der Schule. Handreichungen zu den neuen Lehrplänen für bayerische Schulen, hrsg. v. Staatsinstitut für Schulpädagogik und Bildungsforschung, München 1995, S. 89–120

KAHLERT, JOACHIM, Didaktische Netze knüpfen – Ideen für die thematische Strukturierung fächerübergreifenden Unterrichts. In: DUNCKER/POPP (Hrsg.), Bd. 2, a.a.O., S. 12–34

KEG (Hrsg.), Vernetztes Lernen, Donauwörth 1995

KESER-BRAMESHUBER, URSULA, Fächerübergreifender Unterricht in der Primarstufe,
Landesinstitut für Curriculumentwicklung, Lehrerfortbildung und Weiterbildung, Neuss 1982

KÖHLER, MANFRED, Fächerübergreifender und wertorientierter Projektunterricht am Beispiel der Unterrichtseinheit ›Unsere Stadt‹. In: Engagement, 1993, H. 1, S. 89–92

KÖPPEN, HEINRICH/KUROWSKI, EWALD/TIMM, ULRICH, Fächerübergreifender Sachunterricht in der Primarstufe am Beispiel: Mit Wasser muß hausgehalten werden. In: Sachunterricht und Mathematik in der Primarstufe, 8. Jg. 1980, H. 3, S. 93–97

KNOLL, MICHAEL, Projektmethode und fächerübergreifender Unterricht. Eine historisch-systematische Betrachtung. In: DUNCKER/POPP, a.a.O., S. 206–225

KRAUSE-ISERMANN, U./KUPSCH, J./SCHUMACHER, M. (Hrsg.), Perspektivenwechsel: Beiträge zum fächerübergreifenden Unterricht für junge Erwachsene, Bielefeld 1994

KUPSCH, J./SCHULERT, J., Perspektivenwechsel als reflexives Konzept für fächerübergreifenden Unterricht am Beispiel ›Rassismus‹. In: ZfP, 42. Jg. 1996, H. 4, S. 589–601

Landesinstitut für Schule und Weiterbildung Nordrhein-Westfalen (Hrsg.), Fachübergreifendes Lernen, Bd. 1 u. Bd. 2, Böhnen 1995/96

LACKMANN, JÜRGEN, Fächerübergreifender Unterricht als Forschungsfeld der Arbeitslehre. In: Didaktik der Berufs- und Arbeitswelt, 5. Jg. 1986, H. 3–4, S. 8–23

LAUTERBACH, ROLAND, Physikalische Bildung kennt keine Fächergrenzen – fächerübergreifender Unterricht als Prinzip und Aufgabe. In: Naturwissenschaften im Unterricht, Physik, 3. Jg. 1992, H. 15, S. 4–9

LESSMANN, J., Fächerübergreifender Unterricht. Ein Beitrag zur Entwicklung eines gymnasialen Schulcurriculums. In: LOG IN, 1995, Nr. 5–6, S. 21–29

LOCKSTAEDT-SCHÄFFLER, MEINHILD VON, Ich habe einen Namen. Ganzheitliches Lernkonzept für die ersten Schulwochen. In: Grundschulmagazin, 1995, H. 12, S. 51 ff

MILLER, REINHARD, Fächerverbindender Unterricht. Eine Herausforderung an die Kommunikations- und Kooperationsfähigkeit von Lehrerinnen und Lehrern. In: Die Unterrichtspraxis (Beilage zu »bildung und wissenschaft« der GEW in Baden-Württemberg), 1996, H. 5

Ministerium für Kultus und Sport Baden-Württemberg, Unterrichtsformen. Beispiele zum fächerverbindenden Unterricht. In: Kultus und Unterricht, 1992, Nr. 9

MÜLLER, KARLA, Beispiele fächerübergreifender Behandlung von Literatur. In: Schulreport, 1985, H. 5, S. 11–12

OEHLMANN, RAIMUND/TATZ, JÜRGEN, Lernen in und von Zusammenhängen. Fächerübergreifender Unterricht. In: Die Unterrichtspraxis (Beilage zu »bildung und wissenschaft« der GEW in Baden-Württemberg), 1995, H. 8, S. 49–52

Pädagogisches Zentrum Bad Kreuznach (Hrsg.), Mein lieber Baum. Fächerübergreifender Unterricht in der Grundschule, Bad Kreuznach 1993

PETERßEN, WILHELM H., Planung fächerverbindenden Unterrichts. In: Handbuch Unterrichtsplanung, 8. akt. u. stark erw. Aufl., München 1998, S. 321 ff

PETERßEN, WILHELM H., Fächerverbindender Unterricht – Begriff und Konzept. In: Lehren und Lernen, 22. Jg. 1996, S. 22–26

REKUS, JÜRGEN, Lernen in Bezügen, Vom Sinn fachüberschreitend-fächerverbindenden Unterrichts. In: Schulmagazin 5 bis 10, 1994, H. 9, S. 8 ff

REKUS, JÜRGEN, Fach-Unterricht oder fächerübergreifender Unterricht? Versöhnliche Anmerkungen zu einer aktuellen Kontroverse. In: Schulmagazin 5 bis 10, 1995, H. 4, S. 4 ff

REKUS, JÜRGEN (Hrsg.), Fachüberschreitender Unterricht – Projektunterricht. In: Engagement – Zeitschrift für Erziehung und Schule, H. 3, 1996 (Münster)

RICHTER, CHRISTOPH, Fächerübergreifender Musikunterricht. In: Musik und Bildung, 20. Jg. 1988, H. 7–8, S. 553

ROMMEL, HERBERT, Fächerverbindender Unterricht und wissenschaftstheoretische Reflexionen. Didaktische Konsequenzen für eine moderne Allgemeinbildung. In: Bildung und Erziehung, 52. Jg. 1999, H. 2, S. 217–235

RUMPF, HORST, Die künstliche Schule und das wirkliche Lernen, München 1986
SÄMMER, G./WAGNER, A., Projektorientierter und fächerverbindender Unterricht auf der gymnasialen Oberstufe. Das ›Bergheimer Modell‹. In: Pädagogik, 49. Jg. 1997, H. 9, S. 44–49
SCHULTE, DIETLIND/HEILEK, CAROLA, Aufführung eines Marionettenspiels – Verkauf von hergestellten Produkten. Zwei fächerverbindende Lehrplaneinheiten. In: Die Unterrichtspraxis (Beilage zu »bildung und wissenschaft« der GEW in Baden-Württemberg), 1995, H. 8, S. 53–59
STEINHORST, HANS, Fächerübergreifender Unterricht. Eine Chance zur Bewältigung kindlicher Lebenswirklichkeit. In: Lehrer-Journal Grundschulmagazin, 3. Jg. 1988, H. 1, S. 2–5
Technisches Gymnasium Schwäbisch Gmünd, ›Robby‹ – eine fächerverbindende Projektarbeit. In: Schulintern 1995, Nr. 2, S. 4–6
ULSHÖFER, KLAUS, Erziehender, fächerübergreifender Unterricht am Beispiel Darstellende Geometrie – Kunst. In: Lehren und Lernen, 19. Jg. 1993, H. 8, S. 39–62
VESTER, FREDERIC, Denken, Lernen, Vergessen, ungekürzte, v. Autor überarb. Ausgabe d. 16. Aufl., München 1989 (dtv 1327)
WAGENSCHEIN, MARTIN, Das Exemplarische Lehren als fächerverbindendes Prinzip. In: Ders., Ursprüngliches Verstehen und exaktes Denken, Stuttgart 1965, S. 400 ff
WEBER, FRANZ JOSEF, Über den Begriff des Friedens. Ein fächerübergreifender Diskurs. In: Der Altsprachliche Unterricht, 34. Jg. 1991, Nr. 2, S. 94–108
WIATER, WERNER, Didaktische Überlegungen zum fächerübergreifenden Unterricht. In: KEG (Hrsg.), Vernetztes Lernen, a.a.O., S. 10–16
WIATER, WERNER, Phänomene halten sich nicht an Fächergrenzen. Didaktische Überlegungen zu mehrperspektivischen Lerninhalten. In: Pädagogische Welt, 1996, H. 3, S. 122–127
WIEMANN, HEIDE, Verstehen statt Pauken – fächerübergreifender Unterricht als Chance. In: paed. extra, 1992, H. 4, S. 5–8
WINTER, HEINRICH, Fächerübergreifender Mathematikunterricht – warum ? In: Grundschule, 12. Jg. 1980, H. 3, S. 98–100
WOLF, HERBERT, Fächerübergreifender Unterricht – eine pädagogische Verpflichtung. In: Wirtschaft und Erziehung, 39. Jg. 1987, H. 11, S. 363–367
WOLTERS, ANGELIKA, Fächerübergreifender Unterricht. Erziehungswissenschaftliche und bildungspolitische Aspekte – Versuch einer didaktischen Standortbestimmung. In: Lehren und Lernen, 15. Jg. 1989, H. 12, S. 48–75
WOLTERS, ANGELIKA, Projekt- und fächerübergreifender Unterricht. In: Leitfaden Schulpädagogik. Pädagogik und Psychologie für den Lehrberuf, hrsg. v. BOVET, GISLINDE/HUWENDIEK, VOLKER, Berlin 1994, S. 157–196